Ein Leitfaden für

Das konstruktive Gespräch

Beratung, Unterricht

und Mitarbeiterführung

mit Konzepten der

Transaktionsanalyse

Verlag Christa Limmer

Gührs, M. / Nowak, C.
Das konstruktive Gespräch
Ein Leitfaden für Beratung, Unterricht und Mitarbeiterführung
mit Konzepten der Transaktionsanalyse
1. Aufl. - Meezen: Verlag Christa Limmer, 1991
2. unveränderte Aufl., 1993
3. überarbeitete und erweiterte Aufl., 1995
4. überarbeitete Aufl. 1998
5. überarbeitete Aufl. 2002
6. unveränderte Auflage 2006
1991 by Verlag Christa Limmer, Meezen
Gesamtherstellung: DruckZentrum Neumünster

ISBN 3-928922-0-9

Vorwort zur 5. Auflage

Dieser Leitfaden ist aus langjähriger Erfahrung in Trainingsgruppen und Veranstaltungen mit Konzepten der Transaktionsanalyse entstanden. Wir wollten unsere Erfahrungen aus der Praxis für die Praxis zusammenfassen. Folgende Überlegungen haben uns bei der Konzeption des Buches geleitet:

1. *Der Leitfaden soll eine praktische Hilfe bieten, Gespräche in sehr unterschiedlichen Kontexten effektiver zu führen.*

2. *Die Konzepte sind nicht als Rezeptbuch gedacht. Sie sollen dazu anregen, die eigene innere und äußere Haltung in der Gesprächsführung besser zu verstehen und dadurch Gespräche mit anderen konstruktiver zu gestalten.*

3. *Wir wollten die Grundkonzepte der Transaktionsanalyse so vermitteln, dass sie als gut verständliche Metamodelle für die Gesprächsführung zur Verfügung stehen - und zwar für Menschen mit und ohne Vorkenntnisse in dieser Methode.*

Das Buch hat in den elf Jahren seit dem Erscheinen der ersten Auflage eine bemerkenswerte Resonanz in sehr unterschiedlichen Anwendungsbereichen gefunden. Viele Menschen, die noch nicht mit der Transaktionsanalyse vertraut waren, haben uns wissen lassen, dass sie die Darstellung der TA-Modelle lebensnah und einleuchtend finden und durch diesen Leitfaden ihren Nutzen für die Praxis entdeckt haben. Von etlichen LeserInnen haben wir gehört, dass sie mit Hilfe des Buches ihren eigenen Selbstklärungsprozess „auf den Punkt gebracht" haben. Die häufigste Rückmeldung war schließlich die, dass das Buch tatsächlich als Leitfaden in der Praxis zu gebrauchen ist, um sich strukturierter und klarer in unübersichtlichen Gesprächssituationen verhalten zu können.

Unerwartet rasch sahen wir uns aufgefordert, eine weitere Auflage vorzubereiten. Erneut mussten wir uns entscheiden, ob wir die Kontinuität der vorigen Auflage wahren oder den Lesern unsere neuen Ideen zugänglich machen sollten. Wir haben uns für eine dynamische Weiterentwicklung entschieden.

Unsere Trainingserfahrungen haben uns erleben lassen, dass es wenig Sinn macht, die TA-Modelle als statischen Bestand festhalten zu wollen. Die Rückmeldungen von Nutzern des Leitfadens haben uns motiviert, die Brauchbarkeit in der Praxis als Maßstab zu nehmen und die Modelle darauf hin zu variieren und zu ergänzen.

Da der Leitfaden immer stärker Eingang gefunden hat in die Trainingsarbeit mit Führungskräften, haben wir mehr Fragestellungen und Beispiele aus dem Alltag der Mitarbeiterführung einbezogen. Ein eigenes Kapitel ist dem Zielvereinbarungsgespräch gewidmet, das sich weithin als hilfreiches Instrument für die Führungspraxis etabliert hat. Im Strategiekapitel haben wir vor allem die Themen „Umgang mit Kritik" und „Moderation" überarbeitet. Beim Ichzustands-Modell haben wir versucht, die Übersicht über die Merkmale der Ichzustände so zu differenzieren, dass die manchmal klischeehaften Tendenzen der verbreiteten Darstellungen vermieden werden.

Wir bedanken uns herzlich bei denjenigen, die mit diesem Leitfaden gearbeitet und uns angeregt haben, es als lebendiges Buch für die Praxis weiterzuentwickeln.

Meezen und Yeh Kuning 2002

Vorwort zur 6. Auflage

Unser Leitfaden für eine konstruktive Gesprächsführung erfreut sich nach wie vor einer ungebrochenen Nachfrage. Wie wir hören, wird er mittlerweile vielen Trainingskonzepten und Hochschulseminaren als Basislektüre zugrunde gelegt. Um die Nutzbarkeit für Dozenten und Trainerinnen zu erleichtern, haben wir uns für einen unveränderten Nachdruck mit identischem Seitenaufbau entschieden.

Zur Ergänzung des Leitfadens haben wir für die Hand von Lehrern, Dozentinnen und Trainern 2003 ein „Trainingshandbuch zur konstruktiven Gesprächsführung" mit 101 Übungen und Handouts zusammengestellt. „101" – das ist für TransaktionsanalytikerInnen eine fast magische Zahl: die Bezeichnung für den klassischen TA-Einführungskurs, mit dem seit Jahrzehnten jede TA-Ausbildung beginnt. Diese erstaunliche Bezeichnung ist eine Reminiszenz an den „Highway 101" in San Franzisko, die Straße, die zur Praxis von Eric Berne führte, wo vor fast 50 Jahren die ersten TA-Seminare stattfanden.

Das Trainingsbuch können Sie ebenfalls über den Limmer-Verlag (www.limmerverlag.de) oder über Ihre Buchhandlung beziehen.

Meezen, im Februar 2006

Einleitung

Fraglos führen wir fast täglich gelungene Gespräche, ohne lang und breit darüber nachzudenken, geschweige, dass wir sie zu analysieren versuchen. Kopfzerbrechen bereiten uns dagegen Gespräche, nach denen wir uns traurig, ärgerlich, hilflos oder sonst irgendwie unwohl fühlen. Vielleicht gelingt es uns sogar, diejenige Stelle zu benennen, an der das Gespräch eine ungute Wendung genommen hat. Häufig genug jedoch geraten wir in eine Sackgasse, ohne zu ahnen, wie es dazu gekommen ist. Das ist dann besonders schmerzhaft, wenn es uns mit bestimmten Menschen zum wiederholten Male passiert, wir also immer wieder auf die alten und ausgetretenen Wege geraten.

Kopfzerbrechen bereiten uns natürlich auch schwierige oder wichtige Gespräche, die uns bevorstehen. Bisweilen merken wir, dass wir uns eingelassen haben auf ein Gespräch, das wir eigentlich gar nicht führen wollen. Oder wir stellen fest, dass es letztlich um einen Kampf zu gehen scheint, in dem nur Sieg oder Niederlage zählen. Wege aus solchen unproduktiven Gesprächssituationen aufzuzeigen und Strategien für eine gute Gesprächsvorbereitung zu vermitteln, ist das Anliegen dieses Buches.

Den Plan zu diesem Buch haben wir gefasst aufgrund vielfältiger guter Erfahrungen in unserer Trainings- und Beratungsarbeit. Seit vielen Jahren vermitteln wir die Ideen und Konzepte verschiedener Ansätze der Humanistischen Psychologie an Menschen unterschiedlichster Berufsgruppen, die lernen wollen, mit beruflichen und privaten Situationen effektiver und zufriedenstellender umzugehen: LehrerInnen, ErzieherInnen, PastorInnen, leitende MitarbeiterInnen aus Betrieben und Verwaltungen, BeraterInnen u.a.

Wenn Probleme im menschlichen Miteinander auftauchen, so spielen fast immer Gespräche eine maßgebliche Rolle. Das Miteinander-Reden misslingt - oder es gelingt nicht so, dass Konflikte handhabbar und lösbar werden. Umgekehrt liegt in der Art und Weise, wie wir miteinander reden, der Schlüssel zu einer guten Verständigung und ergiebigen Zusammenarbeit. Deshalb haben wir die Konzepte, mit denen wir arbeiten, unter der Fragestellung gebündelt, was sie für eine gute Gesprächsführung taugen und wie wir sie zu handhabbaren Gesprächsstrategien verdichten können. Daraus ist dieser Leitfaden entstanden.

Natürlich ist uns bewusst, dass Kommunikation stets in einem bestimmten gesellschaftlichen und ökonomischen Kontext stattfindet. Widersprüche, die sich daraus ergeben, lassen sich nicht einfach durch eine verbesserte Gesprächsführung auflösen. Dennoch sind wir überzeugt, dass eine von gegenseitiger Achtung und Verantwortung geprägte Kommunikation fast immer hilfreich für das Miteinanderleben und -arbeiten ist. Zudem liegt die Art und Weise, wie wir Gespräche gestalten, zu guten Teilen in unserer eigenen Macht, und damit wirken wir auch auf unser näheres soziales Umfeld ein.

Um welche Gespräche geht es?

Gegenstand dieses Leitfadens ist nicht die Frage, wie man mit anderen ins Gespräch kommt oder sich ganz allgemein interessant, amüsant oder anregend unterhalten kann. Es geht vielmehr um Gespräche mit einem irgendwie gearteten Problemgehalt oder Klärungswunsch. Dabei haben wir viele unterschiedliche Situationen und Bereiche im Blick. Wir gehen vor allem auf Gespräche ein, in denen es geht um

- **Informationsaustausch und Zusammenarbeit in Arbeitsgruppen:**
  Auszubildender: *„Können Sie mir sagen, wo ich … finde?"*
  Meisterin: *„Das müssten Sie nun aber langsam selbst wissen."*

  Chefin: *„Stellen Sie diese Vorlage bitte bis morgen zusammen."*
  Mitarbeiter: *„Wieso gerade ich?"*

- **die Klärung von Fragen oder Problemen, die jemand von sich aus anspricht:**

  Mitarbeiterin zur Vorgesetzten: *„Ich komme damit nicht klar. Können Sie mir helfen?"*

  Lehrer zu einer Kollegin: *„Die Klasse X läuft mir völlig aus dem Ruder. Ich weiß nicht mehr weiter. Kannst du mir sagen, was ich da machen soll?"*

- **Selbstüberprüfung und Austausch von Feedback:**

  Mitarbeiterin zu einer Kollegin: *„Ich habe den Eindruck, dass … Wie sehen Sie das?"*

  Leiter zu einem Gruppenmitglied: *„Mir fällt auf, dass Sie sich in letzter Zeit kaum beteiligen. Das finde ich schade."*

- **Konfliktbearbeitung und Beziehungsklärung:**

  Sie: *„Ich finde es unerträglich zwischen uns. So kann es nicht weitergehen."*

  Er: *„Wieso? Was ist denn los?"*

• **Konfliktmoderation:**

Schüler zur Lehrerin: *„X ärgert mich die ganze Zeit. Können Sie dem nicht mal die Meinung sagen?"*

Zwei Kollegen zur Vorgesetzten: *„Wir haben Probleme in unserer Zusammenarbeit und kommen allein nicht weiter. Könnten Sie uns helfen?"*

Situationen dieser Art kennen vermutlich die meisten von uns. Der - oft gar nicht bewusste - Wunsch all dieser Gesprächsansätze ist es letztlich, negative Spannung abzubauen bzw. psychische Energie, die in „unerledigten Geschäften" gebunden ist, freizusetzen für produktive Aktivität und echte menschliche Nähe.

Wir glauben, dass dieser Leitfaden für diejenigen nützlich sein kann, die den Wunsch haben, solche Situationen besser zu verstehen und konstruktiver mit ihnen umzugehen. Vor allem richten wir uns an Menschen, die besondere Anlaufstellen für solche Gesprächsanliegen sind. Neben professionellen BeraterInnen denken wir an Führungskräfte in Betrieben, an LeiterInnen von Institutionen, Kollegien und Arbeitsgruppen, aber auch an alle LehrerInnen, (Sozial-)PädagogInnen und ErzieherInnen, deren täglich Brot es ist, Lernprozesse zu gestalten, Arbeits- und Spielaktivitäten zu organisieren und soziale Interaktion zu moderieren.

Zielsetzung und Aufbau des Buches

In den folgenden Kapiteln stellen wir eine Reihe von Modellen und Konzepten vor, die wir in der Praxis nützlich finden. Zuvor jedoch einige Bemerkungen zu den Grenzen und Möglichkeiten von Modellvorstellungen.

Menschen besitzen ein tief verwurzeltes Bedürfnis nach Struktur. Modelle stellen in diesem Zusammenhang den Versuch dar, in einer zunächst verwirrenden Vielfalt beobachteter Phänomene Ordnungsprinzipien, d.h. sich wiederholende Strukturen und Abläufe, zu beschreiben. So ist beispielsweise jede Grammatik auf diese Weise entstanden. Mit Hilfe von Modellen ist es möglich, einerseits Beobachtungen im Hier und Jetzt zu verstehen und andererseits planvoll vorzugehen. Wir können wahrscheinliche Entwicklungen antizipieren und geeignete Strategien für ein angemessenes Vorgehen entwickeln. Dabei müssen wir uns allerdings bewusst bleiben, dass Modelle niemals die Wirklichkeit selbst, sondern lediglich Annäherungen daran darstellen. So arbeitete beispielsweise die Chemie der vergangenen einhundert Jahre mit unterschiedlichen Atommodellen, die jeder Kernphysiker heute mitleidig belächeln könnte. Dennoch ist unbestritten, dass sich mit diesen Modellvorstellungen sehr effektiv und erfolgreich arbeiten ließ.

Auch darf man bei der Verwendung von Modellen die eigene Wahrnehmung nicht durch die Grenzen des Modells beschränken lassen, sondern muss offen bleiben für alle relevanten Phänomene der Wirklichkeit selbst. Das Modell ist dabei stets an dieser zu messen und ggf. zu korrigieren, nicht umgekehrt. So handelt es sich auch bei den vorgestellten Modellen zur Gesprächsführung gewissermaßen um Geländer für unwegsame Bereiche in der menschlichen Kommunikation.

Es ist nicht unsere Absicht, für jede Gesprächslage die passenden Rezepte zu liefern, auch wenn der strukturierte Inhalt des Buchs mit seinen Beispielen bisweilen zu einer entsprechenden Erwartung verleiten könnte. Vielmehr möchten wir Sie anregen, Ihre Wahrnehmungsfähigkeit für unproduktive Situationen zu schärfen und den Blick für neue Reaktionsmöglichkeiten zu öffnen. Daraus resultiert die Chance, andere und vielfach bessere Erfahrungen in der Kommunikation mit anderen Menschen zu machen.

Zunächst geht es darum, zu erkennen, was eigentlich „gespielt" wird, und erst danach um die Entscheidung für ein konkretes Verhalten. Für den ersten wie für den zweiten Schritt bietet dieses Buch Alternativen an, unter denen Sie sich diejenigen auswählen können, die Ihnen gemäß erscheinen, um damit zu experimentieren. Mit „Ihnen gemäß" meinen wir all diejenigen hilfreichen Verhaltensweisen, über die Sie bereits verfügen oder die Ihnen besonders einleuchten und in absehbarer Zeit für Sie erreichbar sind. Es wäre falsch, sich etwas aneignen oder überstülpen zu wollen, was Ihrer Persönlichkeit zu fremd ist.

In den Theorieteilen greifen wir im wesentlichen auf Modelle für die Kommunikation – vor allem aus der Transaktionsanalyse – zurück, die wir für sehr brauchbar halten, und bereiten sie für die Praxis der Gesprächsführung auf. Dabei lassen wir uns vor allem von zwei Fragen leiten: Was ist unmittelbar einsichtig? Und: Was ist in der Praxis nützlich und anwendbar? Wenn Sie die Strategien, die wir im Schlussteil vorstellen, nutzen wollen, ist es wichtig, dass Sie auch die Theorieteile lesen und sich einige Grundkenntnisse aneignen. Wir haben uns daher um Kürze und Prägnanz bemüht und die Theorie durch Erfahrungen und Beispiele aus unserer langjährigen Praxis ergänzt. Manche Modelle stellen wir recht komprimiert vor. Wir entfalten sie nur soweit, wie es uns für die Gesprächsführung wichtig erscheint. Differenzierungen, die in anderen Zusammenhängen durchaus angebracht sind, lassen wir weg und weisen an solchen Stellen auf weiterführende Literatur hin. Die meisten verwendeten Modelle tauchen an mehreren Stellen im

Buch auf, so dass Sie Gelegenheit haben werden, sich aus verschiedenen Blickwinkeln mit ihnen vertraut zu machen.

Anregungen zur Selbstreflexion

An einem missglückten Gespräch sind in aller Regel mindestens zwei Personen beteiligt, und sie haben meistens beide ihren Anteil daran. Dies gilt auch für uns selbst in Situationen, in denen wir andere als schwierig erleben, und eben in diesem eigenen Anteil liegt die wichtigste Chance zur Veränderung. Denn darauf zu warten, dass die jeweils andere Person sich ändert, damit endlich alles besser wird, ist weniger Erfolg -versprechend, als durch eigene Veränderung Wege aus kommunikativen Sackgassen zu eröffnen.

Wir bieten deshalb zu zahlreichen Abschnitten Fragen und kurze Übungen zur Selbstreflexion an, die Ihnen helfen können, den eigenen „blinden Flecken" in der Kommunikation auf die Spur zu kommen. Und wir regen Sie an, die Arbeit mit diesem Buch in einer Bereitschaft zu wohlwollend-kritischer Auseinandersetzung mit sich selbst zu beginnen. Wir wissen aus eigener Erfahrung, dass wir unsere kommunikative und soziale Kompetenz mit der Zeit zwar erheblich verbessern, unsere beruflichen und privaten Probleme aber niemals abschließend werden lösen können. Dies wäre ein unrealistischer und letztlich lebensfremder Anspruch. Im Prozess der Persönlichkeitsentwicklung ist es vielmehr entscheidend, sich selbst mit Akzeptanz und der Bereitschaft zu einer offenen und fairen Selbstreflexion zu begegnen.

Hinweise zum Umgang mit den Anregungen zur Selbstreflexion

Die in den Text eingestreuten Übungen bieten Ihnen die Möglichkeit, die theoretischen Ausführungen mit eigenen Erfahrungen zu verknüpfen. Nehmen Sie sich dafür einen ruhigen Augenblick und schaffen Sie eine Situation, in der Sie ungestört die Aufmerksamkeit nach innen richten können.

In unseren Gruppen leiten wir solche Übungen meist mit einer kurzen Entspannungsanleitung ein. Wenn Sie selbst einen Weg kennen, wie Sie sich in einen angenehm-entspannten Zustand bringen können, nutzen Sie diese Möglichkeit. Ansonsten geben wir Ihnen eine kurze Anleitung dazu:

Suchen Sie sich einen guten Platz zum Sitzen (oder Liegen).

Spüren Sie den Boden unter sich und nehmen Sie wahr, wie Sie sicher und entspannt sitzen (oder liegen).

Schließen Sie Ihre Augen und richten Sie Ihre Aufmerksamkeit für ein paar Augenblicke auf Ihren Atem, ohne ihn zu verändern. Nehmen Sie wahr, wie Sie ganz von selbst, ohne Ihr bewusstes Zutun, die Luft ein- und ausströmen lassen, und genießen Sie es, dazusein und Ihre Lebendigkeit zu spüren.

Erinnern Sie sich an ihre Fähigkeit, Probleme konstruktiv anzugehen und Lösungen zu finden.

Behalten Sie dieses Wissen um Ihre Stärken und das gute Gefühl, wenn Sie sich gleich mit einem bestimmten Thema beschäftigen werden.

Öffnen Sie nach einiger Zeit die Augen und lassen Sie sich durch die folgenden Fragen anregen.

Notieren Sie sich, was immer Ihnen dazu einfällt.

Um bestimmten Fragen gezielt nachgehen und möglicherweise interessante Zusammenhänge entdecken zu können, empfehlen wir Ihnen, Ihre Notizen zu allen folgenden Anregungen zur Selbstreflexion in einem kleinen Heft festzuhalten.

Anregung zur Selbstreflexion

Vergegenwärtigen Sie sich ein wichtiges berufliches oder privates Gespräch.

Worauf kam es Ihnen in diesem Gespräch an?

Welche Mittel setzten Sie ein, um das zu erreichen?

Inwieweit hatten Sie auch das Anliegen Ihres Gegenüber im Blick?

Worin sehen Sie Ihre Stärken und Schwächen in der Gesprächsführung?

Welche Regeln der Gesprächsführung haben Sie bereits in ihr tägliches Gesprächsverhalten übernommen?

Für welche Situationen und Probleme hätten Sie gern bessere Möglichkeiten zur Verfügung?

Eine Anmerkung zum Gebrauch
weiblicher und männlicher Formen

Immer noch ist es sehr verbreitet, in fast allen Fällen männliche En-
dungen zu benutzen, wenn sowohl männliche wie auch weibliche Personen gemeint sind. Wir haben uns entschieden, zwischen beiden Formen zu wechseln, so dass wir einmal von der Leiterin, Lehrerin, Mitarbeiterin etc. reden, ein anderes Mal von dem Leiter, Lehrer, Mitarbeiter.
An den Stellen, wo wir die Gesamtheit aller oder vieler Personen meinen, benutzen wir meist die Kombinationsendung (-Innen), die wir im
Blick auf den Lesefluss für eine bessere Lösung halten als die Doppe-
lung (Lehrerinnen und Lehrer) oder die Schrägstrich-Bindestrich-Me-
thode (Lehrer/-innen).

Menschenbild

Wenn ich mit anderen kommuniziere, geschieht dies bewusst oder unbewusst vor dem Hintergrund eines bestimmten Menschenbildes, das den anderen Menschen gegenüber mehr oder weniger offen zum Ausdruck kommt. Gehe ich also auf Menschen mit pädagogischer oder gar therapeutischer Absicht zu, so ist es unabdingbar, mir darüber klar zu sein, welches Menschenbild ich zur Grundlage meiner Einschätzungen und meines Verhaltens mache.

Hinweise auf Aspekte Ihres eigenen Menschenbildes können Sie erhalten, wenn Sie spontan und ohne lange nachzudenken die folgenden Satzanfänge beenden:

Die Menschen sind ...

Die Menschen streben nach ...

Im menschlichen Zusammenleben kommt es darauf an, ...

Im Begriff Menschenbild selbst wird bereits deutlich, dass wir uns eben ein Bild machen, ohne allerdings genau wissen zu können, ob es dem wirklichen Wesen des Menschen entspricht. Dies gilt im übrigen für sämtliche Menschenbilder, die in dem Versuch, die menschliche Natur zu beschreiben, bestenfalls Annäherungen darstellen. Es erscheint uns daher notwendig und redlich, einige grundlegende Aspekte desjenigen Menschenbildes zu erläutern, das wir unseren eigenen methodischen Ansätzen und Überlegungen zugrunde legen.

Das Menschenbild der Humanistischen Psychologie

Die Humanistische Psychologie entstand in den 50er und 60er Jahren im Zusammenfluss von amerikanischem und europäischem Gedankengut, beeinflusst u.a. durch die Arbeiten von Goldstein, Fromm, Rogers, Maslow, Adler und Horney. Die HP zielte auf die Überwindung einer rein biologisch-mechanistischen Betrachtungsweise des Menschen und stellte damit eine subjektivistische Gegenbewegung zu den damals vorherrschenden psychologischen und philosophischen Strömungen dar. Dem Sinn und der Bedeutung von Fragestellungen sowie der menschlichen Erfahrung wurde dabei eine größere Bedeutung eingeräumt als statistisch verwertbaren Methoden.

Die Humanistische Psychologie etablierte sich in der Folgezeit rasch als dritte Kraft neben der klassischen Psychoanalyse und dem Behaviourismus. In der Einschätzung möglicher gesellschaftlicher Konsequenzen wurde sie damals mit der Entwicklung der Naturwissenschaften im Zuge der Aufklärung verglichen. Tatsächlich hat die HP bis heute einen erheblichen Einfluss auf psychologische und pädagogische Entwicklungen genommen und ein reichhaltiges methodisches Repertoire entfaltet. Zur HP gehören u.a. die Gestalttherapie, die klientenzentrierte Gesprächspsychotherapie, die Themenzentrierte Interaktion, das Psychodrama sowie die Transaktionsanalyse.

Philosophisch gesehen wurzelt die Humanistische Psychologie vor allem in der Existenzphilosophie. Mit Existenz ist dabei die typische Seinsweise des Menschen gemeint. Diese ist nicht determiniert, sondern umschreibt lediglich die Möglichkeiten, die der Mensch realisieren kann, seinen Entwurf, seine „conditio humana" (Sartre). Hierin unterscheidet sich die HP deutlich vom Determinismus der Psychoanalyse und des Behaviourismus. Als wissenschaftlicher Methode bedient sich die Existenzphilosophie der Phänomenologie, die sich gegen jede Verabsolutierung wendet und vielmehr dazu ermutigt, die Welt so wahrzunehmen, wie sie sich jedem einzelnen im Rahmen seiner Erfahrung darstellt.

Da es nach existenzphilosophischer Aussage a priori keinen Sinn des Lebens, keinen Idealzustand der Humanität gibt, dem die Menschen aus ihrer Natur heraus von selbst zustreben, müssen Menschlichkeit und Lebenssinn täglich neu im praktischen Tun verwirklicht werden. Dies kann nur gelingen, wenn ich mir meine Wahlmöglichkeiten bewusst mache, mich aktiv entscheide und engagiere.

Diesen Weg zu innerer Freiheit und zu Selbst-Bewusstsein finde ich vor allem über den Bezug zu meinen Mitmenschen. Die menschliche

Natur erschließt sich nicht aus dem Inneren einer isolierten Persönlichkeit und wartet nur darauf, entwickelt und verwirklicht zu werden. Vielmehr kann diese Entwicklung nur in der Interaktion mit Menschen und ihrer sozialen Umwelt gefunden werden. Die Umwelt entzieht sich allerdings weitgehend einer objektiven Betrachtung und stellt sich dem einzelnen jeweils so dar, wie er sie individuell erfährt. Auf dem Boden dieser Subjektivität müssen existenzielle Entscheidungen getroffen und brauchbare Lösungen gefunden werden.

Den Weg zu innerer Freiheit und Selbstbewusstsein finden wir über den Bezug zu unseren Mitmenschen.

Entscheidungen zu treffen, diese in Taten umzusetzen und die Verantwortung dafür zu übernehmen ist für den Einzelnen demnach von existenzieller und Sinn gebender Bedeutung. Sich in diesem Sinne verantwortlich zu wissen, fällt vielen Menschen vermutlich deswegen so schwer, weil es bedeuten würde, sich dem eigenen Anteil am Zustandekommen von Kommunikations- und Beziehungsstörungen zu stellen. Dieser eigene Anteil wird leider vorschnell mit dem Begriff der Schuld verknüpft wird. Man ist "selber Schuld", und wer ist das schon gerne. Da ist es doch besser, man nimmt das eigene So-Sein als schicksalhaft, nicht in eigener Verantwortung liegend und damit unveränderlich hin. Aber nur dieses - mitunter schmerzliche - Bewusstsein der persönlichen Verantwortlichkeit birgt zugleich die Hoffnung auf Neuentscheidungen, die möglicherweise das Leben verändern und damit den Weg zu innerer Freiheit bahnen können. Nur wenn ich von einer derartigen Option ausgehe, macht ein Buch wie dieses überhaupt Sinn.

Die vier Grundannahmen

Vor diesem philosophischen und psychologischen Hintergrund lassen sich vier Grundannahmen darüber ableiten, was den Menschen - aus der Sicht der Humanistischen Psychologie - vor allem bewegt. Wir beziehen uns dabei auf eine Zusammenstellung von H. Völker (1980). Danach streben Menschen vor allem nach:

1. Ziel- und Sinnorientierung

Das menschliche Leben ist - wie oben erwähnt - eine zielgerichtete Suche nach Sinn und Erfüllung. Einen Verlust von Sinn und Ziel erleben die meisten Menschen als Lebenskrisen. Nach Frankl (1959) liegt darin sogar die Hauptursache für psychische Störungen. Darin drückt sich auch die Überzeugung aus, dass jedes Verhalten, sei es für Außenstehende noch so unverständlich, im existenziellen Erleben dieses Menschen eine Bedeutung hat. Jedes Verhalten verfolgt - oft unbewusst - ein bestimmtes Ziel, auch wenn dieses heute und oberflächlich gesehen geradezu widersinnig scheint, weil es eher zu belastenden oder schmerzlichen Erfahrungen führt.

> Jedes Verhalten verfolgt ein Ziel, auch wenn es zu belastenden oder schmerzlichen Erfahrungen führt.

Beispiel: Ein Junge ist nicht bereit, eine schwerwiegende Verhaltensstörung aufzugeben, weil er darin die einzige Möglichkeit sieht, eine drohende Trennung seiner Eltern zu verhindern. Er ist der festen Überzeugung, dass sie nur aus gemeinsamer Sorge um sein Wohlergehen zusammen bleiben werden.

Diese Sichtweise, ein vordergründig destruktives Verhalten als den Versuch zu sehen, sich zu schützen und angesichts von inneren und äußeren Gegebenheiten das psychische Gleichgewicht aufrechtzuerhalten, führt weg von einer rein individuellen hin zu einer stärker systemischen Betrachtung von (neurotischen) Störungen bei Menschen. So hilft beim Verständnis menschlichen Verhaltens weniger die Frage nach dem „Warum?", bezogen auf die Vergangenheit, sondern oft wirksamer die Beobachtung des „Wie?" im Hier und Jetzt und das Ergründen des „Wozu?", bezogen auf das oft verborgene Ziel.

2. Autonomie und Interdependenz

Von dem Moment an, wo ein Kind von der Mutter abgenabelt wird, beginnt sein Bemühen um Selbständigkeit und Unabhängigkeit. Es beginnt, die Welt zu erkunden und sich darin als eigenständiges Individuum zu erleben. Bald krabbelt das Kind im Zimmer herum, wobei es sich anfangs jedoch noch stets der Gegenwart der Mutter versichert. Mit der Zunahme an Beweglichkeit und Kommunikationsfähigkeit dehnt das Kind seinen Aktionsradius immer mehr aus und verlässt schließlich den unmittelbaren Lebensbereich der Eltern. Dieser Prozess ist für Eltern und Kinder gleichermaßen mit Freude wie mit Abschiedsschmerz verbunden.

Wenn diese Entwicklung angemessen gestaltet wird, wachsen beim Kind die Bereitschaft und Fähigkeit zur Übernahme von Verantwortung für das eigene Verhalten und damit das Bestreben, ein eigenständiges, von anderen unterscheidbares Individuum zu werden. Gleichzeitig jedoch existiert das Bedürfnis, in einer sozialen Gemeinschaft aufgehoben zu sein, was allerdings mit einer Relativierung des Autonomieanspruchs verbunden ist. In diesem Spannungsfeld zwischen Selbstverwirklichung und sozialer Bezogenheit gilt es, einen eigenen Standort zu finden, was nur im kommunikativen Austausch mit der Umwelt gelingen kann.

> Im Spannungsfeld zwischen Selbstverwirklichung und sozialer Bezogenheit gilt es, einen eigenen Standort zu finden.

Im Dialog mit anderen teilt sich mit, für welche Position sich jemand entschieden hat - etwa im Widerstand gegen eine vermeintliche Vereinnahmung oder in einer überangepassten Ängstlichkeit, beim Vertreten eines eigenen Standpunkts mit Ausgrenzung bestraft zu werden. Diese Antinomie beschreibt Fritz Riemann sehr überzeugend in seinem Buch über die Grundformen der Angst.

3. Selbstverwirklichung

Durch die Erforschung der Umwelt gelingt es dem Menschen, diese für sich zu strukturieren und als Terrain für die eigene Selbstverwirklichung zu nutzen. Sie bietet ihm Raum für die Entfaltung der eigenen Möglichkeiten, d.h. die Entdeckung und Entwicklung von Fähigkeiten und Fertigkeiten im Rahmen innerer und äußerer Bedingtheiten.

So kann man häufig beobachten, dass Menschen nach relativ kurzer Zeit der Arbeitslosigkeit den Kontakt zu ihren eigenen Fähigkeiten zu verlieren beginnen. Selbstverwirklichung bedeutet demnach, sich in

der Auseinandersetzung mit Menschen und Dingen ständig neu als kompetent und fähig zu erleben. Eine Stärkung der kommunikativen Kompetenz leistet somit einen wesentlichen Beitrag zur Selbstverwirklichung. Die daraus sich ergebenden Konsequenzen für die Gestaltung von Schule und Arbeitswelt können gar nicht hoch genug eingeschätzt werden.
Selbstverwirklichung bedeutet nicht, egoistisch und ohne Rücksicht auf bestehende Verbindlichkeiten die Erfüllung eigener Bedürfnisse in das Zentrum des eigenen Handelns zu stellen.

> Selbstverwirklichung bedeutet, sich in der Auseinandersetzung mit Menschen und Dingen ständig neu als kompetent zu erleben.

4. Ganzheitlichkeit

In der Sichtweise der Humanistischen Psychologie wird die Dichotomie von Leib und Seele aufgehoben. Der Mensch wird als biologische, psychische und soziale Einheit gesehen. Wenn ich beispielsweise etwas Angenehmes gesagt bekomme, nehme ich es nicht nur kognitiv wahr, sondern spüre es auch in meinem Körper. Jede psychische Bewegtheit führt gleichzeitig zu einer körperlichen Reaktion und umgekehrt.
Zu einer ganzheitlichen Sichtweise gehört auch der Bereich der Psychosomatik, wie er sich seit alters her in zahlreichen Redewendungen widerspiegelt: „Mir ist eine Laus über die Leber gelaufen." - „Das kratzt mich nicht." - „Das geht mir an die Nieren / schlägt mir auf den Magen / bereitet mir Kopfzerbrechen." Gleichwohl ist es in unserer Kultur immer noch nicht genügend verankert, körperliche Funktionsstörungen im Zusammenhang der sozialen Interaktion und als Widerspiegelung der psychischen Dimension zu verstehen.
In seiner Ganzheitlichkeit ist der Mensch zudem mehr und anders als die Summe seiner einzelnen Funktionen, er ist mithin unverwechselbar und einzigartig.
Eine ausführliche Darstellung der ethischen Grundlagen der Humanistischen Psychologie können Sie in den Werken Erich Fromms nachlesen, vor allem in seiner *Anatomie der menschlichen Destruktivität.*
Wir wissen, dass die sozialen Realitäten häufig eine freie Entfaltung im Sinn dieser Grundannahmen be- und manchmal sogar verhindern. Es wäre daher kurzsichtig und politisch bedenklich, wollte man die menschlichen Störungen grundsätzlich individualisieren. Eine gesellschaftspolitisch reflektierte pädagogische und psychologische Beschäftigung mit Menschen muss daher zugleich auf eine Veränderung der

Lebensbedingungen gerichtet sein, um mehr Autonomie, Selbstverwirklichung, Sinngebung und Ganzheitlichkeit zu ermöglichen.
Gleichzeitig aber gilt es, dem einzelnen Menschen seinen persönlichen
Entscheidungsspielraum bewusst zu machen und Unterstützung für
dessen Erweiterung zu geben. Dieser Aspekt ist ein Hauptanliegen dieses Buches.

Grundregeln für die Gesprächsführung

Die allgemeinen Grundregeln dienen der Förderung eines guten Gesprächsklimas. Sie sind geeignet, wichtige Voraussetzungen für ein Problem lösendes Gespräch zu schaffen. Sie werden ergänzt durch spezifische Methoden und Strategien mit Konzepten der Transaktionsanalyse, die wir in den folgenden Kapiteln im einzelnen entfalten werden.

1. Mich auf das Gespräch vorbereiten

Mit einer guten Vorbereitung steht und fällt der Erfolg wichtiger Gespräche. Wenn irgend möglich, sollte ich mir vor einem Gespräch über einige wesentliche Punkte Klarheit verschaffen. Werde ich von anderen angesprochen und spontan in ein Gespräch verwickelt, kann es sehr nützlich sein, für mich selbst die folgenden Fragen im Verlaufe des Gesprächs, möglichst bereits in der Anfangsphase, zu klären. Entsteht dabei eine unübersichtliche Situation, kann es sinnvoll sein, eine kurze Bedenkzeit in Anspruch zu nehmen, um wieder Klarheit zu gewinnen. Bei der Vorbereitung auf ein Gespräch ist zu klären,

- ob mich das Thema überhaupt etwas angeht,
- ob ich ein zur Lösung des Problems geeigneter Gesprächspartner bin,
- ob ich selbst motiviert bin und
- wie viel Zeit ich dafür aufwenden kann und will.

Ob eine produktive Gesprächssituation zustande kommt, hängt wesentlich von meiner Einstellung gegenüber den anderen Beteiligten ab. Es erweist sich letztlich als hinderlich, eigene Antipathien über längere Zeit zu ignorieren. Wenn ich dagegen gleich zu Beginn darauf achte, ob ich echtes Interesse und Zeit habe, zuständig bin und mich kompetent fühle, gerate ich nicht in unliebsame Gespräche, in deren Verlauf ich insgeheim schlechte Gefühle gegen mich und andere auslöse oder ansammle.

Ein weiterer wichtiger Punkt ist die Formulierung eines klaren und realisierbaren Ziels. Zahlreiche Gespräche treiben aufgrund einer falsch verstandenen Höflichkeit ziellos in einem Meer von Wor-

> Ob eine produktive Gesprächssituation zustande kommt, hängt von meiner Einstellung zum Anderen ab.

ten umher, und selbst die Beteiligten wissen schließlich nicht mehr, worum es eigentlich geht - oder sie wussten es ohnehin nie.

Ein realistisches Ziel zu formulieren bedeutet, die äußeren und inneren Bedingtheiten aller Beteiligten und der gegebenen Situation zu berücksichtigen. Wenn ich beispielsweise eine Kollegin oder einen Mitarbeiter, für den ich zuständig bin, auf ein Problem anspreche und erreichen will, dass dieser im Verlauf eines kurzen Pausengesprächs seine Probleme im einzelnen benennt, ihren lebensgeschichtlichen Hintergrund erkennt und ab morgen sein Verhalten ändert, so wird mein Vorhaben mit einiger Sicherheit scheitern. Denn erstens ist dieses Ziel unrealistisch, was den Zeitrahmen betrifft, und zweitens laufe ich Gefahr, etwas für den anderen zu wollen, was sinnvoller Weise nur er selbst sich zum Ziel setzen kann.

> Gute Ziele berücksichtigen die Bedingtheiten aller Beteiligten und der realen Situation.

Ein angemessenes Ziel für ein kurzes Gespräch kann dagegen darin liegen, den eigenen Eindruck zu benennen, Problembewusstsein zu erzeugen und eventuell ein Folgegespräch zu vereinbaren, sofern der andere sich damit überhaupt auseinandersetzen will. Es ist enorm entlastend, wenn ich mich von dem Anspruch befreie, anderen Menschen im Verlauf eines Gesprächs sofort zu einer abschließenden Lösung verhelfen zu wollen.

Eine große Chance für eine gute Gesprächsführung liegt darin, zunehmend bewusster die eigenen Stärken und Schwächen zu beachten und bei der Gesprächsvorbereitung zu berücksichtigen. Ich kann mir viele Enttäuschungen ersparen, wenn ich die eigenen Schwachpunkte und die Fallen, in die ich leicht hinein tappe, kenne und vermeide. So kann ich mir in Ruhe überlegen, ob ich dazu neige,

> Für eine gute Gesprächsführung ist es wichtig, die eigenen Stärken und Schwächen zu beachten.

- es anderen recht zu machen;
- für Gesprächspartner, die sich passiv verhalten, selbst aktiv zu werden und mich abzurackern;
- mich schnell schuldig zu fühlen und klein zu machen;
- die Ursachen für Schwierigkeiten im Verhalten anderer zu suchen;
- unbequeme Themen zu vermeiden;
- den Fokus vor allem auf das Problematische zu legen;

- das Positive für selbstverständlich zu halten und zu übergehen;
- viel negative Zuwendung zu verteilen.

Da bei all diesen Aspekten ein breiter Raum für Selbsttäuschung gegeben ist, kann es sehr sinnvoll sein, sich vor wichtigen Gesprächen mit einer unvoreingenommenen Person zu beraten. Insbesondere professionellen Beraterinnen und Führungskräften ist es zu empfehlen, sich regelmäßig Supervision für ihre Arbeit zu holen.

Anregungen zur Selbstreflexion

Vergegenwärtigen Sie sich ein oder zwei Stärken und Schwächen, die Sie wiederholt in Ihrer eigenen Gesprächsführung festgestellt haben.

Was erleben andere an Ihrem Gesprächsverhalten als hilfreich bzw. als störend?

Gibt es eine Gesprächskonstellation oder ein bestimmtes Verhalten anderer, auf das Sie besonders leicht in einer unproduktiven Weise anspringen?

Suchen oder malen Sie sich je ein Symbol für Ihren Schwachpunkt und für ein in schwierigen Gesprächssituationen besonders hilfreiches Verhalten. Experimentieren Sie damit, dass Sie diese Symbole so platzieren, dass sie Ihnen in der konkreten Situation ins Auge fallen.

2. Anderen respektvoll gegenübertreten

Mit diesem Punkt ist weniger eine Regel gemeint, als vielmehr eine innere Haltung. Ich nehme die Anderen ernst mit ihren Schwierigkeiten und in ihrem Bemühen um eine Problemlösung sowie in ihrer grundsätzlichen Fähigkeit, selbstverantwortlich zu handeln.
Wir gehen davon aus, dass jeder Mensch einen konstruktiven Kern und gute Ressourcen hat, auch wenn im momentanen Verhalten nichts davon zu erkennen ist. Diesen verschütteten Kern gilt es zu finden, um sich mit ihm zu verbünden. Wer aus dieser Haltung heraus handelt, vermeidet abwertende Vergleiche, ist gelassen gegenüber dem aktuell problematischen Verhalten und offen für positive Entwicklungen .
Jedes Verhalten diente ursprünglich einem sinnvollen Zweck, der heute vielleicht nicht mehr erkennbar ist. Mir das bewusst zu machen hilft, die Person zu respektieren, auch wenn ich ihr aktuell gezeigtes Verhalten unangemessen finde. Im Kontakt mit Kindern, Untergebenen und alten Menschen wird diese Grundeinstellung oft missachtet. Aber gerade das Gefühl, geachtet und ernst genommen zu werden, führt zu einem Klima, in dem die Bereitschaft zu konstruktiven Lösungen erst gedeihen kann. Diese Wertschätzung durch Andere kann ich als BeraterIn natürlich auch für mich selbst mit meinen Bedürfnissen und Schwierigkeiten erwarten.

> Das Gefühl, geachtet zu werden, führt zu einem Klima, in dem konstruktive Lösungen gedeihen können.

Wenn ich diese Überzeugung im Blick auf einen bestimmten Menschen nicht oder nur mit Mühe aufrecht erhalten kann - zum Beispiel weil mich sein Verhalten sehr ärgert oder verletzt - so sollte ich mich darauf beschränken, klare Anweisungen oder Wünsche auszusprechen, oder aber den Kontakt abbrechen. Ich muss nicht um jeden Preis ein Gespräch zu führen versuchen, an dessen Ende eine einvernehmliche Lösung stehen soll.
Ähnliches gilt, wenn ich eine dienstliche Anweisung auszusprechen habe, deren Erfüllung nicht zur Disposition steht. Statt sie partnerzentriert zu verbrämen, macht es mehr Sinn, sie deutlich auszusprechen und wenn möglich inhaltlich transparent zu machen.

3. Kontakt herstellen

Die Grundvoraussetzung für jede Kommunikation ist Kontakt. Dies wird ernsthaft niemand bestreiten. Dennoch wird häufig geredet, obwohl kein Kontakt mehr zum anderen besteht oder nie bestand. Die Beteiligten haben „auf Durchzug gestellt" oder versuchen nur, ihre eigenen Meinungen loszuwerden, so dass es lediglich zum Austausch von Monologen kommt. Besonders unangenehm ist es, wenn Menschen pausenlos reden, ohne wahrzunehmen, dass die Anderen nonverbal längst den Abbruch des Kontakts signalisiert haben. Ähnlich ineffektiv ist es, wenn LehrerInnen lautstarke Ermahnungen ungerichtet in den Klassenraum schreien. Die eigentlich Gemeinten fühlen sich nicht angesprochen, da sie nicht direkt angeredet werden, und der Rest der Klasse findet sich ungerecht behandelt.

Der augenfälligste Kontakt ist der Blickkontakt, wobei es natürlich nicht wünschenswert ist, sich unablässig anzustarren. In den meisten Gesprächen werden Sie vielmehr beobachten können, dass Sie, solange Sie mit der Formulierung eines Gedankens beschäftigt sind, den Blick vom Gesprächspartner abwenden und sozusagen nach innen richten. Erst wenn Sie wissen, was Sie sagen wollen, nehmen Sie wieder Blickkontakt auf und sprechen.

Ein permanenter Blickkontakt behindert oftmals das Entstehen innerer Bilder, wenn es darum geht, sich bestimmte Sachverhalte vor das „innere Auge" zu rufen. Wird zum Beispiel eine Schülerin nach Mündung und Quelle eines Flusses gefragt, so blickt sie vielleicht an die Decke, weil dieser Blick nach oben ihr hilft, sich an die Landkarte zu erinnern, nach der sie gelernt hat. Eine sehr verbreitete Unsitte von Lehrern besteht darin, in solchen Situationen, oft zur Erheiterung der Mitschüler, zu sagen: „An der Decke steht es nicht!" Doch, genau dort oben „steht es" für die Schülerin, aber eben nicht in den Augen des Lehrers!

Falls der Blickkontakt in wichtigen Gesprächssituationen tatsächlich verloren zu gehen droht, so lässt er sich wiederherstellen:

- **indem ich dazu auffordere, mich anzuschauen,** wenn es mir wichtig ist, dass mein Anliegen wirklich ankommt;
- **indem ich schweige,** bis mein Gegenüber nachsieht, was los ist;
- **indem ich nachfrage,** ob der andere das Gespräch weiterführen will oder was sonst los ist.

Das gezielte Aufnehmen von Blickkontakt kann dazu verhelfen, sich aus alten, unproduktiven Gefühlen zu lösen, ins Hier und Jetzt zu kommen und das Denken zu aktivieren. Art und Intensität eines momentan bestehenden Kontakts teilen sich auch in unserem Körperausdruck mit. Menschen, die sich gut und lange kennen, werden sich im vertrauensvollen Gespräch in Körperhaltung und Sprechweise einander annähern. Wenn sie sich - ganz wörtlich genommen - gut aufeinander einstellen, kommt ein tragfähiger Kontakt zustande. Wenn Sie sich dagegen gar nicht erst richtig treffen, wenn die Körpersprache weit auseinander klafft, liegt oft eine gestörte Kommunikation vor und sie werden vermutlich aneinander vorbei reden.

> Wenn Sie sich gut aufeinander einstellen, kommt ein tragfähiger Kontakt zustande.

Ein Beispiel: Betonte Selbstsicherheit und zur Schau getragener Optimismus wirken in der ersten Kontaktaufnahme mit depressiven Personen eher abschreckend. Wenn die Diskrepanz im Fühlen und Verhalten zu groß ist, führt das eher zu einer Entfremdung. Um gut in Kontakt zu kommen, ist es sinnvoller, sich zunächst in Mimik, Gestik, Körperhaltung, Redeweise und Tonfall auf die andere Person einzustellen. Im weiteren Verlauf des Gesprächs kann es dann sehr wirksam sein, allmählich in eine Haltung zu wechseln, die Zuversicht und Selbstbewusstsein ausstrahlt, und den Gesprächspartner damit anzustecken. Es ist wichtig, dabei im Blick zu behalten, ob die betreffende Person diesem Impuls auch tatsächlich folgt oder ob sie in ihrem mitgebrachten Muster verharrt.

4. Erwartungen klären

Das Aussprechen der gegenseitigen Erwartungen führt im Idealfall zur Formulierung eines klaren Ziels, dem beide Seiten zustimmen können. Wir haben dazu bereits beim Thema Gesprächsvorbereitung einiges gesagt und werden im Kapitel über Verträge ausführlich darauf zurückkommen.

Unrealistische Hoffnungen können frühzeitig korrigiert und nötigenfalls zurückgewiesen werden. Nicht selten werden dabei heimliche Erwartungen aufgedeckt, die andernfalls unausgesprochen durch ein Gespräch mitgeschleppt worden wären und am Ende allzu leicht zu Irritationen, Enttäuschungen und gegenseitigen Vorwürfen hätten führen können. Oft hilft schon eine kurze Klärung der Erwartungen allen Beteiligten, sich über ihre Motive klar zu werden und eine stimmige Vereinbarung zu treffen.

5. Informationen zum Thema einholen

Es ist ebenso verbreitet wie unproduktiv, mit Lösungsvorschlägen aufzuwarten, bevor überhaupt klar ist, um welche Schwierigkeiten es eigentlich geht, nach dem Motto: „Ja ja, ich weiß schon, wo Ihr Problem liegt - am besten Sie machen ...!"
In der Einstiegsphase ist es deshalb wichtig, sich mit der nötigen Zeit eine differenzierte Problembeschreibung geben zu lassen und die für ein Verstehen des Problems notwendigen Informationen einzuholen. Bereits beim Zusammentragen von Informationen kann vieles geordnet und geklärt werden.

Besonders nützlich ist es dabei,

- **öffnende Fragen zu stellen** (alle „W-Fragen" wie z.B.: „Was ist konkret deine Schwierigkeit?") statt Alternativen vorzugeben („Hast du dies Problem oder dies oder jenes ...?");

- **die Informationen nicht zu werten** („Um Himmels Willen, wie konntest du nur - das ist ja schrecklich!"), damit sich die Gesprächspartnerin nicht verunsichert oder geängstigt zurückzieht;

- **den anderen das Problemfeld strukturieren zu lassen,** falls er Probleme aufhäuft, zu viele Details oder eine zu große Komplexität präsentiert. Ziel ist es, herauszufinden, was hier und heute bearbeitbar ist. („Ordne deine Probleme nach ihrer Bedeutung!" „Mit welchem Aspekt wollen Sie beginnen?")

Bisweilen ist es notwendig, sich und den Gesprächspartner durch Stoppen des Redeflusses vor einer Überflutung zu schützen, da es keinen Sinn hat, mit ihm in seinen Problemen zu versinken. Manche Menschen benutzen gerade diese Art der Problemdarstellung, um letztlich passiv bleiben zu können. Ein sicheres Signal dafür ist es, wenn ich selbst ungeduldig werde oder kaum mehr alle genannten Aspekte und Teilprobleme behalten kann.

> Bisweilen ist es notwendig, sich durch Stoppen des Redeflusses vor einer Überflutung zu schützen.

Wenn die Gesprächspartnerin zu wenige oder zu unklare Informationen liefert, ist es besser, das Gespräch zu unterbrechen und sie aufzufordern, sich die nötigen Informationen erst einmal selbst zu beschaffen. Das kann ein wichtiger Schritt zu mehr Aktivität und zum Aufgeben einer unangemessenen Abhängigkeit sein. Hilfreich sind dabei gezielte Selbstbeobachtungsaufgaben, die eine effektive Bearbeitung des Problems vorbereiten können.

6. Im „Hier und Jetzt" arbeiten

Um aktuelle Probleme zu lösen, ist es sinnvoll, hier und heute Entscheidungen zu erarbeiten, die die Erfahrungen aus der Vergangenheit berücksichtigen und für eine bessere Zukunft taugen. Das in der Gegenwart auftretende Problem muss im Kontext von Zukunft und Vergangenheit gesehen werden. Der Fokus sollte jedoch auf der Gegenwart liegen.

Vermeiden sollte man in jedem Fall:

- **in negativen Gefühlen zu versinken,** die in der Biographie wurzeln. Das sich ständig wiederholende Erörtern früherer Erlebnisse und der damit verbundenen Gefühle verstellt den Blick für eine produktive Arbeit an den Aufgaben im Hier und Heute.

- **rechthaberisch „olle Kamellen" durchzukauen.** Sie binden Energie und sind eine Spielwiese für Verdrehungen, Selbstbezichtigungen, Anklagen und andere kaum überprüfbare Sichtweisen.

Sinnvoller ist in solchen Situationen die Frage: „Was bedeutet das alles heute für dich, und was willst du künftig anders machen?" Wenn möglich, sollten die Beteiligten bereits in der konkreten Gesprächssituation neues Verhalten ausprobieren, beispielsweise indem sie damit anfangen, Lob und Kritik in Arbeitsgruppen offen und direkt zu äußern.

> Lohnend ist die Frage: „Was bedeutet das heute für dich, und was willst du künftig anders machen?"

Anregungen zur Selbstreflexion

Rufen Sie sich das letzte Konfliktgespräch in Erinnerung. Worum ging es dabei?

Worauf war die Aufmerksamkeit am stärksten gerichtet – auf Ereignisse aus der Vergangenheit, Probleme im Hier und Jetzt oder Lösungen für die Zukunft?

Wenn sie gewahr werden, dass Sie auf „ollen Kamellen herumgekaut" haben: Kommt das häufiger vor in Gesprächen, an denen Sie beteiligt sind? Haben Sie bestimmte „Lieblingskamellen"?

Wenn andere Ihnen mit „ollen Kamellen" kommen, was empfinden Sie dabei und wie verhalten Sie sich dann?

7. „Ich" statt „Man" und „Wir" benutzen

Der Gebrauch von „Man" und „Wir" dient häufig dazu,

* eigene Bedürfnisse und Positionen zu vernebeln („Jetzt würde uns allen eine Pause gut tun.");

* der Verantwortung für die eigenen Aussagen auszuweichen („Man könnte vielleicht einmal ausprobieren ...");

* andere zu manipulieren („Wir sind doch sicherlich alle der Meinung ...").

Um zu einer Veränderung dieses Verhaltens anzuregen, ist es sinnvoller, klare Ich-Du-Botschaften modellhaft zu praktizieren, als krampfhaft die Einhaltung dieser Regel anzumahnen. Viele Menschen benutzen solche Verallgemeinerungen als Schutz, den sie anfangs zu benötigen glauben. Und das ist manchmal auch so in Ordnung.
Darauf aufmerksam zu machen ist in denjenigen Fällen angebracht, wo „Man", „Wir" und gelegentlich auch „Es" zur Verschleierung dienen bzw. in Verbindung mit passivem Verhalten verwendet werden. In diesen Fällen ist es wichtig, sich gegen ein vereinnahmendes „Wir" abzugrenzen, zu mehr Deutlichkeit aufzufordern und zur Eigenverantwortlichkeit anzuregen.

8. Wichtige Gesprächsinhalte paraphrasieren

Ein wichtiges Hilfsmittel in der partnerzentrierten Gesprächsführung besteht darin, die Gesprächs- und Gefühlsinhalte mit eigenen Worten zu wiederholen.

Aus vier Gründen halten wir das Paraphrasieren an Schlüsselstellen des Dialogs für wesentlich. Es befriedigt zunächst das existenzielle Grundbedürfnis nach Akzeptanz, indem sich die Gesprächspartnerin wahrgenommen und akzeptiert fühlt. Sodann hilft es, ein genaues und unmissverständliches gegenseitiges Verstehen zu gewährleisten. Das ist besonders dann wichtig, wenn unterschiedliche Einstellungen und Sichtweisen der Beteiligten aufeinandertreffen. In solchen Gesprächssituationen tendieren alle Menschen dazu, die eigene vertraute Sichtweise aufrecht erhalten und gegenüber Bedrohungen abschotten zu wollen. (Genaueres darüber können Sie im Kapitel „Bezugsrahmen und Redefinieren" nachlesen.) Drittens gibt es dem Gesprächspartner durch die Spiegelung des Gesagten oftmals sehr produktive Impulse zur Selbstüberprüfung. Und nicht zuletzt gewinnen Sie durch Paraphrasieren Zeit.

Das Paraphrasieren befriedigt das existenzielle Grundbedürfnis nach Akzeptanz.

Hier einige mögliche Einleitungen bzw. Einladungen zum Paraphrasieren:

Ist es das ...?

Habe ich dich richtig verstanden, dass ...?

Was ist bei dir angekommen, von dem was ich gerade gesagt habe?

9. Körperausdruck und Gefühlsinhalte beachten

Eine Person sitzt mir mit verschränkten Armen, gekreuzten Beinen, hochgezogenen Schultern sowie gesenktem Blick gegenüber und sagt: „Ich bin ganz offen."

Eine andere Person berichtet über ein schmerzliches Erlebnis und lacht dabei.

Eine dritte Person spricht darüber, was sie in Zukunft ganz anders machen möchte. Stimme und Körperhaltung drücken jedoch Zögern und Kraftlosigkeit aus.

In allen drei Situationen ist es angebracht, stutzig zu werden, denn Worte und Körpersignale widersprechen sich deutlich und weisen auf eine Unsicherheit, einen inneren Konflikt oder heimlichen Vorbehalt hin. Hier kann es hilfreich sein, die eigene Wahrnehmung vorwurfsfrei mitzuteilen und evtl. den von mir vermuteten Gefühlsinhalt anzusprechen. Die betreffende Person bekommt dadurch die Möglichkeit, etwas Verdrängtes oder Nichtzugelassenes ins Bewusstsein zu holen und deutlich auszudrücken. Eine tiefer liegende Unsicherheit kann ausgeräumt, ein innerer Konflikt gelöst, ein Vorbehalt respektiert oder ausgeräumt werden. Ein solches Vorgehen ist allerdings nur bei einer vertrauensvollen Gesprächsbasis und bei erkennbar stabiler seelischer Verfassung angebracht.

Natürlich ist es ebenso für mich als Gesprächsleiterin oder Berater wichtig, die Signale meines Körpers zu beachten. Wenn ich mich verspannt oder anderweitig unwohl fühle und darüber hinweggehe, wird mein Reden und Handeln nicht mehr stimmig sein. Es besteht die Gefahr, dass ich in ein unerquickliches Gespräch hineinschlittere und den Nährboden für Verwirrung und Verärgerung schaffe. Wenn es mir nicht gelingt, während des Gesprächs durch eine interne Klärung wieder in Übereinstimmung mit mir zu kommen, kann es sinnvoll sein, mitzuteilen, wie es mir selbst geht, die Ursachen zu klären oder auch das Gespräch zu beenden und evtl. später - nach einer Klärung für mich - wieder aufzunehmen.

10. Interpretationen sparsam verwenden und kennzeichnen

Von dem Moment an, wo ich mit anderen Menschen in Kontakt trete, beginnen auch meine ersten Annahmen darüber, wie die andere Person wohl sein mag, wie sie zu mir steht und was ich möglicherweise von ihr befürchten muss oder erhoffen darf. Die Basis dafür sind meine aktuellen Wahrnehmungen, aber mindestens ebenso meine vorausgegangenen Erfahrungen (mit anderen Menschen!) und die daraus abgeleiteten Konsequenzen.

Andere Menschen intuitiv erfassen zu können, ist für unser soziales Zusammenleben von großer Bedeutung. Eine gute Intuition ist ein wahrer Schatz. Allerdings gehen Wahrnehmungen und Interpretationen dabei oft nahtlos ineinander über. Die aus der Wahrnehmung ein und derselben Situation abgeleiteten Deutungen und Vermutungen können sehr unterschiedlich ausfallen. Nicht selten entsprechen sie der Anzahl der anwesenden Personen, besonders dann, wenn sie unreflektiert aus den subjektiven Sichtweisen heraus entwickelt und mit Phantasien angereichert werden.

Stellen Sie sich einmal vor, Sie halten einen Vortrag und nehmen dabei wahr, dass eine Teilnehmerin häufig aus dem Fenster blickt. Sie könnten sich sagen: „Die langweilt sich. Sie lehnt mein Thema ab - oder vielleicht meine Person? Ich bin wohl ein schlechter Referent." Ihre Vermutungen verdichten sich zur „Gewissheit", und Sie versuchen, es ihr möglichst recht zu machen, oder beschließen, es ihr bei der ersten Gelegenheit heimzuzahlen. Dabei kann diese Teilnehmerin vielleicht gerade auf diese Weise gut zuhören, sie sieht draußen in diesem Moment gerade etwas Interessantes oder sie hängt verliebten Träumereien nach.

Sehr treffend beschreibt Watzlawick (1983) diesen Zusammenhang von ungeprüften Interpretationen und vorauseilenden Vermutungen, die zu grotesken Fehlentscheidungen führen können, in der Parabel vom Mann, der sich einen Hammer ausleihen will:

Ein Mann will ein Bild aufhängen. Den Nagel hat er, nicht aber den Hammer. Der Nachbar hat einen. Also beschließt unser Mann, hinüberzugehen und ihn auszuborgen. Doch da kommt ihm ein Zweifel: Was, wenn der Nachbar mir den Hammer nicht leihen will? Gestern schon grüßte er mich nur so flüchtig. Vielleicht war er in Eile. Aber vielleicht war die Eile nur vorgeschützt, und er hat etwas gegen mich. Und was? Ich habe ihm nichts angetan; der bildet sich da etwas ein. Wenn jemand mir ein Werkzeug borgen wollte, ich gäbe es ihm sofort. Und warum er nicht? Wie kann man einem Mitmenschen einen so einfachen Gefallen abschlagen? Leute wie dieser Kerl vergiften einem das Leben. Und dann bildet er sich noch ein, ich sei auf ihn angewiesen. Bloß weil er einen Hammer hat. Jetzt reicht's mir wirklich. - Und so stürmt er hinüber, läutet, der Nachbar öffnet, doch noch bevor er „Guten Tag" sagen kann, schreit ihn unser Mann an: „Behalten Sie Ihren Hammer, Sie Rüpel!"

Nicht selten kommunizieren wir mehr mit dem phantasierten Bild einer Person als mit dem realen Menschen. Dabei treten wir gewissermaßen als Gedankenleser auf, indem wir immer schon im voraus zu wissen meinen, was jemand denkt, fühlt und sagen will. Interpretierende Sätze beginnen häufig mit den Worten „Du machst das ja doch nur, um ...", „Du bist auch einer, der ...", „Eigentlich willst/meinst du in Wirklichkeit ...". Auf diese Weise erschweren wir es der anderen Person, ihr Verhalten zu verändern, da wir uns weigern, sie aus dem Gefängnis unserer projektiven Phantasien zu entlassen.

> Nicht selten kommunizieren wir mehr mit dem Bild einer Person als mit dem Menschen selbst.

In der Gesprächsführung ist es daher von zentraler Bedeutung, Wahrnehmung, Interpretation und Vermutung säuberlich voneinander zu unterscheiden. Interpretationen sind stets Grenzüberschreitungen - der Respekt vor dem Innenbereich einer anderen Person gebietet es, vor dem Betreten um Erlaubnis zu fragen: „Ich habe in Bezug auf dein Verhalten eine Vermutung. Möchtest du sie hören?"

Interpretationen sollten nur sparsam verwendet, gekennzeichnet und zur Überprüfung angeboten werden. Falls unsere Gesprächspartner „Gedankenlesen" zu spielen beginnen („Ich weiß genau, worauf Sie jetzt hinauswollen ...") oder Interpretationen unseres Verhaltens einfließen lassen, die möglicherweise völlig unzutreffend sind („Jetzt werden Sie mich bestimmt verachten ..."), ist es natürlich notwendig, dieses zu konfrontieren („Wann wirst du mich aus dem Gefängnis deiner Interpretationen herauslassen?").

11. Authentisch und selektiv miteinander reden

Es versteht sich von selbst, dass ich mich in der Gesprächsführung um Aufrichtigkeit bemühe in dem, was ich sage und tue. Das heißt aber nicht, schonungslose Offenheit zu praktizieren, indem ich alles mitteile, was ich beim anderen beobachte und vermute. Es sollte in guten Gesprächen nicht darum gehen, mich selbst zu inszenieren, um zu zeigen, was ich alles weiß und wie gut ich bin, sondern im Blick zu behalten,

- was ich mit der Gesprächspartnerin vereinbart habe,
- was für mein Gegenüber in dieser Situation bearbeitbar ist und
- was ich ggf. aufzufangen in der Lage bin.

Überforderung ist letztendlich für alle Seiten kontraproduktiv. Dies soll allerdings nicht als Rechtfertigung dafür dienen, aus Konfliktscheu um den heißen Brei herum zu reden.

12. Die 50%-Regel beachten

Diese Regel besagt, dass mindestens 50 % der Energie zur Problemlösung beim Gesprächspartner liegen sollten. Sie hilft mir auf einfache Weise, Ungleichgewichte in der Gesprächsführung festzustellen. Wenn jemand mit seinem Problem zu mir kommt, erleichtert von dannen schreitet und ich mich anschließend schlaflos im Bett wälze, stimmt etwas nicht. Wenn ich mich in der Folge dann noch intensiv um eine Lösung bemühe, während die betreffende Person immer weniger Energie aufwendet (siehe hierzu auch das Kapitel über Passivität), dann habe ich mir mit Sicherheit mehr als 50% der Verantwortung aufgebürdet. In diesem Fall sollte ich mich fragen, um wessen Problem es eigentlich geht. Aus eigener schmerzlicher Erfahrung heraus liegt uns diese Regel besonders am Herzen.

Fragen Sie sich immer wieder, um wessen Problem es eigentlich geht.

Anregungen zur Selbstreflexion

Vergegenwärtigen Sie sich ein Gespräch, in dem eine andere Person mit einem Problem zu ihnen kam.

Worum ging es dabei?

Wie sehen Sie nachträglich die Verteilung der Aktivität im Gesprächsverlauf und besonders in der Phase, in der es um konkrete Lösungen ging?

Wie fühlten Sie sich am Ende?

Als wie tragfähig und dauerhaft erwies sich das Gesprächsergebnis?

13. Bilanz ziehen

Ebenso wichtig wie eine gute Vorbereitung und eine präzise Erwartungsklärung zu Beginn eines Gesprächs ist eine aufmerksame Bilanzierung des Erreichten am Ende. Für die Weiterarbeit ist es in der Regel sehr lohnend, Zeit dafür einzuplanen, den gegenwärtigen Stand und das weitere Vorgehen mit den anderen Beteiligten zu besprechen. Dabei kann das Ergebnis noch einmal im Licht der anfänglichen Vereinbarungen angeschaut werden. Wichtige Fragestellungen sind in diesem Zusammenhang:

Was wollten wir? Was war unsere Thema und Ziel?

Was haben wir geklärt und erreicht?

Was ist offengeblieben?

Sind neue Aspekte aufgetaucht?

Welche nächsten Schritte sind zu planen?

Einer solche Auswertung, die oft nur wenige Minuten beansprucht, bereitet den Boden für stimmige Verabredungen. Schließlich gehört ans Ende eines jeden Gesprächs ein kurzes gegenseitiges Feedback - auch und gerade dann, wenn es um schwierige Themen ging.

Zusammenfassung: Grundregeln für die Gesprächsführung

1. **Mich auf das Gespräch vorbereiten**

   Mein Ziel?
   Meine Einstellung, mein Gefühl zum anderen?
   Meine Fallen, meine Stärken?

2. **Anderen respektvoll gegenübertreten**

3. **Kontakt herstellen**
   Blickkontakt!
   Körperausdruck beobachten und auf Kongruenz achten.

4. **Die Erwartungen klären**
   Worum geht es?
   Was wollen wir voneinander?

5. **Informationen zum Thema einholen**
   Nicht werten.
   Öffnende Fragen stellen, statt Alternativen vorzugeben.
   Informationsflut stoppen, strukturieren und auswählen lassen.

6. **Im Hier und Jetzt arbeiten**
   Nicht in „Archäologie" stecken bleiben.
   Keine „ollen Kamellen" durchkauen.
   Keine Aussagen nach dem Muster: „Wenn nur erst ..."

7.   „Ich" statt „Man" und „Wir" verwenden

8.   Wichtige Gesprächsinhalte paraphrasieren (lassen)

9.   Körperausdruck und Gefühlsinhalte beachten

10. **Interpretationen deutlich machen**
     Sparsam anwenden, kennzeichnen, anbieten.

11. **Authentisch und selektiv miteinander reden**
     Nicht alles, was wahr ist, muss ich sagen; aber alles, was ich sage, muss wahr sein.
     Nicht alles, was ich will, muss ich auch tun; aber alles, was ich tue, muss ich auch wollen.

12. **Die 50%- Regel beachten**
     Mindestens 50 Prozent der Energie zur Problemlösung müssen beim Gesprächspartner liegen.
     Um wessen Problem geht es hier eigentlich?

13. **Bilanz ziehen**
     Was haben wir geklärt und was ist offen geblieben?
     Welche Fragen sind neu entstanden?
     Welche nächsten Schritte stehen an?
     Feedback

Verträge

Situationen, wie wir sie wohl alle kennen: Gespräche drehen sich im Kreise oder führen in Sackgassen. Die Beteiligten reden aneinander vorbei, fühlen sich auf die falsche Fährte gelockt, auf ein anderes Gleis geschoben, missverstanden, ausgenutzt, abgelehnt. Schließlich sind alle verwirrt, frustriert oder sogar nachhaltig verärgert.

Einige Beispiele:

Gruppenteilnehmerin gegen Ende einer Arbeitseinheit:
„Wie sind wir eigentlich auf dieses Thema gekommen?"

Schülerin zum Lehrer:
„Worauf wollen Sie nun eigentlich hinaus?"

Gesprächsleiter, merklich ungeduldig, zu einem Gruppenmitglied:
„Irgendwie habe ich das Gefühl, du führst uns an der Nase herum!"

Klientin zum Berater:
„Das mag für Sie ja so stimmen, aber im Blick auf meine Erfahrungen passt das einfach nicht."

Klient zur Beraterin in der folgenden Sitzung:
„Ich habe mich genauso verhalten, wie Sie es mir geraten haben - es ist voll daneben gegangen!"

Viele Modelle und Konzepte der Transaktionsanalyse enthalten Hinweise und Strategien, wie Gesprächsverläufe dieser Art zu vermeiden oder zu stoppen sind. Das Grundprinzip in der Gesprächsführung, das hilft, gar nicht erst in solche Situationen hineinzugeraten, ist die Arbeit mit Verträgen.

Verträge im Sinne der TA sind auf der Basis freier Entscheidung getroffene partnerschaftliche Vereinbarungen, in denen wir klar benennen, was wir tun, woran wir arbeiten wollen und was wir voneinander erwarten.

Die Schlüsselfragen, um zu einem Vertrag zu kommen, lauten: Was will ich? Was wollen die Anderen? Was erwarten sie von mir und was ich von ihnen? Danach steht die von allen Beteiligten zu treffende Entscheidung an: Habe ich Lust dazu und sehe ich Sinn darin, jetzt, hier und mit diesen Menschen über ein bestimmtes Thema zu reden oder an einem gemeinsamen Ziel zu arbeiten?

Die Schlüsselfragen für einen Vertrag lauten: Was will ich? Was die Anderen? Was erwarten wir von einander?

Alle Verhedderungen in Gesprächen entstehen letztlich daraus, dass wir einzelne dieser Fragen nicht gestellt, wichtige Aspekte davon nicht beachtet oder getroffene Vereinbarungen nicht konsequent im Auge behalten haben. So resultiert auch die zweifelhafte Beliebtheit guter Ratschläge daraus, dass sie meist ohne Vertragsgrundlage gegeben werden - ich wurde weder gefragt, noch habe ich darum gebeten. Ganz abgesehen davon, dass sich hinter scheinbar wohlwollenden Ratschlägen häufig verdeckte Kritik verbirgt. So können auch Ratschläge Schläge sein!

Vorteile von Verträgen

Mit klaren, beiderseitigen Verträgen zu arbeiten, bietet für alle Beteiligten eine Vielzahl von Vorteilen.

Ein gut durchdachter, stimmiger Vertrag

stellt klar, dass alle Beteiligten sich freiwillig entscheiden oder jedenfalls unter den gegebenen Bedingungen Ja sagen (z.B. in Institutionen mit vorgegebenen Regeln und Aufgaben). Auf dieser Grundlage ist auf beiden Seiten ein Bemühen um Konstruktivität anzunehmen.

regt alle Beteiligten an, ihr eigenes Interesse und ihren Teil Verantwortung für den Prozess zu klären und wahrzunehmen. Er fördert bei den KlientInnen, SchülerInnen, MitarbeiterInnen das Bewusstsein, sich als selbstverantwortliche Personen zu erleben und die eigene Kompetenz zu entfalten. Die Beraterin, der Lehrer etc. muss überlegen, was die Anderen zu ihrer Entfaltung wirklich brauchen und ob sie/er das dafür Nötige beisteuern kann und will. Verträge in diesem Bereich führen oftmals zu einer erheblichen Entlastung von unnötiger Anstrengung, wenn jemand meint, für das Was und Wie der Problemlösung im Grunde allein zuständig zu sein.

verhindert, dass die Rollenunterschiede und Grenzen verwischt werden - etwa zwischen Klientin und Berater, Lehrerin und Schüler, Vorgesetztem und Mitarbeiter. Er hält dazu an, die unterschiedlichen Sichtweisen zu klären, und stellt sicher, dass beispielsweise die Klienten nicht die Wertvorstellungen der Beraterin kritiklos übernehmen, andererseits aber Alternativen zu ihrem bisherigen Bezugsrahmen kennen lernen.

deckt unrealistische Vorstellungen und Erwartungen auf und beugt somit Enttäuschungen und gegenseitigen Vorwürfen vor („Hätte ich das vorher gewusst, dann ...").

regt an, die verdeckte Ebene eines „heimlichen Vertrages" offenbar zu machen und dadurch Manipulationen vorzubeugen.

richtet den Fokus vor allem auf die Gegenwart und Zukunft statt auf die Vergangenheit und setzt so Energie frei für Veränderung und neues Verhalten.

hilft, einen roten Faden im Blick zu behalten und ein konkretes Ziel zu verfolgen.

Die Erinnerung daran, auf der Basis welchen Vertrages wir uns bewegen, kann als eine Art „Notbremse" in einem schwierigen Prozess dienen. Gerade in unerquicklichen oder verworrenen Situationen in Teams, Gruppen oder Klassen ist es oft sehr nützlich, die einfache Frage zu stellen: „Was ist eigentlich unser Vertrag miteinander?"

Verschiedene Arten von Verträgen

Es gibt außerordentlich vielfältige Situationen und Konstellationen, in denen es sinnvoll ist, mit Verträgen zu arbeiten. Daraus ergeben sich verschiedene Arten von Verträgen, die sich zwar in bestimmten Grundmerkmalen gleichen, bei denen aber unterschiedliche Aspekte im Vordergrund stehen.

Verträge im Alltag

In vielen alltäglichen Situationen schließen wir einfache Verträge mit anderen Personen, meist zwischen zwei Beteiligten, oft aber auch innerhalb einer Gruppe oder zwischen Teilnehmern und verantwortlichen Leitern. Dies sind Vereinbarungen darüber, wie wir miteinander umgehen, was wir zusammen tun oder lassen, was wir voneinander erwarten, welchen Spielraum wir einander gewähren etc. In solchen Beziehungen, die in der Regel freiwilliger Art sind, ist die Meinung sehr verbreitet, dass man „darüber doch nicht viele Worte verlieren muss - das (beispielsweise der Abwasch) wird sich doch von selbst ergeben". Bedauerlicherweise ist dies auf längere Sicht selten der Fall, sehr zum Verdruss aller Beteiligten!

Heimliche Verträge

Im Verlauf einer längeren (Arbeits-) Beziehung ändert sich mit der Zeit häufig die Vertragsgrundlage, und es entstehen von einander abweichende heimliche Verträge. Über bestimmte Dinge (Eigenschaften, Verhaltensweisen, Stile, Entscheidungen etc.) bilden sich verschiedene Auffassungen heraus, die Beziehungsbasis kann darüber zu bröckeln beginnen. Ein Grund für später kaum noch reparable Beziehungsstörungen besteht darin, dass es versäumt wurde, darüber rechtzeitig klar und offen miteinander zu reden, um zu neuen Vereinbarungen zu kommen. Heimliche Verträge spielen - meist unbewusst - vor allem in Liebes- und Freundschaftsbeziehungen eine erhebliche Rolle, da diese häufig intuitiv geschlossen werden.

Auch im Verlauf längerer Gespräche können sich die anfangs getroffenen (oder angenommenen) Absprachen als nicht mehr stimmig erweisen, so dass es wichtig wird, eine neue Vereinbarung zu treffen. Zum Beispiel: „Wir wollten uns eigentlich nur kurz über unser Vorgehen morgen abstimmen. Jetzt merke ich, dass wir auf wichtige Fragen gestoßen sind, die vorher noch zu klären sind. Im Augenblick habe ich dazu keine Zeit. Ich würde gern heute abend in Ruhe darüber mit dir reden. Passt dir das?"

Verträge mit professionellen BeraterInnen

Komplexer ist die Situation bei Verträgen mit professionellen Leitern (Trainern, Beratern, Therapeutinnen), bei denen es um die gezielte Bearbeitung persönlicher Themen und Probleme geht. Da in diesen Fällen implizit immer die Auseinandersetzung mit Lebensthemen ansteht, ist die Dynamik der Arbeit vielschichtig. Die Ausgangslage ist im Blick auf die Motivation meist widersprüchlich: Ein Teil von uns will Veränderung, ein anderer wehrt sich dagegen und weicht aus. Hier sind solide Vereinbarungen das A und O einer erfolgreichen Beratung. Dafür haben wir ein differenziertes und zum Teil sehr tiefgehendes Raster von Vertragsfragen entwickelt, das wir im Kapitel über die Gesprächsstrategien gesondert vorstellen werden.

Verträge mit sich selbst

Über persönliche Themen und Probleme kann man einen Vertrag mit sich selbst schließen, etwa um sein Verhalten in bestimmten Punkten zu verändern oder um ein bestimmtes Ziel zu erreichen („Ich will beruflich weiterkommen, dazu ist ein zweijähriger Lehrgang notwendig. In dieser Zeit verzichte ich auf ... Dafür habe ich später ...").

> Bei Wünschen zur Verhaltensänderung lügen sich die meisten Menschen gern selbst in die Tasche.

Auch bei Verträgen mit sich selbst ist es wichtig, ehrlich, konkret und konstruktiv zu sein. Vermutlich kennen fast alle Menschen die Tendenz, sich bei Wünschen zur Verhaltensänderung selbst in die Tasche zu lügen. Um dem vorzubeugen, finden wir es sehr hilfreich, eine Vertrauensperson hinzuzuziehen, die uns auf Widersprüche in den eigenen Aussagen aufmerksam machen und uns Unterstützung und Feedback geben kann.

Verträge mit MitarbeiterInnen

Bei Verträgen mit MitarbeiterInnen innerhalb von Institutionen und Organisationen trifft man üblicherweise auf vorgegebene Regeln und

Rahmenbedingungen, die nicht zur Disposition stehen und die das Prinzip der beiderseitigen Freiwilligkeit und Partnerschaftlichkeit zumindest teilweise außer Kraft setzen.

Problematisch ist es, dass diese institutionellen Regeln häufig nicht klar definiert sind („ungeschriebene Gesetze") und deshalb eine Quelle für Missverständnisse und überflüssige Auseinandersetzungen sind. Oder aber die Regeln sind überdetailliert, starr oder unrealistisch und werden aus diesem Grund mehr oder weniger offen missachtet. Besonders problematisch: bisweilen gibt es eklatante Widersprüche zwischen offiziellen („Hier darf jeder seine Meinung sagen.") und heimlichen Regeln („Wer die Hierarchie in Frage stellt, hat ausgespielt!").

Dreiecksverträge

Dreiecksverträge sind von Natur aus kompliziert. Wir sprechen von Dreiecksverträgen, wenn drei oder mehr Parteien mit verschiedenen oder sogar gegensätzlichen Motiven beteiligt sind.

Idealerweise werden Dreiecksverträge im Beisein aller Beteiligten ausgehandelt. So kann sichergestellt werden, ob alle unter den Zielen und Bedingungen dasselbe verstehen und eine eigene Motivation haben, die Ziele zu erreichen. Besonders schwierig wird die Situation immer dann, wenn eine Partei in bestimmte Absprachen nicht einbezogen worden ist.

Dreiecksverträge sollten Sie möglichst im Beisein aller Beteiligten aushandeln.

Beispiele: Ein Unternehmen handelt mit einem Trainer ein Trainingskonzept aus und vereinbart mit ihm Ziele aus der Sicht des Unternehmens, um dann die MitarbeiterInnen zum Training zu schicken, damit sie diese Ziele erreichen. Oder Eltern und Lehrer verhandeln über Verhalten, Aufgaben und Ziele eines Kindes und treffen Vereinbarungen darüber. In solchen Konstellationen bestimmen die Anwesenden über Abwesende, definieren für sie deren „Ziele" - und wundern sich, wenn jene nicht oder nur oberflächlich motiviert sind, diese Vorgaben zu erreichen.

Natürlich ruft ein solches Vorgehen in aller Regel Widerstand hervor, und wenn dieser nicht offen gezeigt werden kann (und damit bearbeitbar wird), wird oberflächlich Anpassung und darunter verdeckter Widerstand gefördert, der um so schwerer kommunizierbar wird, je sublimer er ausgeformt ist.

In solchen Fällen ist es wichtig, dass die Beteiligten im Hier und Jetzt ihren Vertrag miteinander klären und konkretisieren. Dabei ist darauf zu achten, dass dieser nicht so verändert wird, dass er gegen einen vorhandenen Rahmenvertrag mit anderen Personen verstößt, mit denen im Augenblick keine Rückkopplung möglich ist. So können Eltern und Kinder nicht beschließen, dass letztere nicht mehr zur Schule zu gehen brauchen.

Kettenverträge

Eine besondere Form von Dreiecksverträgen sind Kettenverträge. Ich schließe mit einer Person, zum Beispiel dem Anbieter einer bestimmten Dienstleistung, einen Vertrag. Wir klären Angebot und Kosten sowie die weiteren Bedingungen. Danach tritt eine dritte Person auf den Plan, mit der die Dienstleistung abgewickelt wird. Nun kann es sein, dass unbemerkt neue Bedingungen eintreten, von denen vorher nicht die Rede war. Diese neuen Bedingungen können sowohl in der Art der Durchführung wie im Ergebnis liegen. Besonders kompliziert wird es dann, wenn ein entscheidender Faktor für den Abschluss die Persönlichkeit des Anbieters war, zum Beispiel die spezifische Kompetenz, der individuelle Stil, die spezifisch ausgeprägte Kreativität etc.
Man bekommt also zunächst Kontakt zu den objektiven Qualitäten des Produkts bzw. der Dienstleistung und wird auf der Beziehungsebene positiv von der Person A eingestimmt. Dann findet - ohne dass dies gezielt thematisiert wird - der Übergang zur Person B statt. Die Bedingungen ändern sich, unmerklich kommen die Persönlichkeitsmerkmale der Person B zur Geltung. Da man sich aber dem Kontrakt verpflichtet fühlt - der ja im Prinzip auch in Ordnung ist - besteht die Tendenz, aus einer Anpassung heraus warnende Hinweise herunterzuspielen oder zu übergehen. Bald ist man so weit darin verwickelt, dass ein Ausstieg nicht mehr möglich erscheint.
Ein anderes Beispiel: Ich treffe mit einer Mitarbeiterin eine Absprache und delegiere meinen Vertragsanteil anschließend an eine dritte Person. („Sorgen Sie doch bitte dafür, dass Frau Meier die Vereinbarung einhält!") Vergesse ich, die Mitarbeiterin von der Delegation zu informieren, sind Konflikte vorprogrammiert.
Ein drittes Beispiel: In einer sozialtherapeutischen Einrichtung werden zwischen einer Erzieherin und einem Klienten Absprachen getroffen. In der Folge muss gewährleistet sein, dass diese Absprachen von allen beteiligten MitarbeiterInnen übernommen werden. Geschieht dies nicht, besteht die Gefahr, dass sich heimliche Regeln einschleichen („Bei X gilt das, bei Y gilt das ...") und die ErzieherInnen gegeneinander ausgespielt werden.

Bei Kettenverträgen ist also darauf zu achten,

- dass bei der Übergabe an nachfolgende Personen innerhalb einer Vertragskette alle vertragsrelevanten Informationen weitergegeben werden;
- dass mit nachfolgenden Vertragspartnern abgeklärt wird, ob die ausgehandelten Vertragsbedingungen weiter gelten;
- dass Sie in der Übergangsphase aufmerksam eventuelle Änderungen registrieren und diese so früh wie möglich thematisieren;
- ob Sie den Vertrag unter den auf der Beziehungsebene veränderten Bedingungen noch aufrecht erhalten wollen.

Voraussetzungen für das Funktionieren von Verträgen

1. **Prüfen Sie, ob beide Partner wirklich dasselbe meinen.** Achten Sie schon beim Aushandeln eines Vertrages darauf, dass Sie nicht aneinander vorbei reden. So lautet eine beliebte, weil oft sehr erhellende Frage aus der Supervision: „Wie lautete eigentlich eure Vereinbarung?" Ein idealer Vertrag zeichnet sich dadurch aus, dass alle Beteiligten zu jeder Zeit des Gesprächs übereinstimmend erklären können, was Thema und Ziel der Diskussion ist.

> Bei einem idealen Vertrag können alle übereinstimmend das Ziel der Diskussion nennen.

2. **Ein guter Vertrag muss für die Gesamtpersönlichkeit stimmig sein.** Er muss für die Beteiligten Sinn haben und realistisch sein. Die Beteiligten müssen ein gutes Gefühl dabei haben und sich davon etwas versprechen. Mit den Kategorien der Ichzustände, auf die wir in einem der folgenden Kapitel ausführlich eingehen, heißt das: Ein stimmiger Vertrag muss von allen produktiven Ichzuständen getragen sein. Das Erwachsenen-Ich sollte Sinn und Machbarkeit prüfen, das freie Kindheits-Ich muss Lust dazu haben oder zumindest sich etwas davon versprechen. Das nährende Eltern-Ich darf keine Einwände haben. Dies kann sichergestellt werden, indem die Vertragspartner unabhängig voneinander formulieren können, inwiefern sich der Vertrag für sie lohnen wird. Es darf nämlich nicht so sein, dass ich für den anderen formuliere, wo die Vorteile für ihn liegen, bei ihm selbst jedoch die Skepsis überwiegt. Verträge, die vom kritischen Eltern-Ich diktiert sind („Du musst endlich aufhören mit ...") oder lediglich auf dem Wunschdenken des Kindheits-Ichs basieren („Ich werde mich ab jetzt nicht mehr darum kümmern, was andere sagen!") sind von vornherein zum Scheitern verurteilt oder ziehen unangenehme Folgen nach sich.

> Ein stimmiger Vertrag muss von allen produktiven Ichzuständen getragen sein.

3. **Prüfen Sie, ob beide Seiten wirklich wollen!** Wenn Sie selbst oder die anderen Beteiligten zögern oder verdeckten Widerstand leisten, ist es besser, das offen anzusprechen und jetzt eine Klärung

herbeizuführen. Verträge, die vom kritischen Eltern-Ich erzwungen werden (etwa von Vorgesetzten oder von LehrerInnen) und vom angepassten Kindheits-Ich scheinbar akzeptiert werden („Ja, ja, ich werde mein Bestes geben"), sind eine Fundgrube für passiven Widerstand. Dazu gehört auch der Einsatz persönlicher Überredungskunst sowie Verträge, deren Ziel definiert wird, indem Sie die Anderen „darauf kommen lassen", was Ihnen selbst wichtig ist, damit diese denken, sie hätten es selbst gewollt.

Prüfen Sie, ob der Spielraum für einen partnerschaftlich ausgehandelten Vertrag tatsächlich gegeben ist. Sind Sie wirklich verhandlungsbereit oder haben Sie eine Forderung, die nicht zur Diskussion steht? Falls das der Fall ist, handelt es sich letztlich um eine dienstliche Anordnung. Dann nennen Sie diese auch beim Namen und gaukeln Sie keinen Entscheidungsspielraum vor, der nicht gegeben ist.

> Bei nicht diskutierbaren Forderung geht es nicht um einen Vertrag, sondern um eine Anordnung.

Wenn Sie Anordnungen als Verträge verschleiern („Wir hatten doch die Abmachung (!) getroffen, dass ihr immer eure Hausaufgaben macht."), entwerten Sie die Bedeutung und den Sinn von Verträgen. Dies geschieht allzu oft im Unterricht und tendenziell auch in Betrieben, wo in modischer Attitüde von „Zielvereinbarungen" die Rede ist, obwohl die Art des Umgangs mit diesem von der Idee her guten Konzept dem Vertragsgedanken Hohn spricht.

4. **Begrenzen Sie Verträge zeitlich und vereinbaren Sie eine Bilanz.**
Absprachen werden häufig unter der irrigen und unrealistischen Annahme getroffen, dass sie von jetzt ab für alle Ewigkeit gelten. Vertragspartner, vor allem Kinder, sind damit überfordert, wodurch Frustrationen und ein Gefühl von: „Das hat ja eh' keinen Zweck!" gefördert werden, sowie eine unbewusste Abneigung, sich künftig auf weitere Absprachen einzulassen. Eine zeitliche Begrenzung nimmt die Schwere und Endgültigkeit aus einer Vertragsentscheidung. Im Rahmen der Bilanz können dann Erfolge gefeiert, Verträge fortgeschrieben oder Probleme im Zusammenhang mit der Einhaltung von Verträgen thematisiert und gemeinsam Konsequenzen für künftige Absprachen gezogen werden.

5. **Wenn Verträge nicht eingehalten werden, ist es wichtig, das zu thematisieren.** Unterlassen Sie dies, so wird in kurzer Zeit ein heimlicher Vertrag etabliert, der lautet: „An Verträge braucht man sich hier nicht zu halten!" Konfrontation ermöglicht in diesen Fällen Klärung, ob beim Abschluss des Vertrages etwas übersehen wurde und jetzt eine Veränderung nötig ist. Bei wiederholtem Vertragsbruch ist zu prüfen, ob eine Weiterarbeit Sinn hat. Die entscheidende Frage lautet in diesen Fällen nicht: „Geben Sie mir noch einmal eine Chance?", sondern: „Welcher neue Aspekt macht Sie und mich sicher, dass Sie den Vertrag diesmal erfüllen werden?" Vertragsfähigkeit kann bei manchen Menschen leider nicht selbstverständlich vorausgesetzt werden.

6. **Wenn sich die Vertragsgrundlagen ändern** oder neue Aspekte und Erkenntnisse hinzukommen, ist es wichtig, den Vertrag neu zu formulieren. Wünschenswert ist es, das so früh wie möglich und mit beiderseitigem Einverständnis zu tun.

Der Umgang mit Verträgen ist für die Gesprächsführung von so grundsätzlicher Bedeutung, dass wir Aspekte dieses Themas in nahezu alle praxisbezogenen Abschnitte dieses Buches einfließen lassen. Hinweisen wollen wir an dieser Stelle darauf, dass auch für den Austausch von Feedback eine Vereinbarung erforderlich ist. Kaum etwas belastet Menschen so wie ein deplaziertes oder misslungenes Feedback, zum Beispiel ein ungebetener „Schnellschuss aus der Hüfte" oder - selbst wenn es sich um positives Feedback handelt - ein „Hagelschauer aus heiterem Himmel". Wenn Sie anderen Feedback geben wollen - oder meinen, es tun zu müssen - ist es gut, darüber eine kurze Vereinbarung zu treffen. Andere Personen mit Schwierigkeiten und problematischen Verhaltensweisen zu konfrontieren, ist ein besonders schwieriger und anspruchsvoller Teil der Gesprächsführung. Deshalb ist diesem Thema im Kapitel über Gesprächsstrategien ein eigener Abschnitt gewidmet.

Anregungen zur Selbstreflexion

Erinnern Sie sich an ein Gespräch aus jüngster Zeit, das Sie im Nachhinein schwierig finden oder in dessen Verlauf Sie ein ungutes Gefühl hatten. Auf welcher Vertragsgrundlage führten Sie das Gespräch?

Wenn Sie an Ihr Arbeitsteam bzw. an Ihre Familie denken: Welche heimlichen Verträge bzw. Regeln sind dort wirksam? Wie gehen Sie damit um?

Wie gehen Sie selbst mit relevanten zwischenmenschlichen Vereinbarungen um?

Fühlen Sie sich oft von anderen missverstanden in dem, was Sie eigentlich beabsichtigen?

Zusammenfassung: Verträge

Ein guter Vertrag

- beruht auf Freiwilligkeit,
- regt zu beiderseitiger Verantwortung an,
- stellt die Rollenunterschiede und Grenzen klar,
- deckt unrealistische Erwartungen auf,
- beugt Manipulationen vor,
- fokussiert Gegenwart und Zukunft,
- setzt Energie frei für Veränderung,
- hilft, den roten Faden im Blick zu behalten,
- kann als Notbremse dienen:
  „Was ist eigentlich unser Vertrag?"

Verschiedene Arten von Verträgen

- Einfache Verträge:
  Was wir voneinander erwarten, wie wir miteinander umgehen.

- Heimliche Verträge:
  Es existieren verschiedene Auffassungen oder gegensätzliche
  Interpretationen.

- Verträge mit professionellen Leitern:
  Ein Teil will Veränderung, ein anderer wehrt sich dagegen.

- Verträge mit sich selbst,
  um sein Verhalten zu verändern oder ein Ziel zu erreichen.

- Verträge mit MitarbeiterInnen
  innerhalb von Organisationen mit vorgegebenen Regeln.

- Dreiecksverträge
  mit drei oder mehr Parteien mit verschiedenen Motiven.

- Kettenverträge
  mit nachfolgenden Vertragspartnern , die die Vertragsbedingungen
  evt. nicht kennen.

Voraussetzungen für das Funktionieren von Verträgen

- Meinen beide Partner dasselbe?
- Ist der Vertrag von den produktiven Ichzuständen getragen?
- Ist auf beiden Seiten positive Energie da für den Vertrag?
- Können beide Seiten den Vorteil benennen, den sie von der Erfüllung des Vertrages haben werden?
- Handelt es sich um einen Vertrag oder um eine Anordnung?
- Begrenzen Sie den Vertrag zeitlich.
- Vereinbaren Sie eine Bilanz.
- Thematisieren Sie es, wenn der Vertrag nicht eingehalten wird.
- Formulieren Sie den Vertrag neu, wenn sich die Vertragsgrundlagen ändern.

Unsere Sicht der Dinge - Bezugsrahmen und Redefinieren

Das Wort im Munde herumdrehen

Vermutlich haben Sie Situationen wie diese schon selbst erlebt: Sie stellen eine interessierte Frage - und bekommen eine Reaktion, als hätten Sie eine dumme Bemerkung gemacht. Oder ein gut gemeinter Hinweis wird von ihrem Gegenüber wie eine Maßregelung zurückgewiesen. Mitteilungen werden abgewertet, Vorschläge werden ignoriert, Nachfragen treffen auf erbitterte Gegenwehr. Sie hatten dann vermutlich den Eindruck, dass Ihnen „das Wort im Munde herumgedreht" wurde oder Sie sogar bewusst missverstanden worden sind. Ihre Reaktion war vermutlich entsprechend irritiert, enttäuscht oder ärgerlich.

Die Gesprächspartner fühlen sich in solchen Situationen häufig beiderseits unverstanden, zurückgewiesen oder angegriffen. Oft merken sie nicht, was eigentlich „passiert". Sie stellen nur irgendwann fest, dass die Unterhaltung sich im Kreis dreht, oder sie finden sich unvermittelt in einer Sackgasse wieder, ohne zu wissen, wie sie hinein gekommen sind. Das ist ein sicherer Hinweis dafür, dass eine gestörte Kommunikation vorliegt. Wie kommt sie zustande? Und welche Motive und Mechanismen wirken dabei mit?

An einigen Beispielen, die wir in diesem Kapitel verschiedentlich wieder aufgreifen werden, wollen wir das verdeutlichen:

Beispiel 1:

A: „Dieses Ergebnis ist nicht richtig."
B: „Ich weiß, ich mache immer alles falsch."

B verallgemeinert den Hinweis von A, der sich auf ein Ergebnis hier und heute bezieht, doppelt: „immer" und „alles".

Beispiel 2:

A: „Wie fühlst du dich jetzt?"
B: „Ich denke, dass ich darüber hinweg kommen werde."

B wechselt von der Frage nach dem Gefühl zum Denken und von der Gegenwart zur Zukunft.

Beispiel 3:

A: „Ruhe dich ruhig eine Stunde aus."
B: „Ich kann doch nicht den ganzen Tag rumhängen. Wie stellst du dir
   das eigentlich vor?"

*B deutet „ausruhen" zu „rumhängen" um, übertreibt die Zeitangabe und
greift A auf der Basis dieser Unterstellungen an.*

Beispiel 4:

A: „Du könntest die Kinder ab und zu mitbestimmen lassen."
B: „Die können doch nicht ständig machen, was sie wollen."

*B verallgemeinert „ab und zu" zu „ständig" und deutet Mitbestimmung zu
Beliebigkeit um.*

Beispiel 5:

A: „Was willst du tun?"
B: „Man könnte versuchen ..."

*B wechselt von „du" zu „man", von „wollen" zu „können" und von „tun"
zu „versuchen".*

Wenn Sie Ihre eigenen Erfahrungen überprüfen, werden Sie vermutlich
zustimmen, dass es sich hier um ein weit verbreitetes Verhalten zur Gestaltung unproduktiver Kommunikation handelt. Auf den ersten An-
schein reagiert B jeweils auf die Fragen oder Hinweise von A. Aber Stimulus und Reaktion passen nicht zusammen. Auf kaum merkliche Weise gehen die Reaktionen am angeschnittenen Thema vorbei. Das scheint
Methode zu haben. B verwendet dazu verschiedene „Techniken":

• Verallgemeinerung,

• Übertreibung,

• Wechsel der Zeit oder Person,

• Wechsel des Aspekts: fühlen zu denken, wollen zu können,

• Wechsel in der Bewertung: ausruhen zu rumhängen,

• Wechsel von positiv zu negativ.

Wie vielfältig das Repertoire für solche Umdeutungen ist, zeigen einige weitere Beispiele:

Beispiel 6:

A: „Ich möchte gerne allein sein, um in Ruhe nachzudenken."
B: „Ich wusste gar nicht, dass es für dich so unerträglich ist, mit mir zusammen zu sein."

B deutet das Für-sich-sein-wollen um in ein Gegen-mich-sein und knüpft daran eine Abwertung („unerträglich").

Beispiel 7:

A: „Was möchtest du heute gern unternehmen?"
B: „Bloß nicht wieder so etwas Langweiliges wie gestern."

B wechselt von „heute" zu „gestern" und von „gern" zu „nicht gern".

Beispiel 8:

A: „Die Art deiner Kritik hat mich verletzt."
B: „Ich werde doch noch mal irgend etwas sagen dürfen!"

B wechselt von der Art einer bestimmten Kritik zu „irgend etwas" und geht auf das Gefühl von A nicht ein.

Beispiel 9:

A: „Wann wirst du es tun?"
B: „Morgen nicht."

B wechselt von „tun" zu „nicht tun".

Alles klar? Die Aussagen von A scheinen in B's Innerem auf irgendeine Weise umgeformt zu werden oder gar verloren zu gehen. Sie treffen offenbar auf ein inneres Muster, in das sie - zumindest momentan - nicht hineinpassen. Betrachten wir diesen zentralen Bereich in der Gesprächsführung etwas genauer, so stoßen wir auf ein komplexes System von Annahmen, Einstellungen, Phantasien und Vorurteilen, das wir Bezugsrahmen nennen.

Entwicklung des Bezugsrahmens

Sein Entstehen kann man sich etwa folgendermaßen vorstellen: Das Kind wird in eine Welt hineingeboren, in der es in der ersten Zeit ständig mit neuen Situationen und Informationen konfrontiert wird. Es ist umgeben von riesigen Wesen, die eine Sprache sprechen, über die es noch nicht verfügt. Sein Überleben hängt davon ab, inwieweit ihm diese Wesen geben, was es an Nahrung und Zuwendung zum Überleben benötigt. In dieser unübersichtlichen und von großer Abhängigkeit geprägten Situation braucht das Kind dringend einen überschaubaren und verlässlichen Rahmen. Es sortiert sich die vielfältigen und komplexen Erfahrungen so, dass eine wiedererkennbare Struktur entsteht. Sie dient dazu, sich nicht ständig neu orientieren zu müssen.

> Im Bezugsrahmen sortieren wir unsere Erfahrungen so, dass eine wieder erkennbare Struktur entsteht.

Vielleicht gehören auch Sie zu denjenigen Menschen, die gerne wieder an einen schon vertrauten Urlaubsort fahren, und stimmen ihnen in dem Argument zu: „Dann fängt die Erholung gleich am ersten Tag an!" Dem liegt die Erfahrung zugrunde, dass eine Neuorientierung offensichtlich zusätzliche Energie erfordert. Erst wenn wir wissen, wo der schönste Strand, das gemütlichste Restaurant und die interessantesten Sehenswürdigkeiten sind, kann der Urlaub so richtig beginnen.

Verallgemeinernd lässt sich sagen, dass sich wohl die meisten Menschen durch ständige Neuorientierungen verunsichert fühlen. Solange der Rahmen - auch im übertragenen Sinne - nicht deutlich ist, ist ein großer Teil der psychischen Energie in der Erkundung der Strukturen und Grenzen gebunden. Gelingt es nicht, eine klare Orientierung hinsichtlich Raum, zwischenmenschlichen Beziehungen, Sinn oder gültigen Normen zu finden, führt das leicht zu Aggressivität oder gar zu Resignation.

Von dem Moment an, an dem das Kind sich und die Welt als getrennt begreift und seine Identität zu entwickeln beginnt, ist es dabei erst einmal darauf angewiesen, was es von den Personen in seiner unmittelbaren Umgebung über sich erfährt. Es lernt sich kennen über die elterliche Zuwendung und nimmt wahr, wie sich die Bezugspersonen ihm gegenüber in verschiedenen existenziellen Situationen mitteilen bzw. verhalten: fürsorglich, feindselig, fordernd, erlaubend, uneindeutig, gewalttätig, erdrückend, hilflos etc. Das Kind entwickelt auf dieser Basis Annahmen darüber, wie die anderen Menschen sind und wie es selbst ist, wobei es seine begrenzten Erfahrungen sehr bald verallgemeinert.

Neben viel positiver Zuwendung erhalten Kinder oft eine Reihe einschränkender Grundbotschaften wie zum Beispiel:

Nimm dich nicht wichtig!

Sei kein Kind!

Vertraue niemandem!

Du hättest besser ein Mädchen/Junge werden sollen!

Fühle bestimmte Gefühle nicht!

Am besten, du wärst nicht auf der Welt!

Wenn das Kind diese Botschaften, die anfangs vor allem nonverbal vermittelt werden, häufig und nachdrücklich bekommt, wird es aus ihnen heraus sein Selbstbild entwerfen und Schlussfolgerungen für sein Verhalten ziehen. Auch als Erwachsene tun wir das, nur können wir uns besser gegen unangemessene Fremdbilder abgrenzen.
Zusammenfassend lässt sich sagen: Das Kind wird mit seinen angeborenen Dispositionen in bestehende familiäre und gesellschaftliche Verhältnisse hineingeboren und mit Interaktionsmustern konfrontiert, die nicht selten seit Generationen bestehen. Um sich darin zurechtzufinden, muss sich der junge Mensch drei Grundfragen beantworten:

1. Wer bin ich?

2. Was ist von den anderen Menschen zu halten?

3. Wie ist das Leben ganz allgemein zu sehen?

Bei der Beantwortung dieser existenziellen Fragen und den daraus abgeleiteten Überlebensschlussfolgerungen für sein Verhalten trifft das Kind eigene Entscheidungen, es wählt seinen eigenen Weg. Allerdings verfügt ein Kind, anders als Erwachsene, nicht über die Möglichkeit, sich mit außerhalb seiner begrenzten Erfahrungswelt liegenden wichtigen Informationen zu versorgen. So ist es kein Wunder, dass ihm unter dem bestehenden Existenz- und Zeitdruck auch „Fehler" unterlaufen. Gleichwohl empfinden wir eine große Bewunderung dafür, wie pfiffig und kreativ Kinder bei ihren Schlussfolgerungen und den daraus resultierenden Lösungen vorgehen. Kinder sind an ihrem Selbstfindungsprozess also sehr aktiv beteiligt.
Auf der Basis der Grundüberzeugungen entwickeln die Kinder für verschiedene Beziehungssituationen bestimmte Reaktionsmuster. Sie

dienen ihnen gewissermaßen als „Gebrauchsanweisungen", mit denen
sie unbewusst ihr Denken, Fühlen und Verhalten vorstrukturieren.
In verkürzter Darstellung können solche Bezugssysteme auf der
Grundlage folgender Grundüberzeugungen entwickelt werden:

1. *Niemand mag und versteht mich,*
   alle hacken sie auf mir herum,
   und das Leben ist ungerecht.

2. *Ich darf keine Schwäche zeigen,*
   denn die Anderen warten nur darauf, über mich herzufallen,
   und das Leben ist gefährlich.

3. *Ich muss stets voll da sein,*
   denn auf die Anderen ist kein Verlass,
   und das Leben ist anstrengend.

4. *Ich weiß, was für die Anderen gut ist -*
   ohne mich sind sie nicht lebensfähig.
   Aber niemand hört auf mich - Undank ist der Welt Lohn.

5. *Ich bin klein und schaffe es nicht allein,*
   die Anderen sind stark und sollen für mich sorgen.
   Das Leben ist voller Überraschungen - man muss auf der Hut sein.

Wenn Sie diese fünf Beispiele den Kurzdialogen 1 bis 5 am Anfang dieses Kapitels gegenüberstellen, werden Sie feststellen, dass die oben beschriebenen Umdeutungen und „Fehlreaktionen" in den Antworten
von B auf der Grundlage der entsprechenden Überzeugungen erklär-
bar werden.
Wir haben hier bewusst Beispiele ausgewählt, an denen deutlich wird,
wie eine gute Kommunikation behindert wird. Solche Muster mögen
aus der existenziellen Not des Kindes heraus damals durchaus sinnvoll, vielleicht sogar überlebenswichtig gewesen sein. In der Interaktion des mittlerweile erwachsenen Menschen sind sie nicht mehr angemessen und daher meist unbrauchbar. Da wir aber andererseits in vielfältiger Weise lebenstüchtig sind, können wir davon ausgehen, dass
wir in unserer Kindheit viele lebensbejahende und Erlaubnis gebende
Botschaften bekommen oder selbst entsprechende Schlussfolgerungen
gezogen haben. So sind in unserem Bezugsrahmen viele Sichtweisen
und Grundüberzeugungen enthalten, die ein realistisches Bild von uns
selbst, anderen Menschen und der Welt zeichnen.

Die Bestätigung des Bezugsrahmens und die damit verbundene Sicherheit erreichen wir auf dreierlei Weise:

1. **Über selektive Wahrnehmung**, indem wir durch den Filter unseres Bezugsrahmens nur diejenigen Ereignisse, Erfahrungen Gedanken und Empfindungen durchlassen, die unsere Sichtweise der Welt bestätigen.

2. **Durch Wiederholung**, indem wir uns Bilder, Gefühle und Situationen immer „wieder holen", bis hin zu persönlichen Ritualen, die uns Vertrautheit und Gewissheit erleben lassen.

3. **Durch aktive Inszenierung**, indem wir Situationen vorbewusst so einfädeln und gestalten, dass wir immer wieder identische Erfahrungen machen.

Existenzielle Grundpositionen

Die Vielfalt dieser Grundüberzeugungen lässt sich vier grundlegenden Lebenspositionen zuordnen:

1. Ich bin okay, Du bist okay

In dieser konstruktiven und integrierten Haltung fühle ich mich weder über- noch unterlegen und brauche daher weder mich noch andere zu manipulieren. „Okay" bedeutet jedoch keineswegs, alles gut und richtig zu finden, was jemand sagt oder tut. Vielmehr gestehe ich mir und anderen durchaus Fehler zu, ohne mich und andere dabei jedoch als Person abzuwerten. Diese Haltung fördert gute Kommunikation und effektive Arbeit. Es ist allerdings - zumal in Konfliktsituationen - kaum möglich, sie konsequent durchzuhalten. Und es gibt wohl keinen Menschen, der sich ausschließlich in dieser Lebensposition befindet.

2. Ich bin okay, Du bist nicht okay

Diese Position, die Berne paranoid, arrogant oder projektiv nennt, resultiert aus einem unrealistischen Gefühl von Macht und Überlegenheit. Darunter liegt meist ein im Grunde instabiles Selbstwertgefühl. Menschen mit dieser Grundhaltung reißen gern Aufgaben an sich („Ich kann das eh' am besten!"). Bei Misserfolgen geben sie stets anderen oder den „Umständen" die Schuld. Ein wesentlicher Bestandteil dieser Haltung anderen gegenüber besteht darin, dass die möglicherweise tatsächlich vorhandenen Mängel im Verhalten der Anderen stets mit einer Abwertung ihrer Person gekoppelt sind. Die Tatsache, dass viele Menschen so große Schwierigkeiten damit haben, Kritik anzunehmen, mag ein Hinweis darauf sein, wie verbreitet diese Position ist.

3. Ich bin nicht okay, Du bist okay

Menschen, die zu dieser Grundeinstellung neigen, fühlen sich subjektiv überfordert und nehmen häufig alle Schuld auf sich. Sie beginnen ihre Aussagen meist mit Selbstabwertungen, verbunden mit einer Überhöhung der Fähigkeiten anderer: „Darf ich mal eine ganz dumme Frage stellen?" oder „Aber ich kann das bestimmt nicht so gut aus-

drücken wie ihr!" Auch hier werden einzelne Fertigkeiten und Kompetenzen unangemessen mit der Gesamtpersönlichkeit in Verbindung gebracht. Berne spricht hier von der depressiven Position.
Die Lebenspositionen 2 und 3 entsprechen im wesentlichem dem, was Alfred Adler den Über- bzw. Unterlegenheitskomplex nennt, deren entscheidendes Charakteristikum der (ab-)wertende Vergleich mit anderen ist.

4. Ich bin nicht okay, Du bist nicht okay

Mit dieser inneren Einstellung ist ein Gefühl tiefer Ziel- und Sinnlosigkeit verbunden. Diese Menschen sehen nichts Positives bei sich selbst und den anderen. Sie wirken oft zynisch und neigen dazu, konstruktive und lebensbejahende Lösungsansätze zu ironisieren oder abzuwerten. Diese Haltung wird bisweilen als vorübergehende „Entlastung" der vorangegangenen Position (Ich-/Du+) benutzt („Ich tauge zwar nichts, aber ich werde den anderen beweisen, dass sie auch nicht in Ordnung sind!"). Verharren Menschen über einen längeren Zeitraum in dieser Position, so kann dies zu einer Bedrohung für Leib und Psyche werden. Nicht umsonst spricht Berne in diesem Fall von einer schizoiden, fatalistischen oder gar suizidalen Position.
Zwar ist je nach Bezugssystem ein Wechsel zwischen den Positionen möglich, doch überwiegt meistens eine dieser Grundhaltungen. Wir werden darauf im Kapitel über das Dramadreieck noch einmal ausführlicher zurückkommen. Ärgert man sich bisweilen über eigene störende Verhaltensmuster, so versöhnt vielleicht die Erkenntnis, dass diese damals für den kleinen Knirps vermutlich sinnvoll, kreativ und oft im wahrsten Sinne überlebenswichtig gewesen sind. Inzwischen sind wir jedoch erwachsene Menschen, leben unter anderen Bedingungen und verfügen über erweiterte Möglichkeiten, so dass manche unserer frühen Schlussfolgerungen heute nicht mehr stimmig sind und uns in unseren Entfaltungsmöglichkeiten beschneiden.

Verteidigung des Bezugsrahmens

Wir alle besitzen weltanschauliche Überzeugungen und damit mehr oder weniger festgefügte Meinungen über die Welt im allgemeinen und besonderen. Wir bevorzugen daher bestimmte Zeitungen oder Sendungen, und es tut uns wohl, Gespräche mit Menschen zu führen, die unsere Ansichten teilen. Auf diese Weise finden wir unser Weltbild bestätigt und fühlen uns sicher. Andere Meinungen lösen dagegen leicht Verunsicherung, Angst und in ihrer Folge bisweilen heftige Gegenwehr aus. Wir versuchen mehr oder minder nachdrücklich, unsere gewohnten Muster zu verteidigen. Dies gilt auch und erst recht für das menschliche Miteinander.

Die Überlebensschlussfolgerungen, die für uns wichtig sind, versuchen wir erbittert zu verteidigen.

Natürlich gibt es auch Bereiche und Situationen, in denen wir die Begegnung mit ungewohnten, fremden Meinungen und Verhaltensweisen durchaus bereichernd finden, nach dem Motto: „Ach, das ist ja interessant - so habe ich das noch gar nicht gesehen." Zu verteidigen versuchen wir die für uns auf der unbewussten Ebene wirklich wichtigen Dinge des Lebens. Das sind die Teile unseres Bezugsrahmens, die mit frühen Überlebensschlussfolgerungen verbunden sind. Sie sind sehr tief verankert, scheinen uns von existenzieller Bedeutung zu sein und werden deshalb mit Vehemenz gegen (vermeintliche) Bedrohungen verteidigt.

Ob es uns gelingt, die für uns wichtigen Strukturen und Grundüberzeugungen bestätigt zu finden, hängt ganz entscheidend davon ab, inwieweit wir andere Menschen mit ihren Einstellungen, Meinungen und Verhaltensweisen in das eigene Bezugssystem einpassen können. Dazu ist es oft nötig, sie in bestimmte Rollen hinein zu manipulieren. Ein Mensch, der zu mir mit der festen Überzeugung kommt, dass alle auf ihm herumhacken wollen, wird versuchen, mit einer Bestätigung eben dieser Annahme wieder wegzugehen. Er wird mir vielleicht tatsächlich einen kaum zu übergehenden Anlass zur Kritik liefern und mich auf diese Weise einladen, durch mein Verhalten seiner Erwartung zu entsprechen. So verschafft er sich immer wieder ähnliche Erfahrungen, ganz im Sinne einer sich selbst erfüllenden Prophezeiung.

Durch unser aktuelles Verhalten bestätigen wir uns unseren Bezugsrahmen immer wieder neu.

Als Gesprächspartner geraten wir besonders dann in den Sog eines solchen Systems, wenn wir über die komplementären Grundüberzeugungen verfügen. So wären Menschen mit den Grundüberzeugungen aus den oben genannten Beispielen 4 und 5 wohl ein passendes, sich gegenseitig bestärkendes Gespann:

A: Ich weiß, was für die Anderen gut ist - ohne mich sind sie nicht lebensfähig.

B: Ich bin klein und schaffe es nicht allein, die Anderen sind stark und sollen für mich sorgen.

Es ist das unbewusste Ziel zahlreicher Gespräche, sein Gegenüber in den eigenen Bezugsrahmen hinein zu ziehen, um damit sich und den anderen von der Gültigkeit des eigenen Systems zu überzeugen. Diese unbewussten Formen der Manipulation nennen wir in der Transaktionsanalyse „psychologische Spiele". Selbst wenn das Ergebnis mit seelischem Schmerz und Verletzung verbunden ist, so wird es doch als irgendwie vertraut und als Bestätigung der einmal gefassten Grundüberzeugung empfunden. Das vertraute Elend scheint eben oft besser zu sein als das unbekannte Risiko neuer Erfahrungen.

> Das vertraute Elend scheint oft besser zu sein als das unbekannte Risiko neuer Erfahrungen.

Dies gilt besonders für Konflikt- und Stresssituationen, in denen wir offenbar besonders dazu tendieren, auf die alten, „bewährten" Rezepte zurückzugreifen. Alle nicht in das eigene Bezugssystem passenden Aussagen werden entweder ignoriert oder im Sinne des eigenen Systems umgedeutet, sie werden redefiniert. Das heißt: man dreht anderen Menschen das Wort im Munde herum! Bei kleinen (und großen) Kindern kann man beobachten, dass sie sich manchmal die Ohren zuhalten und schreien, wenn etwas gesagt wird, das ihnen absolut nicht ins Konzept passt.

Das Ausblenden all dessen, was nicht in den eigenen Bezugsrahmen passt, kann manchmal zu regelrechten Ausfällen in der Sinneswahrnehmung führen. Man sieht, hört und fühlt nicht, was im Augenblick real passiert, sondern trägt die vielzitierten „Scheuklappen". So hört man Kritik, wo keine ist, fühlt sich schuldig, obwohl sich niemand beklagt hat, oder sieht feindselige Gesichter, wo vielleicht nur Langeweile herrscht. Im Extremfall werden längere Wahrnehmungslücken sogar mit frei erfundenen Ereignisfolgen im Sinne des eigenen Systems ausgefüllt, womit allerdings die Grenze zu pathologischem Verhalten überschritten ist.

Die Bestätigung destruktiver Grundüberzeugungen ist fast immer mit einem negativen Zuwendungsmuster verbunden, aus dem sich bereits im voraus eine Zuwendungserwartung ergibt („Mich mag sowieso niemand!"). Sagt jemand der betreffenden Person nun: „Aber ich mag dich!", so gerät diese in Not. Gelingt es ihr nicht, den vertrauten Bezugsrahmen zu erweitern („Wie schön, dass du mich magst. Vielleicht sehe ich alles doch etwas zu schwarz!"), so muss sie zur Aufrechterhaltung ihres Systems diese positive Zuwendung zumindest intern im Sinne ihrer negativen Grundüberzeugungen umdeuten. Dies gelingt mit den folgenden Reaktionen:

Der kennt mich eben nicht richtig.

Der hat bestimmt einen Hintergedanken.

Der muss schön blöd sein.

Der lügt.

Na ja Duu ... (was besagt das schon).

Alle Aussagen deuten den Satz „Aber ich mag dich!" um durch eine Unterstellung oder Abwertung der anderen Person, hinter der letztlich eine Selbstabwertung steht, die der anderen Person untergeschoben wird.

Redefinitionen dienen letztlich dazu, an den eigenen destruktiven, aber vertrauten Grundmustern festhalten zu können und andere Menschen abzuwehren oder für sich aktiv werden zu lassen. Zumindest kann man anderen die Schuld für die eigenen negativen Gefühle geben. Den Hintergrund für dieses Verhalten bilden - auf einer vorbewussten Ebene - die Überzeugungen, die nicht gefährdet werden sollen. Infolgedessen erhalte ich durch eine genaue Betrachtung der geäußerten Redefinitionen Hinweise auf die Grundüberzeugungen, von denen meine Gesprächspartnerin ausgeht. Wenn ihre Antwort nicht zu meiner Aussage passt, auf welchen phantasierten Impuls hat sie dann eigentlich reagiert? Betrachtet man die oben angegebenen Beispiele für Redefinitionen unter diesem Aspekt, so wird man unschwer die dahinter wirksamen Grundüberzeugungen von B herausfinden können.

Verdeutlichen wir das an dem Dialogbeispiel 1: Aus einer geäußerten Einzelkritik macht B: „Immer mache ich alles falsch". Es ist also zu vermuten, dass genau dieser Satz dem aktualisierten Bezugssystem von B entspricht. B reagiert so, als hätte A gesagt: „Dieses Ergebnis ist natürlich wieder mal falsch - wie alles, was du anpackst!" Darüber hinaus kann B's Aussage auch der Kritikabwehr dienen im Sinne von: „Wenn ich mich selbst stark genug abwerte und sofort alle Schuld auf mich nehme, werden mich die Anderen nicht mehr so stark kritisieren bzw. ausschimpfen können."

Auf die Formulierung von Redefinitionen wird oft ein hohes Maß an Kreativität und Intelligenz verwendet. In der Regel werden sie so geschickt in ein Gespräch eingeflochten, dass sie einem ungeübten Ohr durchaus entgehen können.

> Auf Redefinitionen wird oft ein hohes Maß an Kreativität und Intelligenz verwendet.

Gleichwohl lösen sie bei der anderen Person ein Unbehagen aus. Sie spürt, dass ihr Impuls verdreht und zu etwas anderem gemacht wird, als sie es beabsichtigt hat. Sie hat das Gefühl, etwas tun zu müssen, um die Dinge richtig zu stellen: sich deutlicher auszudrücken („Ich will noch einmal versuchen, dir zu sagen, was ich genau meinte ..."), sich abzugrenzen („Das habe ich nicht gemeint, ich wollte nur sagen ..."), sich zu rechtfertigen („Tut mir leid, aber es ist nun mal meine Aufgabe, dir zu sagen ...") oder gar sich zu entschuldigen („Entschuldigung, ich konnte nicht wissen, dass dich das so trifft, ich wollte dich wirklich nicht verletzen. ... Kann ich dir irgendwie helfen ...").

Die Absicht, den eigenen Bezugsrahmen zu verteidigen, wird also häufig mit durchaus aggressiven Mitteln ausgeführt. Den anderen wird die Abwertung, Kritik oder gar Feindseligkeit unterstellt, die die betreffende Person früher erlebt, im Laufe der Zeit verinnerlicht hat und heute intern gegen sich selbst richtet.

Dies zu wissen und zu unterscheiden kann sehr erleichternd wirken. Es hilft, die angebotenen „Köder" nicht aufzuschnappen und in das „Spiel" einzusteigen, sondern ruhig und klar im Hier und Jetzt zu bleiben und sich auf die gegenwärtige Realität zu beziehen.

Wie Personen, die redefinieren, konstruktiv zu begegnen ist, stellen wir im Kapitel über „Passivität" im einzelnen dar.

Wenn verschiedene Bezugssysteme aufeinanderprallen

Nur ausnahmsweise zieht sich ein und dasselbe Bezugssystem hart-näckig durch sämtliche Lebensbereiche, wie beispielsweise das Gefühl genereller Unzulänglichkeit, der so genannte Minderwertigkeitskom-plex. Im allgemeinen ist unser Repertoire vielseitig, und was wir da-von benutzen, richtet sich nach der jeweiligen Situation.

So werden in Gesprächen mit dem Partner, dem Vorgesetzten oder Mitarbeiter jeweils andere Teile unseres Bezugsrahmens aktualisiert, auch wenn häufig bestimmte Grundtendenzen wiederkehren. Men-schen, die durch hierarchische Systeme geprägt wurden, nehmen in ei-ner Beziehung Vorgesetzter-Untergebener je nach Position unter-schiedliche Rollen desselben Bezugssystems ein („Radfahrer"). So be-wegen wir uns gewissermaßen immer wieder in denselben eingefahrenen Gleisen, begrenzt in unserer Wahrnehmung, unserem Fühlen, Denken und Verhalten.

Wichtig - und für Menschen in beratender Funktion unerlässlich - ist es, sich auch die unproduktiven oder hinderlichen Teile des eigenen Bezugsrahmens bewusst zu machen. Denn aus ihnen ergeben sich die selbstgestellten Fallen, in die wir im Verlauf von Gesprächen hinein-tappen. Zudem besteht die Gefahr, dass wir andere Menschen zum Zwecke der Bestätigung unserer eigenen Muster ausnutzen.

Ohnehin ist es angebracht, über Kommunikationsprobleme dieser Art mit einer gewissen Distanz und vor allem mit der Bereitschaft zur Selbstüberprüfung nachzudenken. Wenn verschiedene Bezugssysteme aufeinanderprallen, besteht die Gefahr, dass die eine Person mit dem Blick des Wissenden das „falsche" Bezugssystem der anderen Person als die Quelle aller Schwierigkeiten zu diagnostizieren versucht.

Wie kurzsichtig das sein kann, verdeutlichen Untersuchungen über die Kommunikation zwischen Frauen und Männern. Interessante Hinwei-se dazu gibt Deborah Tannen in ihrem Buch mit dem bezeichnenden Titel *Du kannst mich einfach nicht verstehen. Warum Männer und Frauen aneinander vorbeireden.* Ihre Antwort lautet - knapp zusammengefasst: Frauen und Männer gehen oft von einem in bestimmten Aspekten ver-schiedenen Bezugsrahmen aus, ohne sich dessen bewusst zu sein.

Zu verdeutlichen ist dies an der sehr unterschiedlichen Art von Frauen und Männern, mit Problemen umzugehen. Ein sehr verbreitetes Mu-ster sieht so aus: Sie schildert ein Problem, das ihr zu schaffen macht. Er sagt: „Da kannst du doch ... (dies oder jenes) machen" oder fragt, was sie da denn tun wolle. Sie ist frustriert, da sie erst einmal in Beziehung treten wollte und Einfühlung erwartete. Sie fühlt sich nicht verstanden und lässt ihn das auch spüren, so dass er irritiert oder verärgert ist, da er doch - aus seiner Sicht wirklich Anteil nehmend - mit ihr über die Lösung des Problems reden wollte.

Für Männer und Frauen sind in bestimmten Situationen offenbar verschiedene Dinge wichtig. Während er stärker von einem sach- und lösungsorientierten Bezugsrahmen ausgeht, stehen bei ihr zunächst Kontaktaufnahme und Gefühl im Vordergrund. Eine Lösung zu finden, ist für sie im Augenblick nicht dran. Beide haben beide auf ihre Weise recht. Es kommt darauf an, den anderen Bezugsrahmen wahrzunehmen, zu akzeptieren und vielleicht als Chance zur Erweiterung der eigenen Möglichkeiten zu verstehen, statt ihn als Infragestellung oder gar Bedrohung zu sehen.

Ich kann den anderen Bezugsrahmen als Chance zur Erweiterung meiner Sichtweisen sehen.

Im Blick auf Situationen wie in den oben genannten Beispielen wäre es fatal, wollten wir Gespräche stets mit der Absicht führen, die - aus unserer Sicht - destruktiven Aspekte in den Bezugssystemen unserer Mitmenschen zu verändern. Häufiges Scheitern würde uns rasch von der unrealistischen Grandiosität dieses Anspruchs überzeugen. Verändere ich meine eigenen lieb gewordenen Überzeugungen doch oft nur mühsam und nachhaltig lediglich dann, wenn ich es aus einem Prozess inneren Wachstums heraus wirklich will. Darüber hinaus besteht die Gefahr, dass ich mich gefühlsmäßig davon abhängig mache, dass die andere Person sich ändert.

Was könnte unser Ziel sein, wenn wir mit Menschen zusammenkommen, die von einem deutlich verschiedenen Bezugsrahmen ausgehen und unsere Aussagen beharrlich redefinieren? Ein realistisches Ziel ist es, das „fremde" System zunächst nur wahrzunehmen und mich nicht darin zu verstricken. Sich nicht zu verstricken heißt keineswegs, gefühlskalt und abweisend zu reagieren. Vielmehr bedeutet es, sich dem anderen teilnehmend zuzuwenden, ohne dessen Trübungen in Wahrnehmung und Denken zu übernehmen.

Ich kann nur dann helfen, Lösungswege zu finden, wenn ich nicht selbst blind bin. Ein Grund dafür, weshalb BeraterInnen mit ähnlicher Lebensgeschichte wie ihre KlientInnen nicht automatisch auch die beste Unterstützung für wirkliche Veränderung geben können. Manchmal kann es erforderlich sein, mich deutlich von einem Bezugsrahmen abzugrenzen, in dem mir überhöhte Rollen wie die des Bösewichts oder des rettenden Engels zugedacht sind. Bemerke ich, dass ich mich als Gesprächspartner immer wieder in einer ähnlichen Rolle verfange, so ist dies ein Hinweis auf einen eigenen ungelösten Konflikt.

Die Antreiber

Aus der Vielzahl unserer Grundüberzeugungen entwickeln wir zwar mehr oder weniger komplexe Handlungsrichtlinien für die unterschiedlichen Lebenssituationen. Zugleich schränken wir jedoch das Spektrum möglicher Erfahrungen bisweilen erheblich ein. Dies führt dazu, dass wir unser Leben in gewissen Bereichen nach einem heimlichen Plan zu leben scheinen, den wir in der Transaktionsanalyse das „Lebensskript" nennen. Berne (1975) gibt dafür die folgende Definition: „Beim Skript handelt es sich um ein kontinuierliches Programm, das in der Zeit der frühen Kindheit unter elterlichem Einfluss entwickelt wird und welches das Verhalten eines Individuums in den wichtigsten Aspekten seines Lebens bestimmt." Auf eine genauere Darlegung der Lebensskriptanalyse verzichten wir im Rahmen dieser Einführung in die Gesprächsführung.

Auf einen wichtigen beobachtbaren Ausdruck skriptorientierten Verhaltens wollen wir jedoch näher eingehen: die Antreiber. Damit sind verinnerlichte Anweisungen gemeint, denen wir, zumal in schwierigen Situationen, beinahe zwanghaft folgen. Auch die Antreiber dienten einmal dazu, das Leben in der Kindheitsfamilie zu erleichtern. Sie zu befolgen verschuf uns damals in bestimmten Situationen eine bedingte Akzeptanz. Sie stellen für den Betreffenden Werte an sich dar, unabhängig davon, ob die jeweilige Situation ein derartiges Verhalten tatsächlich erfordert.

Unbewusst befolgen wir sie noch heute in der Hoffnung, uns dann trotz einschränkender Grundbotschaften in Ordnung fühlen zu können. Diese Hoffnung trügt jedoch, da das Verhalten unter dem Druck von Antreibern nicht wirklich effektiv ist und die Anforderungen der Antreiber letztlich unerfüllbar sind. Wenn wir unter dem Druck von Antreibern handeln, zeigen wir charakteristische Verhaltensweisen, die - mit Distanz betrachtet - der jeweiligen Situation im Grunde nicht angemessen sind.

Unter dem Druck von Antreibern ist unser Verhalten der jeweiligen Situation meist nicht angemessen.

Stellen Sie sich einmal vor, eine Gesprächs- oder Unterrichtssituation ist irgendwie stecken geblieben, und Sie beginnen, sich deswegen unwohl zu fühlen. Die meisten Menschen reagieren in einer solchen Situation spontan mit einem typischen Antreiberverhalten:

Sei stark!

A lässt sich nicht anmerken, was wirklich in ihm vorgeht und dass er sich womöglich schwach fühlt. Sein Antreiber lautet: Sei stark!

Redewendungen: „Ich habe nichts dazu zu sagen!" „Dies ist nicht meine Sorge." „Das macht mir nichts aus."

Nonverbale Merkmale: Hände steif, Arme verschränkt, cooles Pokergesicht, übergeschlagene Beine. Monotone unlebendige Stimme.

Körpergefühl: taub

Streng Dich an!

B rackert sich für eine Lösung der Situation ab, indem sie ständig Rat- und Vorschläge anbringt und sich dabei immer mehr verspannt. Ihr Antreiber lautet: Streng Dich an!

Redewendungen: „Es ist anstrengend für mich!" „Ich werde mir Mühe geben!" „Ich weiß nicht sicher, aber ich könnte vielleicht sagen ..." „Das ist wirklich sehr schwierig." Beantwortet Fragen oft nicht direkt. Wirkt dabei ungeduldig.

Nonverbale Merkmale: Haltung und Gebärden verkrampft; sitzt nach vorne geneigt, Ellenbogen auf den Knien; Stirn gerunzelt; Hände zu Fäusten geballt, die manche Worte mit leichten Schlägen betonen; verwirrter unruhiger Blick.

Körpergefühl: verkrampfter Magen, allgemeine Angespanntheit.

Beeil Dich!

C fängt an, schneller zu reden und rasch auf Fragen zu antworten, wobei sie nicht mehr richtig zuhört, was die Anderen sagen. Ihr Antreiber lautet: Beeil Dich!

Redewendungen: „Gehen wir!" „Ich will nur kurz sagen ...!" „Wir müssen uns beeilen!" Andere sollen nicht zu lang und ausführlich reden.

Nonverbale Merkmale: Zeichen von Ungeduld; sich rasch ändernde Körperhaltung; abschweifender unruhiger Blick; Stirnrunzeln; Stimme schwankt auf und ab; Agitation, z.B. trommelnde Finger.

Körpergefühl: kribbelig

Mache es mir/allen recht!

D versucht, die Wünsche und Erwartungen der anderen zu erahnen und zu erfüllen, damit diese sich wohl fühlen, aus der Angst heraus, nicht gut genug zu sein und abgelehnt zu werden, oder um ein Gefühl eigener Bedeutung zu gewinnen. Ihr Antreiber lautet: Mache es mir / allen recht!

Redewendungen: „Sie wissen ja …" „Könnten Sie vielleicht …?" Zustimmendes „Hmmmm …". Fragt, ob für die Anderen alles zufriedenstellend verläuft.

Nonverbale Merkmale: Nickt zustimmend; sieht oft zur Seite; zieht gerne die Augenbrauen hoch. Oft hohe, gepresste oder weinerliche Stimme.

Körpergefühl: verkrampfter Magen

Sei perfekt!

E beginnt, sich zu rechtfertigen oder angefangene Sätze häufiger abzubrechen, um eine noch ausführlichere und kompliziertere Formulierung zu finden, um es immer noch etwas besser hinzukriegen. Sein Antreiber lautet: Sei perfekt!

Redewendungen: „Ich denke …" „Natürlich" „Klar" „Erstens …, zweitens …, drittens …". Verwendet komplizierte Redewendungen, verschachtelte Sätze und Rechtfertigungen.

Nonverbale Merkmale: Handgelenke verspannt; Aufzählung mit den Fingern; sitzt aufrecht und starr; ernster Blick. Stimmlage wirkt verhalten und selbstgerecht.

Körpergefühl: angespannt

(Darstellung nach Hinweisen aus Schlegel 1984, Waiblinger 1989, Kälin und Müri 1999)

Antreiber sind stets Ausdruck eines aktualisierten Bezugsrahmens und zugleich der ungeeignete Versuch seiner Überwindung. Das Ergebnis ist eine zunehmende Verstrickung in das eigene Skript. Es ist wichtig, sich klar zu machen, dass unsere Antreiber letztlich unersättlich sind, ungeachtet der Tatsache, dass es Situationen gibt, in denen es durchaus angebracht sein kann, sich anzustrengen, sich zu beeilen, stark zu sein oder das eigene Verhalten an den Bedürfnissen anderer zu orientieren.

Ob der Unersättlichkeit des Antreiberverhaltens gelingt es niemals, es allen recht zu machen, so perfekt zu sein, dass man es nicht noch besser machen könnte, oder sich so anzustrengen bzw. zu beeilen, dass es tatsächlich nichts mehr zu tun gibt.

Entscheidend ist es, ob wir die Wahlfreiheit haben, uns anzustrengen, zu beeilen, es noch besser machen zu wollen ... oder nicht. Wenn wir dies erreichen, sind wir frei vom Druck der Antreiber. Ein chinesiches Sprichwort bringt das sehr schön auf den Punkt:

Neben der hohen Kunst,
Dinge zu verrichten,
gibt es auch die hohe Kunst,
Dinge unverrichtet zu lassen.

Erlaubnisse

Ruhe vor seinen Antreibern bekommt man, indem man sich selbst die Erlaubnis gibt, sich auch in Stresssituationen anders zu verhalten, oder indem man sich sagt (und es glaubt!), dass man auch dann in Ordnung ist, wenn man seinen Antreibern nicht gehorcht. Dabei handelt es sich häufig um Erlaubnisse und Bestätigungen, die man als Kind vermutlich nicht bekommen hat.

So könnten Erlaubnisse zur Entkräftung der oben beschriebenen Antreiber zum Beispiel folgendermaßen lauten:

Zu „Sei stark"

Ich darf stark sein und zugleich Bedürfnisse haben.

Ich darf meinen Gefühlen trauen und mich von ihnen leiten lassen.

Ich brauche niemanden zu beeindrucken, um gemocht zu werden.

Zu „Streng dich an"

Ich brauche nicht für andere zu denken und Verantwortung zu übernehmen.

Ich darf mich über das Erreichte freuen und ausruhen.

Ich darf mir helfen lassen.

Zu „Beeil dich"

Ich darf mir Zeit nehmen und es dann auf meine Art tun.

Ich darf mich auf Menschen und Situationen einlassen und genießen.

Ich brauche anderen nicht vorauszueilen, um beachtet zu werden.

Zu „Mach's recht"

Ich darf mich wichtig nehmen und herausfinden, was ich selbst will.

Ich darf nachdenken, bevor ich es auf meine Art tue.

Ich habe das Recht auf meine eigene Meinung.

Zu „Sei perfekt"

Ich darf Fehler machen, ohne mich unzulänglich zu fühlen, und kann daraus lernen.

Ich darf mich so zeigen, wie ich bin, und meinen eigenen Stil entwickeln.

Ich darf die Zusammenarbeit mit anderen genießen.

(In Anlehnung an Levin 1980.)

Falls die Situation und die Art der Beziehung es erlauben, können Sie diese und ähnliche Erlaubnissätze auch Ihren Gesprächspartnern gegenüber äußern, wenn sie Antreiberverhalten zeigen. Achten Sie allerdings darauf, dass Sie einen diesbezüglichen Hinweis wirklich fürsorglich meinen und Ihr Gegenüber nicht auf verdeckte Weise in die Enge treiben wollen.

Übungsvorschlag:

Mit dem folgenden kleinen Experiment haben wir gute Erfahrungen gemacht.

Suchen Sie sich eine Erlaubnis aus, die Ihnen besonders gut tut.

Sie können Ihren Erlaubnissatz finden, indem Sie sich alle Sätze langsam durchlesen (oder von einer Ihnen vertrauten Person vorlesen lassen) und dabei aufmerksam wahrnehmen, bei welcher Erlaubnis Sie sich innerlich am stärksten berührt fühlen.

Formulieren Sie Ihren Satz dann noch so um, dass er genau auf Ihre Situation passt und Sie ihn richtig gern hören. Wichtig ist, dass Sie nicht durch die Hintertür einen Antreiber wieder hinein schmuggeln, nach dem Motto: „Ich muss mich endlich bemühen, mir mehr Zeit zu lassen. Am besten, ich fange ganz schnell damit an!"

Sie können sich Ihren Satz auf ein Schildchen schreiben und ihn sich in ruhigen Momenten (zum Beispiel vor dem Einschlafen oder Aufstehen) laut vorlesen. In wichtigen Gesprächen können Sie den Zettel auch unauffällig vor sich hinstellen. Ziehen Sie nach einer Woche Bilanz!

Anregungen zur Selbstreflexion

Erinnern Sie sich an eine Stress auslösende Gesprächssituation mit Wiederholungscharakter.

Was dachten Sie am Ende des Gesprächs über sich, den/die Anderen und das Leben? (Verstrickungsreiche Gespräche enden in aller Regel mit einer Bestätigung und Verstärkung des Bezugsrahmens, von dem wir in dem betreffenden Gespräch ausgegangen sind.)

Wie lauten Ihrer Meinung nach die Grundüberzeugungen der anderen Person/en?

Welche Lebenspositionen kommen darin zum Ausdruck?

Erkennen Sie im Gesprächsverlauf bei sich und anderen Antreiberverhalten?

Wo in Ihrem Körper spüren Sie Ihren Antreiber (Kopf, Nacken, Brust, Magen ...)?

In welchen Situation spüren Sie den Antreiber besonders deutlich?

Welche Erlaubnis könnte für Sie künftig in ähnlichen Gesprächssituationen hilfreich sein?

Umgang mit Zuwendung

In der kindlichen Entwicklung spielt die Art und Weise, wie das Kind Zuwendung erfährt, eine entscheidende Rolle. Spätestens seit dem makabren Experiment des Staufers Friederich II. mit sizilianischen Waisenkindern wissen wir um die Lebensnotwendigkeit körperlicher und emotionaler Zuwendung (Spitz 1957). Nach Ansicht der Behavouristen bildet der Hunger nach Zuwendung die nahezu einzige Motivation für menschliches Verhalten.

Auch wir sind davon überzeugt, dass die Erfahrungen mit Zuwendung eine entscheidende Rolle dabei spielen, welche Grundüberzeugungen das Kind über sich selbst, über andere Menschen und das Leben erwirbt. Als Folge davon ist später jedes Bezugssystem mit seinen Grundüberzeugungen und manipulativen bzw. redefinierenden Interaktionen immer auch mit einer bestimmten Zuwendungserwartung verknüpft.

Die verschiedenen Zuwendungsarten

Unbedingte positive Zuwendung

Eine wichtige Voraussetzung für eine gute geistig-seelische und auch körperliche Entwicklung ist die Erfahrung unbedingter positiver Zuwendung, die an keinerlei Gegenleistung gebunden ist, so wie wir sie üblicherweise als Säuglinge in der ersten Phase unseres Lebens bekommen haben. Sie ist gleichbedeutend mit einer generellen Lebenserlaubnis nach dem Motto: „Schön, dass es dich gibt!" Durch diese Art der Zuwendung wird die Grundeinstellung gefördert „Du bist in Ordnung, wie du bist."

Unbedingte positive Zuwendung gilt der Existenz, dem Dasein einer Person. Sie wird zunächst vermittelt durch vielerlei Arten von Körperkontakt wie Anfassen, Halten, Umarmen, Streicheln, Küssen, aber auch durch Anlächeln oder allein durch den liebevoll-fürsorglichen Klang der Stimme. Kinder, die diese Art der Zuwendung entbehren mussten, haben in ihrem späteren Leben schmerzlich daran zu tragen.

> Unbedingte positive Zuwendung gilt der Existenz einer Person ohne jede Gegenleistung.

Später werden die körperlichen Ausdrucksformen mehr und mehr ersetzt durch symbolische Gesten und sprachliche Ausdrucksformen. In weniger existenzieller Weise erleben wir unbedingte positive Zuwendung als Erwachsene, etwa wenn wir nach längerer Abwesenheit an unserem Arbeitsplatz mit den Worten empfangen werden: „Ich freue mich, Sie wiederzusehen!" oder „Schön, dass du wieder da bist!" Für das Leben in unserem kulturellen Umfeld ist es sicher angemessen, positive Zuwendung vorwiegend mit verbalen Ausdrucksformen zu vermitteln. Gleichzeitig empfinden wir es als ein Zeichen emotionaler Verarmung, wenn körperliche Ausdrucksformen zu früh oder zu weitgehend aus dem Repertoire zwischenmenschlicher Kontaktaufnahme verschwinden. Uns scheint es wichtig zu sein, stimmige Formen für den körperlichen Ausdruck positiver Zuwendung zu einem selbstverständlichen Bestandteil unserer Lern- und Beratungskultur werden zu lassen.

Bedingte positive Zuwendung

Die zweite Zuwendungsart ist die bedingte positive Zuwendung. Ganz anders klingt - um das oben genannte Beispiel zu variieren - die folgende Begrüßung: „Ein Glück, dass Sie wieder da sind. Den Bereich X erledigt einfach keiner so gut wie Sie!" oder gar „Endlich bist du wieder da, wir ersticken schon fast in Arbeit". Es handelt sich um eine abgestufte Form positiver Zuwendung, die mit einer bestimmten Bedingung verknüpft ist - in den obigen Beispielen: die besondere Fähigkeit in einem Spezialbereich oder einfach die Fähigkeit, etwas mit wegzuschaffen. Durch diese Art der Zuwendung wird die Grundeinstellung gefördert „Du bist in Ordnung, wenn du ... (dich nach mir richtest, das und das tust, etc.)"

> Bedingte positive Zuwendung gilt dem So-Sein der Person und dient somit der sozialen Anpassung.

Das Spektrum dieser Zuwendungsart ist außerordentlich weit. Es reicht von kraftvollen und überzeugenden positiven Rückmeldungen („Es ist ganz toll, wie du bist, aussiehst, das und das kannst, machst, etc.") bis zu sehr ausgedünnten Formen, in denen das positive Element schon fast „mit der Lupe" zu suchen ist („Das war eine akzeptable Leistung." „... gar nicht soo schlecht!"). Bedingte positive Zuwendung erhalten wir dann, wenn wir den Vorstellungen, Erwartungen und Anforderungen unseres sozialen Umfelds entsprechen. Diese Zuwendungsart bezieht sich auf bestimmte Eigenschaften, Fähigkeiten und Verhaltensweisen. Sie gilt nicht dem Da-Sein, sondern dem So-Sein der Person. Sie dient damit der (notwendigen) Anpassung an die Regeln des sozialen Verbandes.

Bedingte negative Zuwendung

Diesen Zweck erfüllt auch die bedingte negative Zuwendung, die uns dann entgegengebracht wird, wenn wir den Wünschen unseres Umfelds nicht entsprechen oder uns entgegen den gültigen Normen verhalten. Diese Form gilt ebenfalls dem So-Sein, sie bezieht sich auf bestimmte Eigenschaften oder Verhaltensweisen. Sie gibt der Person eine kräftige Portion Beachtung, die sich aber eher wie ein mehr oder minder leichter Stromstoß anfühlt. Durch diese Art der Zuwendung wird die Grundeinstellung gefördert „Du bist nicht in Ordnung, da du nicht ... (dich nach mir richtest, dies und das tust, etc.)" Eine passende Variante des Urlaubsbeispiels könnte lauten: „Da bist du ja endlich. Du hast für uns ja lauter Problemfälle aufgespart. Das machst du bitte nicht noch einmal!"

Auch kritische Hinweise, Ermahnung und Strafe gehören zu dieser Art von Zuwendung, die als Korrektiv und um klare Grenzen zu setzen in vielen Situationen unverzichtbar ist. Ein Kind, das stets bedingungslos positiven Zuspruch erfährt, was es auch immer tut, wird letztlich lebensuntüchtig. Denn zur Entwicklung einer angemessenen Selbsteinschätzung gehören unterschiedliche Arten von Zuwendung, auch bedingt negative. Sie sollte - auf der Basis eines reichen Vorrats an positiver Zuwendung - als gezielte Ergänzung verwendet werden.

> Zur Entwicklung einer realistischen Selbsteinschätzung gehört auch bedingte negative Zuwendung.

Vermischte Zuwendung

Besonders vertrackt sind die vielfältigen Mischformen aus positiver und negativer Zuwendung. Unser Beispiel könnte lauten: „Ein Glück, dass du wieder da bist - du hast uns ja ganz schön hängen lassen!" Typischerweise folgt in dieser Mischform auf einen guten Beginn eine „kalte Dusche", oder es ist ein zunächst kaum spürbarer Haken, ein schlechter Beigeschmack enthalten. Beispiele: „Eine hervorragende Arbeit - für deine Verhältnisse" oder „Ich habe mich sehr über deinen Brief gefreut. Wenn du doch nur öfter schreiben würdest."

Diese Mischformen gehören letztlich in das große Arsenal der Formen verrückt machender Kommunikation. Sie verhindern die Entwicklung von Vertrauen und Selbstvertrauen. Der Empfänger einer solchen doppelten Botschaft traut dem positiven Aspekt nicht, da er mit Abwertung und Schmerz verbunden ist, und er setzt sich mit dem kritischen

Teil nicht klar auseinander, da er verbrämt und verwickelt ist. Durch diese Art der Zuwendung wird die Grundeinstellung gefördert: „Du bist nicht richtig in Ordnung, was du auch tust ... „

Bedingungslose negative Zuwendung

Noch problematischer und doch sehr verbreitet ist die bedingungslose negative Zuwendung. Unser Beispiel könnte lauten: „Ach, da bist du ja. Ist gar nicht aufgefallen, dass du weg warst." Oder verschärft: „Es war hier viel besser, als du nicht da warst." Diese Zuwendungsart hat einen ausschließlich destruktiven Effekt, da sie dem Adressaten keinerlei Chance lässt. Durch sie wird die Grundeinstellung gefördert „Du bist nicht in Ordnung, egal was du tust - es wäre besser, wenn es dich nicht gäbe."

Bedingungslose negative Zuwendung sollte in der menschlichen Kommunikation nicht vorkommen. Allerdings enthält auch diese Zuwendungsart Stimuli, die als (negative) Beachtung für die Existenz erlebt werden und dem betreffenden Menschen helfen, sich lebendig zu fühlen. Insofern übt selbst diese Zuwendungsart eine Leben erhaltende Funktion aus, und sie wird manchmal geradezu provoziert, wenn keine andere Zuwendungsart verfügbar ist, denn das Ignorieren der eigenen Existenz wird von den meisten Menschen als noch bedrohlicher erlebt.

> Bedingungslose negative Zuwendung fördert eine fatlistische, destruktive Einstellung.

Die Konsequenzen für das spätere Kommunikationsverhalten

In der Regel bekommen wir als Kinder und Erwachsene eine Mischung aller Zuwendungsarten. Häufig allerdings überwiegt in unserer Erziehung die eine oder andere Sorte. Ein Kind braucht, um das nötige Maß an Beachtung zu finden und sich lebendig zu fühlen, Zuwendung, und es erfasst aus dieser Notwendigkeit heraus sehr rasch: „Diese Art von Zuwendung ist hier in dieser Familie am leichtesten zu bekommen, also gewissermaßen für mich reserviert." Und es folgt die Überlegung: „Wie bekomme ich mehr davon?" Die Schlussfolgerungen des Kindes zu dieser Frage bilden einen wichtigen Schlüssel zum Verständnis seines späteren Verhaltens.

Ein Beispiel:
Ein Kind, nennen wir es Karl, wächst in einer Familie auf, in der Erfolg und Wohlverhalten wie selbstverständlich erwartet werden. Karl hat einen älteren Bruder, der die elterlichen Anforderungen mühelos erfüllt, dafür eine gewisse Anerkennung bekommt und ihm als Modell vor Augen geführt wird. Sich mindestens ebenso wohl zu verhalten, erfährt keine besondere Würdigung. Daher ist positive Zuwendung für Karl kaum erreichbar, sie kommt in seinem Zuwendungshaushalt kaum vor. Er bekommt dagegen immer dann Aufmerksamkeit, wenn er nicht den Erwartungen entspricht, zum Beispiel wenn er seine Aufgaben nicht schafft, trödelt oder sich tolpatschig verhält.
Seine Schlussfolgerung ist in diesem Fall naheliegend: Ich muss nur oft genug etwas falsch machen, dann werden die Anderen schon auf mich aufmerksam und meine Existenz wahrnehmen müssen. Durch die Reaktionen der anderen entwickelt er die Grundüberzeugung, dass er eigentlich nichts taugt und die Anderen es nicht gut mit ihm meinen. Durch sein Verhalten trägt er dazu bei, dass er sich in dieser Grundüberzeugung immer neu bestätigt sehen kann, womit seine Kontakte zu anderen Menschen erheblich kompliziert werden.

Wir sorgen dafür, dass wir die Zuwendung bekommen die uns vertraut ist und „zu uns passt".

Wird Karl nun unvermittelt einmal gelobt, so entspricht dies nicht seiner Zuwendungserwartung, und er gerät in einen Konflikt. Er muss entweder sein destruktives System verlassen und die positive Zuwendung auf sich beziehen und annehmen. Aber dadurch würden seine vielfach erhärteten Grundüberzeugungen ins Wanken geraten. Oder er muss die positive Zuwendung zu negativer Zuwendung ummünzen, damit sie in sein System passt. Er wird vermutlich die zweite Lösung wählen. Denn negative Zuwendung fühlt sich zwar nicht gut an, sie ist ihm aber irgendwie seit langem vertraut und „passt" zu ihm. Kritik besitzt deshalb für ihn von vornherein eine wesentlich größere Glaubwürdigkeit als Lob.

Wir erleben es immer wieder, dass bestimmte Menschen sich bei ehrlich gemeintem Lob wie unter Schmerzen winden, sich innerlich die Ohren zuhalten und darum bitten aufzuhören. Dies vor allem immer dann, wenn es ihnen nicht gelingt, das Lob innerpsychisch im Sinne ihres Systems umzudeuten, indem sie sich beispielsweise sagen, dass die Anderen lügen oder manipulative oder ausbeuterische Hintergedanken haben. Auffallend dabei ist die abwertende und indirekt aggressive Komponente dieser Unterstellungen. Ein solches Verhalten weist allerdings auf eine gravierendere Persönlichkeitsstörung hin.

> Zuwendung, die nicht „zu uns passt", deuten wir im Sinne unseres Bezugsrahmens um.

Innerhalb von Familien sowie anderen formellen oder informellen Gruppen lässt sich bei systemischer Betrachtung beobachten, wie Menschen ganz bestimmte „Zuwendungsnischen" ausnutzen, wie sie zum Beispiel die Rollen des Klassenclowns, des Tolpatschs, des Prügelknaben, des Musterschülers etc. bieten. So kann es vorkommen, dass für den Zweitgeborenen die Rolle des Musterkindes schon vergeben ist. Anstatt in Rivalität um positive Zuwendung zu treten, wählt sich dieses Kind die Rolle des Sorgenkinds oder des schwarzen Schafes, in der es von den Eltern akzeptiert und bestätigt wird („unser Sorgenkind", „unser kleiner Tolpatsch" etc.) und konkurrenzlos mitleidige bzw. negative Zuwendung erhält.

Hinweise zum Umgang mit Zuwendung in Gesprächssituationen

Der Umgang mit Zuwendung ist einer der wichtigsten und zugleich sensibelsten Bereiche der Gesprächsführung. Der Wunsch nach Beachtung und Zuwendung ist einerseits ein wichtiger Motor für das Verhalten in sozialen Kontexten. Andererseits bringen alle Menschen ihr individuelles Zuwendungsmuster mit, das mit ihrem eigenen Bezugsrahmen jeweils aufs engste verknüpft ist.

Es gilt einen Weg zu finden, die positive Kraft des Umgangs mit Zuwendung für die Entfaltung der Person zu nutzen, ohne die Grenzen zu überschreiten, die aus den individuell und kulturell bedingten Normen resultieren. Eine wichtige Voraussetzung für einen bereichernden und zugleich angemessenen Zuwendungsstil ist es, dass Sie Ihr eigenes mitgebrachtes Zuwendungsprofil kennen lernen und reflektieren.

Zum konstruktiven Umgang mit Zuwendung möchten wir Ihnen folgende Hinweise geben:

1. Zuwendung geben für:

- Klares Denken,

- echte Gefühle,

- Autonomie,

- Kreativität, Humor und Spiel

- und vor allem für positive Neuentscheidungen, Veränderungen und Fortschritte.

2. Keine Zuwendung geben für:

- Jammern, ungebetene Hilfe und Anklagen sowie

- ausbeuterisches Verhalten (zum Beispiel für beleidigten Rückzug).

3. Darauf achten, dass die Zuwendung angenommen wird:

- Auf die Körperreaktion, speziell auf den Atem achten, Viele Menschen halten die Luft an, wenn sie positive Zuwendung bekommen, und lassen sie damit nicht an sich heran.

- Aufmerksam machen, wenn positive Zuwendung abgewertet wird; auch Vergleiche („Verglichen mit X ist das doch gar nichts Besonderes") enthalten oft Abwertungen und sollten vermieden werden.

- Am Schluss Bilanz ziehen lassen: „Was hast du gehört und gespürt? Was nimmst du mit?"

4. Auf das richtige Maß an Zuwendung achten:

- Eine Überschüttung mit Zuwendung, auch mit positiver, vermeiden.

- Dazu ermutigen, ggf. Zuwendung zurückzuweisen, die nicht berechtigt oder unrealistisch ist.

5. Sorgen Sie dafür, dass auch Sie selbst als BeraterIn genügend Zuwendung bekommen.

Anregungen zur Selbstreflexion

Welches Sprichwort bzw. welcher Slogan fällt Ihnen spontan zum Thema Zuwendung ein?

An welche Regeln über den Umgang mit Zuwendung erinnern Sie sich aus Ihrer Kindheit?

Wie war der Austausch von Zuwendung in Ihrer Kindheitsfamilie? Wie reichhaltig wurde Zuwendung verteilt, und welche Art dominierte?

Wie gehen Sie selbst heute mit Zuwendung um - im privaten bzw. beruflichen Bereich?

Wenn Ihre MitarbeiterInnen (oder KollegInnen) Ihren Umgang mit Zuwendung beschreiben sollten, was würden sie berichten können?

Die Ichzustände
Zur Struktur der menschlichen Persönlichkeit

Ob Gespräche angenehm und effektiv verlaufen, hängt entscheidend davon ab, wie die Beteiligten ihre Person ins Spiel bringen, was sie von ihrem Potential ausschöpfen und ob das, was sie einbringen, zu einem guten Miteinander taugt oder aneinander abprallt. Ein genauerer Blick auf diese Tatsache macht deutlich, wie nachhaltig und quasi vorhersagbar Gesprächsverläufe davon beeinflusst werden, welche Aspekte unserer Persönlichkeit wir zum Ausdruck bringen. Die Gesetzmäßigkeiten solcher durch unsere jeweiligen Persönlichkeitsanteile geprägten Gesprächsmuster sind Gegenstand der Transaktionsanalyse (TA). Die Basis dafür ist das Ichzustands-Modell, das die Strukturen unseres Denkens, Fühlens und Verhaltens in sehr lebensnahen, im Alltag wiedererkennbaren Bildern und Begriffen beschreibt.

Dazu ein praktisches Beispiel:
Ich wache morgens nach einer Reihe sehr arbeitsreicher Tage auf. Zum ersten Mal seit langem scheint strahlend die Sonne, und ausgerechnet heute stehen mir eine anstrengende Sitzung und einige unangenehme Gespräche bevor. Mir schießt der Gedanke durch den Kopf: „Ich könnte einfach zuhause bleiben und den Tag genießen!" Rasch entspinnt sich in meinem Kopf ein lebhafter innerer Dialog, in dessen Verlauf sich sehr verschiedene Stimmen zu Wort melden können:

Stimme A:

„Oh ja, toll, ich werde an die See fahren, surfen, in der Sonne liegen, faulenzen, ganz egal was heute im Büro los ist!"

Stimme B:

„Das kommt überhaupt nicht in Frage! Wenn das erst einmal einreißt ...! Beiß' gefälligst die Zähne zusammen! Erst die Arbeit, dann das Vergnügen!"

Stimme C:

„Pah, wenn ich an die Kollegen denke, die tun doch auch nichts! Und der Chef, wie der mich letzte Woche angemacht hat - da mache ich nicht mit, für die lege ich mich doch nicht krumm. Die sollen gefälligst selbst sehen, wie sie klar kommen!"

Stimme D:

„Aber wenn mich nun zufällig jemand sieht oder anruft, das könnte schlimme Folgen haben! Vielleicht sollte ich doch lieber zur Arbeit gehen. Ich werd's schon irgendwie hinter mich bringen!"

Stimme E:

„Allerdings hast du in letzter Zeit wirklich zuviel gerackert! Denk an deine Gesundheit! Es ist wichtig, dass du dir auch Ruhe und Entspannung gönnst! Du hast es verdient!"

Stimme F:

„Das stimmt tatsächlich! Wenn ich allerdings heute nicht hingehe, laufen so viele Sachen auf, dass ich hinterher um so mehr Mühe habe. Wenn ich's mir recht überlege, könnte ich den Freitag ganz frei schaufeln und mich das Wochenende über erholen!"

Wenn wir uns diesen Dialog genauer betrachten, entdecken wir sechs deutlich unterscheidbare, typische Stimmen, die in vielen anderen Dialogen mit uns selbst oder mit anderen eine Rolle spielen. Sie entsprechen den Ichzuständen, die - so das Modell der Transaktionsanalyse über die menschliche Persönlichkeit - bei jedem gesund entwickelten Erwachsenen vorhanden sind. Zunächst sind drei grundlegende Ichzustände zu unterscheiden.

Strukturmodell der menschlichen Persönlichkeit

Im Kindheits-Ichzustand (K) denken, fühlen und verhalten wir uns so, wie wir es als Kind konnten und taten. Dieses Potential ist immer noch in uns vorhanden - das berühmte „Kind im Mann" (oder in der Frau), das lacht und weint, intuitiv und kreativ denkt, spontan handelt, aber auch versucht, andere zu manipulieren.

Im Eltern-Ichzustand (EL) denken, fühlen und verhalten wir uns so, wie wir es bei unseren Eltern und anderen Autoritätspersonen erlebt haben, als wir noch Kinder waren. Diese Eindrücke (Anweisungen, Grundsätze, Normen, Regeln, Erlaubnisse etc.) haben wir gespeichert und verinnerlicht. Vieles davon haben wir so oder in abgewandelter Form in unser Repertoire übernommen und benutzen es in bestimmten Situationen fast automatisch und meist unreflektiert. Ein gutes Beispiel dafür ist die Tischregel, dass man Kartoffeln nicht mit dem Messer schneiden darf. Dies war damals, als Messer noch nicht rostfrei waren, durchaus angebracht. Heute, im Zeitalter Solinger Edelstahls, hat diese Regel ihren ursprünglichen Sinn verloren. Viele Menschen kennen den Grund gar nicht mehr, halten sich aber nach wie vor als Zeichen guten Benehmens daran, weil „man es eben so macht".

Der Erwachsenen-Ichzustand (ER) ist der Teil, mit dem wir im Hier und Jetzt die Realität erleben. Wir nehmen Informationen auf und verarbeiten sie, erkennen Zusammenhänge, wägen Wahrscheinlichkeiten ab, ziehen Schlussfolgerungen und treffen auf dieser Basis Entscheidungen. Im Erwachsenen-Ich verhalten wir uns überwiegend sachlich, logisch und konsequent. Wir beschreiben unsere Wahrnehmungen und erläutern Zusammenhänge ohne eigene Intention. Gerade dieser letzte Aspekt ist allerdings immer dann schwer aufrecht zu erhalten, wenn ich selbst involviert bin. Dies wiederum kann ich den anderen Beteiligten aus meinem Erwachsenen-Ich transparent machen.

Diese drei Ichzustände bilden die Grundstruktur unserer Persönlichkeit. Wie sie im Einzelnen ausgeprägt sind, wie wir welchen Ichzustand in bestimmten Situationen mit Energie besetzen und wie wir sie in der Kommunikation mit anderen benutzen, das macht die Einmaligkeit unserer Persönlichkeit aus.
Für die genauere Analyse der Kommunikation mit anderen benutzen wir ein differenzierteres Modell mit einer weiteren Unterteilung des Eltern- und Kindheits-Ichs, das funktionale Ichzustands-Modell.

Das funktionale Ichzustands-Modell

Das freie Kindheits-Ich (fK) ist der ursprünglichste und natürlichste Teil unserer Person, der zu Beginn unseres Lebens ganz im Vordergrund stand. Wenn wir im freien Kind agieren, sind wir in Kontakt mit unseren unmittelbaren Bedürfnissen und Gefühlen, folgen spontan unseren Impulsen und richten uns nicht nach den Erwartungen und Vorschriften anderer. Im freien Kind können wir kreativ und pfiffig, spielerisch und zärtlich, aber auch egoistisch und rücksichtslos sein.

Das angepasste Kindheits-Ich (aK) entwickeln wir ebenfalls schon in der frühen Kindheit, wenn wir mit Forderungen, Kontrolle, Ge- und Verboten der Autoritätspersonen konfrontiert werden und es lernen (müssen), unsere vitalen Impulse einzuschränken, um unser Überleben bzw. die für uns lebensnotwendige Zuwendung zu sichern. Im angepassten Kind befinden wir uns heute, wenn wir uns an den Erwartungen anderer (auch an den nur vermuteten oder den aus früherer Zeit verinnerlichten) orientieren und unsere eigenen Wünsche und Ideen zurückstellen.

Oft geht das damit einher, dass wir in gelernte, für uns typische Gefühlshaltungen hineingehen, die zur aktuellen Situation im Grunde nicht passen, z.b. übertriebene Ängstlichkeit, unangemessenes Schuldgefühl, Verwirrtheit, Weinerlichkeit, Unzulänglichkeitsgefühle, beleidigter Rückzug etc. Wir agieren nicht, sondern reagieren und überlassen die Initiative anderen. Wir stellen unser eigenes Licht unter den Scheffel und verbergen die wahren Bedürfnisse und kreativen Möglichkeiten des freien Kindes. Andererseits ist ein soziales Zusammenleben und ohne ein Mindestmaß an Anpassung schwer vorstellbar.

Auch im rebellischen Kindheits-Ich (rK) orientieren wir uns vorwiegend an den - tatsächlichen oder vermeintlichen - Forderungen anderer, nur tun wir gerade das Gegenteil des von uns Erwarteten. Das rebellische Kind ähnelt somit dem angepassten Kind in seiner Orientierung am Eltern-Ich, nur unter entgegengesetztem Vorzeichen. Es reibt sich permanent an oft nur vermeintlichen Autoritäten und wartet mit geballter Faust in der Tasche auf Gelegenheiten, es „denen" zu zeigen. Es tritt manchmal nur sehr verhüllt auf, z.B. bei passiv-aggressivem Verhalten, meist aber mit sehr viel Power. Es bringt dadurch bisweilen auch produktive Prozesse in Gang, etwa wenn es darum geht, sich gegen eine Abwertung eigener Fähigkeiten zur Wehr zu setzen. Allerdings müssen im weiteren Verlauf dann noch andere Ichzustände hinzukommen. Allzu oft aber bewirkt das rebellische Kind lediglich eine Verhärtung der Fronten.

Das kritische Eltern-Ich (kEl) greift mit Zurechtweisungen, Verboten, Drohungen sowie mit Vorurteilen und Abwertungen ins Geschehen ein und duldet keine weitere Diskussion. Im kritischen Eltern-Ich halten wir andere Personen häufig durch Einschüchterung auf Distanz und unter Kontrolle. Andererseits sorgen wir unter anderem mit dem kritischen Eltern-Ich für eine Aufrechterhaltung von Regeln und Normen und stoppen ggf. destruktives Verhalten bei uns selbst und anderen. Man nennt diesen Ichzustand daher bisweilen auch das normative Eltern-Ich. Das ist neutraler formuliert und wird den positiven Aspekten des kritischen Eltern-Ichs eher gerecht.

Ein allzu massives kritisches Eltern-Ich ist der Nährboden für das Entstehen eines ausgeprägten rebellischen Kindes, das glaubt, sich nur durch Widerstand und Opponieren behaupten zu können. Auch bei erwachsenen Menschen verhaken sich diese beiden Ichzustände oft in-

einander, wobei beide Seiten ihre Anstrengungen um so mehr verstärken, je mehr die jeweils andere Seite dagegenhält. („Der ist so verbockt, da hilft nur massiver Druck." - „Von dem alten Stinker lasse ich mich schon gar nicht klein kriegen. Dem werde ich's zeigen.")
Vielfach erscheint ein machtvolles kritisches Eltern-Ich dem Gegenüber jedoch so bedrohlich, dass die Reaktion eher aus dem ängstlich sich duckenden angepassten Kind kommt. Häufig verbirgt sich hinter einem bedrohlich wirkenden kritischen Eltern-Ich selbst ein ängstlich-angepasstes Kind, das glaubt, keine Schwäche eingestehen zu dürfen.

Das nährende Eltern-Ich (nEL) dagegen zeigt Eigenschaften und Verhaltensweisen, wie sie exemplarisch eine fürsorgliche Mutter ihrem Kleinkind gegenüber entfaltet: Fürsorge, Schutz, Unterstützung, Hilfe, Lob, Ermutigung, Besänftigung. Das sind wertvolle Eigenschaften, die in vielen Situationen unverzichtbar sind und meist auch von anderen sehr geschätzt werden. Allerdings kann das nährende Eltern-Ich auch eingesetzt

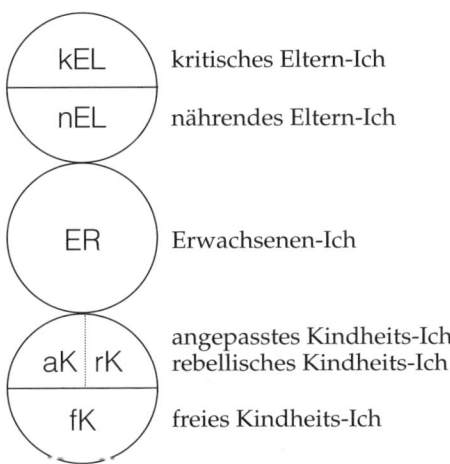

Das funktionale Ichzustands-Modell

werden, um andere klein zu halten und abhängig zu machen oder um Auseinandersetzungen und Konflikte zu vermeiden bzw. vorschnell zu harmonisieren. Auch bei diesem Harmoniestreben kommt die Energie nicht selten aus der Angst des angepassten Kindes vor Konflikten. So verfügt jeder Ichzustand über konstruktive, aber auch problematische Seiten, je nach dem, in welchem Kontext und mit welcher Zielrichtung er eingesetzt wird. Ein Selbst-Bewusstsein darüber herzustellen ist eine große Hilfe in der Kommunikation mit anderen und sich selbst.

> Jeder Ichzustand hat konstruktive, aber auch problematische Seiten, je nach dem, in welchem Kontext er eingesetzt wird.

Wenn Sie sich jetzt noch einmal das Beispiel vom Beginn dieses Kapitels ansehen, so werden Sie entdecken, dass es diese sechs Ichzustände gewesen sind, die sich in dem inneren Dialog zu Wort gemeldet haben:

- Das freie Kind wollte Spaß haben, ohne die Folgen zu bedenken.

- Das kritische Eltern-Ich fuhr maßregelnd dazwischen.

- Das rebellische Kind schob den anderen die Verantwortung zu und stellte sich einen Freibrief aus.

- Das angepasste Kind bekam ein wenig „Schiss" und wollte sich lieber fügen oder durchmogeln.

- Das nährende Eltern-Ich ergriff fürsorglich Partei.

- Das Erwachsenen-Ich gewichtete die verschiedenen Aspekte und suchte einen angemessenen Weg.

Ähnliche Verhandlungen mit sich selbst kennen Sie vermutlich auch. Die Betrachtungsweise der TA ermöglicht es, solche bisweilen recht komplizierten Entscheidungsfindungen bewusster und klarer zu vollziehen und Spaß, Verantwortlichkeit und Effektivität gut miteinander zu verbinden.

Merkmale der Ichzustände

Bei der folgenden Übersicht handelt es sich um keine erschöpfende
Darstellung, sondern lediglich um Hinweise, die eine Vorstellung von
den verschiedenen Ausdrucksformen der Ichzustände vermitteln sollen.

Das kritisch-normative Eltern-Ich (kEL)

Einstellung, Verhalten	Kommunikationsstil	Körper, Mimik, Stimme
traditionsbewusst prinzipientreu verantwortlich überlegen misstrauisch besserwisserisch autoritär rigide	Man, wir, das, es ... Es muss, soll, darf ... Nie, ständig, wieder mal Auf der Stelle ... Das macht man nicht! Wir sind doch wohl alle der Meinung ... Das ist ja lächerlich! Das weiß doch jeder! Das musste ja so kommen! Wie konnten Sie nur! Wir wollen doch alle ...	Hände in die Hüften gestemmt erhobener Zeigefinger Faust auf den Tisch aufgerichtet gerade korrekt bis steif hochgezogene Augenbrauen verdrehte Augen Blick von oben herab gerunzelte Stirn Kopfschütteln Naserümpfen
Ich bin okay, die Anderen machen Fehler.		
anweisen für Ordnung sorgen Grenzen setzen Vorschriften machen kontrollieren konfrontieren kritisieren tadeln zurecht weisen Vorwürfe machen moralisieren abwerten	Vermeidung von „Ich" Verallgemeinerungen Redensarten mahnende Sprichworte moralisierende Kommentare rhetorische Fragen vereinnahmend knappe Anweisungen überdetaillierte Erläuterungen dazwischen fahrend enge Vorgaben	scharfe Stimme kurz und bündig

Das fürsorglich-nährende Eltern-Ich (nEL)

Einstellung, Verhalten	Kommunikationsstil	Körper, Mimik, Stimme
Harmonie schätzend liebevoll zugewandt gefühlsorientiert ausgleichend unterstützend fürsorglich nachsichtig (über-) verantwortlich gönnerhaft vorsichtig sorgenvoll	Prima, sehr hübsch, gut gemacht ...! Mein Lieber! Sie Ärmste! Wie geht es uns denn? Das kriegen wir schon hin! Kann ich Ihnen helfen? Was brauchen Sie noch? Was wünschst du dir? Ist das auch nicht zu viel für Sie?	Zugewandt vorgebeugt zunickend Kopf schräg gestellt geöffnete Arme und Hände anderen übers Haar streichen gebeugt
Ich bin okay, die Anderen brauchen meine Unterstützung.	Wir wollen doch nicht ... Lassen Sie nur, ich mache das schon! Keine Sorge! Das wird schon wieder!	leise Stimme melodisch Sing-Sang
Ermutigen loben helfen entlasten Verständnis zeigen integrieren sich Sorgen machen mitfühlen Schutz geben in Schutz nehmen trösten für andere sorgen sich abrackern moralisieren	einfühlsam weich Anteil nehmend nachfragend harmonisierend beruhigend beschwichtigend es anderen recht machend seufzend	

Das Erwachsenen-Ich (ER)

Einstellung, Verhalten	Kommunikationsstil	Körper, Mimik, Stimme
nüchtern	W-Fragen: Wer, wann,	aufrechte Haltung
sachlich	wo, was, wie, wozu,	klarer, gerader Blick
realitätsbezogen	warum ...	offene Augen
aufgeschlossen	Worum geht es?	Blickkontakt
objektiv	Wie funktioniert das?	flexibel
genau	Was sind die Fakten?	
logisch	Was folgt daraus?	sachliche Stimme
rational	Ich denke ...	ausgeglichen
unvoreingenommen	Mir fällt auf ...	gleichmäßig
unbestechlich	Ich fasse zusammen ...	
aufgeschlossen	Meiner Meinung nach ...	
interessiert	Soweit ich sehe ...	
beobachtend	Wie können Sie das	
prüfend	erreichen?	
konzentriert	Dafür ist es wichtig,	
nicht intentional	nötig, hilfreich ...	
eher gefühllos		
	zusammen fassend	
Ich bin okay,	auf Wahrnehmungen	
die Anderen auch.	bezogen	
	von einem Meta-	
Informationen	Standpunkt aus	
sammeln	zielstrebig	
beobachten	ergebnisorientiert	
nachfragen	leidenschaftslos	
Ursachen erforschen	knapp	
verknüpfen	zum Punkt	
in Beziehung setzen	präzise	
Folgerungen ableiten	konzentriert	
Hinweise geben	differenziert	
Möglichkeiten erörtern	korrekt	
Schritte planen	anwendungsorientiert	
organisieren		
anweisen		
erläutern		
aufmerksam machen		
sachlich kritisieren		
auf Folgen hinweisen		

Das freie Kindheits-Ich (fK)

Einstellung, Verhalten	Kommunikationsstil	Körper, Mimik, Stimme
Ich-orientiert	Wow!	Beweglich
emotional	Klasse!	lebendig
bedürfnisorientiert	Super!	voller Energie
genießerisch	Ich will (nicht) ...!	aufgeweckt
lustvoll	Komm!	entspannt
spontan	Los!	wache, leuchtende
sprunghaft	Ich bin sauer ...!	Augen
hemmungslos		offener Mund
	sehr viel „Ich"	bewegliche Arme
Ich bin okay, die	kurze Sätze	
Anderen auch – wenn	rasches Sprechtempo	gefühlsbetonte Stimme
sie mitmachen.	gefühlsbetont	hell, laut, frei
	farbige, bilderreiche	energisch
sich begeistern	Sprache	expressiv
andere mitreißen		reich an Modulationen
spontan agieren		
neugierig sein		
sich hingeben		
sich freuen		
sich ärgern		
weinen oder lachen		
Energie entfachen		
Ungewöhnliches tun		
Neues erfinden und		
ausprobieren		
andere für sich		
vereinnahmen		

Das rebellische Kindheits-Ich

Einstellung, Verhalten	Kommunikationsstil	Körper, Mimik, Stimme
aufmüpfig im ständigen Widerspruch immer dagegen übertrieben selbstbewusst aufsässig	Wozu das? Ist mit doch egal! Pah! Von wegen ...! Wieso ich? So'n Quatsch! Ich denke nicht daran! Das lasse ich mir nicht gefallen! So nicht! Das geht Sie doch gar nichts an!	zurückgelehnt verschlossene Mimik und Gestik Kinn und Unterlippe vorgeschoben Arme verschränkt Faust geballt hingelümmelt mit dem Fuß aufstampfen Grimassen schneiden
Ich bin okay, das werde ich ihnen schon zeigen. (Darunter: Ich bin nicht okay – aber darum gerade ...)		
widersprechen angreifen bloßstellen herausfordern kämpfen immer auf der Hut sein sich verweigern aufbegehren beharren in Frage stellen bestreiten	erst mal „Nein" sagen alles negativ definieren in Abgrenzung von ... viele kurze Einwürfe (latent) aggressiv	trotzige Stimme fordernd mürrisch grummelnd laut

Das angepasste Kindheits-Ich

Einstellung, Verhalten	Kommunikationsstil	Körper, Mimik, Stimme
Ängstlich unsicher sorgenvoll vorsichtig untertänig sich unterordnend fatalistisch schuldbewusst beschämt schüchtern höflich beflissen sich abhängig fühlend autoritätshörig ohne eigene Meinung opportunistisch Ich bin nicht okay, die Anderen können oder wissen immer alles besser. zuvorkommend sein vorauseilender Gehorsam abwarten genau beobachten, was andere tun an den Lippen hängen auf Vorgaben warten sich nach anderen bzw. nach der Macht richten sich anpassen sich zurückziehen schmollen	Bitte? Vielen Dank! Dürfte ich vielleicht ... Ohh ... Schade ... Ich weiß nicht ... Ich traue mich nicht ... Ich kann das ... nicht. Wenn Sie meinen ... Ich könnte ja mal versuchen ... Immer ich ... Ja - aber ... Das ist so gemein! passiv defensiv viele Fragen ausweichend zögernd monoton viel im Konjunktiv und Konditionalis abgebrochene Sätze auf Bestätigung wartend	geduckte Haltung hängende oder hochgezogene Schultern gefaltete oder versteckte Hände verschränkte Arme und Beine angespannter, gesenkter Blick verschlossen aufgerissene Augen viel Nicken, Kopfschütteln, Achselzucken leise, gepresste Stimme monotone Sprachmelodie demütig zerknirscht weinerlich leise sanft bettelnd quengelig

Diagnose der Ichzustände

Wie im internen Dialog, so spielen unsere Ichzustände auch in der Kommunikation mit anderen eine entscheidende Rolle. Was wir durch genaue Selbstbeobachtung erkennen können, wird auch für andere hör- und sichtbar. Eric Berne betonte, die Ichzustände seien nicht theoretische Konstrukte, sondern - im Unterschied zu dem Modell der Psychoanalyse mit seinen Instanzen Über-Ich, Ich und Es – erlebbare, beobachtbare Realitäten. Wenn Sie sich in den verschiedenen Bereichen Ihres alltäglichen Erlebens umschauen, werden Sie unschwer Belege dafür finden, mit welchen Ichzuständen die Menschen in Ihrer Umgebung und Sie selbst (!) in bestimmten Situationen vorzugsweise agieren und wie andere darauf reagieren.

> Ichzustände sind keine theoretischen Konstrukte, sondern erlebbare, beobachtete Realitäten.

Um einen Blick für die typischen Merkmale der Ichzustände und deren Zusammenspiel in der Kommunikation mit anderen zu bekommen, können Sie eine Gesprächssituation aus Ihrem alltäglichen Umfeld (z.B. eine Dienstversammlung) einmal unter dem Blickwinkel des Ichzustands-Modells beobachten. Dabei sind folgende Fragen nützlich:

• Was sagt oder tut jemand? Welche nonverbalen Signale vermittelt die Person dabei? Für welchen Ichzustand spricht das?

• Welche innere Reaktion auf dieses Verhalten spüren Sie bei sich selbst? Welchem Ichzustand entspricht das?

• Wie reagieren Sie tatsächlich? Welchem Ichzustand entspricht das?

Was Sie dabei über sich und andere lernen, sollten Sie freilich nicht dazu benutzen, anderen als Schlaumeier ihre neuentdeckte „Wahrheit" ins Gesicht zu sagen. Nutzen Sie statt dessen solche Gelegenheiten, um Ihre Wahrnehmung zu schärfen und eine neue Sichtweise zum Verstehen von Kommunikation zu erproben.

Verhaltensdiagnose

Durch unser Verhalten zeigen wir, in welchem Ichzustand wir sind. Dazu gehört der Inhalt dessen, was wir sagen, aber auch Wortwahl, Satzbau, Redeweise und darüber hinaus die nonverbalen Signale wie Klang und Modulation der Stimme, Mimik, Gestik und Körperhaltung. Die oben aufgeführte Übersicht enthält zu jedem Ichzustand einige typische Merkmale aus diesen Bereichen. Sie kann eine Hilfe bei der Wahrnehmungsschulung sein, sollte aber nicht als Checkliste zum Einsortieren in Schubladen missverstanden werden.

Soziale Diagnose

Eine zweite Möglichkeit ist die soziale Diagnose. Sie beruht darauf, dass der Ichzustand, den wir benutzen eine Art Sogwirkung auf die Menschen hat, die mit uns in Beziehung stehen. Auf bestimmte Ichzustände sprechen die Anderen mit den komplementären Ichzuständen an. So lockt das freie Kind in der Regel das freie Kind anderer Menschen („Lachen steckt an", „mitreißender Humor"), oder - wenn's ein unpassender Augenblick ist - auch das kritische Eltern-Ich. Dieses verhakt sich allzu gern mit dem rebellischen Kind oder fördert das angepasste Kind zutage, kaum je dagegen das Erwachsenen-Ich - die große Selbsttäuschung ganzer Heerscharen von strengen Vätern, Lehrern und Vorgesetzten! („Nun denken Sie doch gefälligst einmal nach!") Mit dem hilflosen angepassten Kind können wir leicht das nährende Eltern-Ich geeigneter Personen hervorlocken. Eine klare ER-Botschaft bietet eine gute Chance, dass auch die Angesprochenen ihr Erwachsenen-Ich mit Energie besetzen, selbst wenn sie sich vorher in einem anderen Ichzustand befanden.

Aus dem Ichzustand, der in mir angesprochen wird, kann ich darauf schließen, welchen Ichzustand die andere Person benutzt.

Aus diesen Hinweisen, die wir im Kapitel über Transaktionen vertiefen und mit Beispielen aus der Praxis ergänzen werden, resultiert natürlich auch, dass ich aufgrund des Ichzustands, der in mir durch das Verhalten anderer angesprochen wird, Rückschlüsse auf den momentanen Ichzustand der betreffenden Person ziehen kann. Wenn ich am liebsten mit dem rebellischen Kind lospowern möchte, obgleich das für mich eher untypisch ist, kann es gut angehen, dass mein Gegenüber mich aus dem kritischen Eltern-Ich angesprochen hat. Oder wenn ich merke, wie ich ungewohnt stark mit meinem nährenden Eltern-Ich anspreche, reagiere ich vermutlich auf den Appell eines schutzsuchenden angepassten Kindes.

Persönlichkeitsprobleme

Mit den Kategorien der Ichzustände kann man sich eine geistig und seelisch reife Persönlichkeit so vorstellen, dass sie das volle Potential aller Ichzustände zur Verfügung hat und situationsbezogen den jeweils angemessenen Ichzustand benutzen kann. Aus diesem Ichzustand heraus erlebt sie die Situation und steuert ihr Verhalten, während die anderen Ichzustände sozusagen assistierend im Hintergrund mitwirken und jederzeit auf Abruf verfügbar sind. Sie ist fähig zu angemessener Konstanz in einem Ichzustand und, wenn es die Situation nahe legt, zu spontaner Flexibilität, also zum Umschalten auf einen anderen Ichzustand.

Ein Beispiel: Eine Erzieherin spielt mit einer Gruppe von Kindern. Sie plant ein Spiel, bereitet es vor und beginnt damit. Sie benutzt also ihr ER unter Hinzuziehung des EL und fK. Dann spielt sie mit den Kindern, ist mit Spaß ganz dabei. Ihr freies Kind ist im Vordergrund. Zugleich nimmt sie aber mit dem ER wahr, was geschieht, und prüft mit dem EL, ob das für die Kinder gut ist. Falls jemand zu Schaden kommen könnte, greift sie sofort ein. Dann wäre das EL der ausführende Ichzustand. Falls Verwirrung entsteht, gibt sie mit dem ER klärende Informationen.

Die Beschreibung einer gewissermaßen idealen Persönlichkeit mag ein wenig schematisch erscheinen. Es ist wichtig, sich an die Einmaligkeit und Unverwechselbarkeit jedes Individuums zu erinnern. Die Art, wie jemand seine Ichzustände ins Spiel bringt, und das Temperament, mit dem die Ichzustände besetzt und gewechselt werden, ist so vielfältig, wie es Menschen gibt.

Alle geistig und seelisch gesunden Menschen haben freilich Trübungen in dem einen oder anderen Bereich. Darunter verstehen wir Überlagerungen des Erwachsenen-Ichs durch Fehlinformationen aus dem Kindheits- oder Eltern-Ich. Unter Trübungen aus dem Kindheits-Ich verstehen wir zum Beispiel Wunschdenken, Illusionen, unangemessene Ängste. Bei Menschen mit schweren seelischen Störungen steigert sich dies bis hin zu Phobien, Halluzinationen und Wahnideen. Trübungen aus dem Eltern-Ich äußern sich als Vorurteile und Verallgemeinerungen, die als informativ-sachliche Feststellungen angesehen und ausgegeben werden. Sie beruhen auf verinnerlichten Aussagen von Eltern oder anderen prägenden EL-Figuren bzw. auf Resümees von Ereignissen, die nicht mit dem Erwachsenen-Ich auf ihre heutige Gültigkeit hin überprüft wurden.

So verbreitet und normal Trübungen einerseits sind, so hinderlich können sie doch sein, wenn sie den Blick auf das, was im Hier und Jetzt stattfindet, nachdrücklich verstellen. Deshalb ist in der Gesprächsführung und noch stärker in der Beratung Enttrübungsarbeit ein wesentlicher Bestandteil der Auseinandersetzung mit Problemen. Nicht alle Trübungen müssen konfrontiert werden, da wir doch offenbar in manchen Bereichen gut mit ihnen leben können. Vielmehr sollten wir uns auf diejenigen beschränken, die uns selbst zu schaffen machen oder zu Konflikten mit anderen führen.

Daneben gibt es schwerer wiegende Persönlichkeitsprobleme, die in vielen Abstufungen auftreten können - von vorübergehenden und situationsabhängigen Störungen bis hin zu fortdauernden Beeinträchtigungen des gesamten Kommunikationsverhaltens. Mit Aspekten des Ichzustands-Modells lassen sie sich folgendermaßen beschreiben:

Ein Mangel an Struktur und Konstanz in der Benutzung der Ichzustände: die Person pendelt rasch zwischen verschiedenen Ichzuständen hin und her, kann sich nicht einlassen und dabeibleiben.

Ein schleppendes Umschalten von einem Ichzustand zum anderen, während die Situationen und Stimuli längst gewechselt haben, bildet den Gegensatz dazu.

Die Verfestigung eines bestimmten Ichzustands, der vorzugsweise oder ausschließlich benutzt wird, wobei alles, was nicht zu diesem Ichzustand passt, umgedeutet oder ausgeblendet wird.

Der Ausschluss eines Ichzustands, der nicht benutzt wird und - ohne tiefere Persönlichkeitsarbeit - auch nicht zugänglich ist.

Ein Konflikt zwischen mehreren Ichzuständen mit widersprüchlichen Meinungen, Gefühlen und Verhaltensweisen; auch hier reicht die Spanne von alltäglichen inneren Spannungen und Konflikten, wie wir sie alle kennen, bis hin zu schweren pathologischen Störungen (Dissoziationen, Persönlichkeitsspaltungen).

Für die Gesprächsführung ist es günstig, solche Beeinträchtigungen der Ichzustande wahrzunehmen, aber behutsam und situationsangemessen mit diesen Erkenntnissen umzugehen.

Dabei kann es sinnvoll sein,

- ein rigides Benutzen der Ichzustände bzw. einen Mangel an Konstanz anzusprechen, um zu mehr Flexibilität oder Konstanz einzuladen,

- gravierende Probleme in der Ausprägung der Ichzustände nicht als solche zu thematisieren, sondern, falls ein entsprechendes Vertrauensverhältnis besteht, der betreffenden Person eine therapeutische Beratung nahezulegen.

Wir möchten ausdrücklich davor warnen, andere Menschen mit Hilfe des Ichzustands-Modells in Schubladen einzusortieren oder ihnen Etiketten zu verpassen. Das Modell bietet interessante Verstehensmöglichkeiten, aber der lebendige Mensch ist differenzierter, vielfältiger und schöner, als es je ein psychologisches Modell widerspiegeln könnte!

In manchen Situationen begegnen uns andere Menschen so, dass wir nicht ihre Gesamtpersönlichkeit kennen lernen. Auch wenn wir die Betreffenden sehr reduziert erleben, so haben sie dennoch das Potential der anderen Ichzustände zur Verfügung und werden es unter anderen Umständen vielleicht auch entfalten.

Eine besserwisserische oder gar verfolgerische Konfrontation mit dem, was wir sehen, ist niemals nützlich. Sie würde nur andere gegen uns aufbringen und dem Ziel einer besseren, menschlicheren Kommunikation Schaden zufügen.

> Das Ichzustands-Modell sollte nicht dazu benutzt werden, andere Menschen in Schubladen zu sortieren.

Die produktiven Ichzustände

Aus dem bisher Gesagten wird deutlich, dass wir einige Ichzustände für die Praxis der Gesprächsführung stärker favorisieren als andere. Wenn Sie sich an eine problemorientierte Gesprächssituation erinnern, die Sie als konstruktiv und emotional befriedigend für sich selbst und die anderen Beteiligten betrachten, so werden Sie vermutlich feststellen, dass es vor allem drei Ichzustände gewesen sind, die das Gespräch am Ende geprägt haben: das nährende Eltern-Ich, das Erwachsenen-Ich und das freie Kindheits-Ich. In der Tat sind es vor allem diese Ichzustände, die immer dann, wenn es um Konfliktbewältigung, Kooperation, Konsensfindung oder um eine persönliche Entscheidung geht, besonders wünschenswert und effektiv sind. Wir nennen sie daher die produktiven Ichzustände.

> Konstruktive Gespräche werden vor allem von drei Ichzuständen geprägt: dem nährenden Eltern-Ich, dem Erwachsenen-Ich und dem freien Kindheits-Ich.

Zugleich betonen wir aber, dass alle Ichzustände in bestimmten Situationen wichtig und nützlich sein können, zum Beispiel wenn es darum geht, destruktives Verhalten aus dem kritischen Eltern-Ich zu bewerten, sich einer Gemeinschaft aus dem angepassten Kind heraus unterzuordnen oder einer Missachtung und übermäßigen Bevormundung mit dem rebellischen Kind zu begegnen.

Andererseits können auch die produktiven Ichzustände bisweilen unangemessen bzw. - wenn sie übertrieben eingesetzt werden - sogar kontraproduktiv sein. Letztlich haben also alle Ichzustände in bestimmten Situation ihren Wert. Wenn sie überakzentiert sind, können sie alle aber auch nachteilige Wirkung haben.

Angelehnt an eine Darstellung von Kälin und Müri haben wir die Vor- und Nachteile zusammengestellt, die es haben kann, wenn ein bestimmter Ichzustand besonders stark oder sehr schwach ausgeprägt ist:

Vor- und Nachteile der Ichzustände

Das kritisch-normative Eltern-Ich (kEL)

	stark ausgeprägt	schwach ausgeprägt
+	kann in Notsituationen entscheiden bringt sinnvolle Normen zur Geltung sorgt für Struktur, Disziplin und Ordnung	wirkt nicht autoritär ist flexibel, nicht festgefahren offen für andere Meinungen
-	lehnt Neues eher ab, intolerant reagiert mit Aggression und Macht fördert ein Klima von Anpassung, Risikoscheu und Intrige	Ineffektiv wenig bestimmt lädt zur Manipulation ein

Das fürsorglich-nährende Eltern-Ich (nEL)

	stark ausgeprägt	schwach ausgeprägt
+	hat viel Verständnis schafft ein Klima von Akzeptanz und Sicherheit fördert Hilfsbereitschaft und gegenseitige Unterstützung	lässt andere machen kann gut delegieren gibt Raum für Entfaltung
-	erhindert Selbständigkeit, macht andere von sich abhängig, hält sie klein durch Überfürsorglichkeit vermeidet nötige Konfrontation	zeigt wenig Verständnis lobt wenig ist sehr auf sich bezogen lässt andere im Stich

Das Erwachsenen-Ich (ER)

	stark ausgeprägt	schwach ausgeprägt
+	geht Ursachen auf den Grund trifft / hält sich an Vereinbarungen löst Konflikte durch Kooperation	keine Vorteile
-	zeigt wenig Gefühle wirkt kontrollierend tut nichts für eine gute Beziehungskultur	lernt nicht aus Erfahrungen viele Vorurteile und Phantasien statt Realitätsbezug keine Metakommunikation

Vor- und Nachteile der Ichzustände

Das freie Kindheits-Ich (fK)

stark ausgeprägt	schwach ausgeprägt
+ Phantasievoll , locker, charmant animiert zu Kreativität und Mut fördert ein Klima von Energie und Unternehmungslust	wirkt ruhig bleibt eher realitätsnah
- impulsiv, flippt aus, hebt ab fördert ein Klima von Chaos, Rücksichtslosigkeit und Ellenbogenmentalität	zeigt kaum Gefühle zurückhaltend, unlebendig fördert ein Klima von Lustlosigkeit und Langeweile

Das angepasste Kindheits-Ich (aK)

stark ausgeprägt	schwach ausgeprägt
+ nimmt Rücksicht auf andere kann auf Kompromisse eingehen hält sich an Normen und Richtlinien	steht zur eigenen Meinung lässt sich kaum bestechen richtet sich nicht nach anderen
- Überangepasst zieht sich schnell zurück hat Angst, etwas falsch zu machen gibt schnell nach, resigniert früh	undiplomatisch, unhöflich wenig kompromissfähig fügt sich in Abläufe schwer ein hält sich nicht an Regeln

Das rebellische Kindheits-Ich (rK)

stark ausgeprägt	schwach ausgeprägt
+ geht eigene Wege wehrt sich gegen Unterdrückung und Abwertung deckt Widersprüche auf bringt Veränderung in Gang	Fähig zur Rücksichtnahme und Einordnung lässt sich auf Kompromisse ein
- kaum kompromissfähig verzehrt unproduktiv Energie keine positiven Alternativen	gibt schnell nach zieht sich schnell zurück

Weiterentwicklung des eigenen Persönlichkeitsstils

Wenn mir eigene Probleme in der Kommunikation mit anderen deutlich werden, kann ich daran arbeiten, meine Wahlmöglichkeiten zu erweitern und mehr Alternativen herauszufinden. Konkret wird das heißen, die produktiven Ichzustände stärker zu entwickeln. Wenn mir dies gelingt, werden im gleichen Maße diejenigen Ichzustände, mit denen ich mir und anderen bisher das Leben schwer gemacht habe, in den Hintergrund treten. Beispiel: Wenn ich es lerne, mich selbst zu akzeptieren, mein freies Kind zu zeigen, Kontakt zu suchen und zu genießen, Zuwendung anzunehmen und zu geben, werde ich es nicht mehr nötig haben, mit dem kritischen Eltern-Ich andere herunterzuputzen, um sie von meinem eigenen Unzulänglichkeitsgefühl abzulenken und auf Distanz zu mir zu halten.

An der eigenen Persönlichkeit zu arbeiten ist allen Beraterinnen und Pädagogen sehr zu empfehlen.

Eine Auseinandersetzung mit der eigenen Persönlichkeit ist allen, die mit anderen Menschen pädagogisch oder in Beratungssituationen arbeiten, sehr zu empfehlen. Dabei kann es nötig sein, Begleitung und Hilfe durch eine kompetente Person, beispielsweise im Rahmen einer Supervision, in Anspruch zu nehmen.

Entscheidungsfindung in Problemsituationen

Das Ichzustands-Modell ist ein vorzügliches Mittel, um für sich selbst verworrene Situationen im nachhinein zu klären, Schwierigkeiten besser zu verstehen und Entscheidungen bewusster und ausgewogener zu treffen. Vergleichen Sie dazu auch das Kapitel „Das konstruktive Selbstgespräch".

Um die Betrachtung eigenen Verhaltens mit Hilfe der verschiedenen Ichzustände für die Klärung anstehender Entscheidungsfragen zu nutzen, können Sie sich ein aktuelles Problem oder eine Entscheidungsfrage vornehmen und alles, was Ihnen von den verschiedenen Ichzuständen her einfällt, aufschreiben und anschließend ordnen. Als Anregung dazu können Sie folgende Fragen benutzen:

Kindheits-Ich

Was lockt mich? Was würde mir Spaß machen?
Wozu habe ich keine Lust?
Was macht mir Angst, Sorge, was traue ich mich nicht zu tun?
Wogegen spüre ich Auflehnung?

Eltern-Ich

Was würden meine Eltern dazu sagen?
Welche moralischen und ethischen Grundsätze fallen mir ein?
Worauf muss ich unbedingt achten, was darf ich auf keinen Fall tun?
Was täte mir - und anderen, die mir wichtig sind - gut?
Welche negativen Folgen wären denkbar?
Wie kann ich sie vermeiden?

Erwachsenen-Ich

Welche Fakten und Daten sind bei diesem Thema zu berücksichtigen?
Wer kann mir wichtige Informationen dazu liefern?
Welche Alternativen gibt es?
Welche Konsequenzen hätte die verschiedenen Alternativen?

Wenn Sie alles, was Ihnen zu diesen Fragen einfällt, aufgeschrieben haben, können Sie mit Ihrem Erwachsenen-Ich die einzelnen Felder sichten und die Aspekte gewichten. Vielleicht werden Sie feststellen, dass einige Ichzustände zu Ihrer Frage besonders viel und andere kaum etwas zu sagen hatten oder sogar stumm geblieben sind. Dann könnte es sich lohnen, weiter zu machen, um den unterrepräsentierten Ichzuständen nachträglich Sprache zu verleihen.

Bei der Einschätzung ist es besonders wichtig, die aus der Sicht Ihres Kindheits-Ichs bedeutsamen Punkte ernst zu nehmen, auch wenn sie „nur" auf Gefühlen beruhen. Es kann problematisch sein, gegen ein Zögern oder die offensichtliche Unlust Ihres freien Kindes eine Entscheidung zu treffen. Seine Energie würde als Motor fehlen.

Bei den Äußerungen aus Ihrem Eltern-Ich ist es wichtig, zu prüfen, was Sie selbst heute für relevant halten. Schließlich können Sie eine Entscheidung mit Ihrem Erwachsenen-Ich treffen, bei der ihr freies Kind mitzieht und die mit den Grundsätzen ihres Eltern-Ichs in Einklang steht.

Anregungen zur Selbstreflexion

Aus welchen Ichzuständen kommunizieren Sie im privaten bzw. beruflichen Bereich besonders häufig oder eher selten?

Die verschiedenen Ichzustände werden sowohl in der Kommunikation mit anderen als auch im inneren Dialog wirksam. Welche Ichzustände dominieren häufig in Ihrem inneren Dialog? Was wird hier im Vergleich zur Antwort auf die vorige Frage deutlich?

Vergegenwärtigen Sie sich je eine Person, mit der Sie eher Probleme haben bzw. mit der Sie gut auskommen: Welche Ichzustände benutzen die Betreffenden Ihnen gegenüber im wesentlichen? Mit welchen Ichzuständen reagieren Sie jeweils?

Überprüfen Sie im Blick auf die Antworten zu den Fragen 1 und 2, inwieweit die produktiven Ichzustände (nEL, ER, fK) präsent sind.

Praktische Hinweise:

Wenn ich mit Hilfe des Ichzustands-Modells die Kommunikation mit anderen besser verstehen und gestalten will, ist es sinnvoll,

- wahrzunehmen und zu verstehen, was weshalb wie läuft;
- zu überlegen, welche Alternativen es gibt und was ich selbst anders machen kann;
- nach Möglichkeit selbst ein lebendiges, vielfältiges und ganzheitliches Modell der Ichzustände zu zeigen;
- im Kontakt mit anderen die produktiven Ichzustände einzusetzen;
- andere nur dann mit ihrem Verhalten zu konfrontieren, wenn ich mit ihnen darüber einen Vertrag habe oder es meine Aufgabe ist;
- das Ichzustands-Modell in der Meta-Kommunikation mit anderen nur zu benutzen, wenn sie Offenheit und Interesse signalisieren;
- andere mit dem Ichzustands-Modell nicht in Schubladen einzusortieren und ihnen keine Etiketten zu verpassen;
- andere nicht „therapieren" zu wollen, sondern ihnen – wenn sie dafür offen sind – einen entsprechenden Vorschlag zu machen;
- lieber den Kontakt zu reduzieren, wenn keine Verbesserung der Beziehung möglich erscheint.

Transaktionen

Die TA heißt nicht zufällig Transaktions-Analyse. Berne wollte mit dieser Benennung betonen, dass sie ihr Hauptaugenmerk auf den Austausch in der Kommunikation zwischen den Menschen richtet - im Unterschied zur Psycho-Analyse, die zuallererst das Seelenleben des Einzelnen untersucht. Die Analyse von Transaktionen basiert auf dem Ichzustands-Modell und bietet ein sehr anschauliches Instrument zur Beschreibung, Erklärung und bewussteren Gestaltung der zwischenmenschlichen Kommunikation.

Der Begriff Transaktion bezeichnet die kleinste vollständige Kommunikationseinheit. Sie besteht aus einem Stimulus (einer Bemerkung, einer Frage, einem Minenspiel etc.) sowie der darauf folgenden Reaktion und umfasst sowohl die verbalen wie auch die nonverbalen Aspekte der Kommunikation. Ein Gespräch besteht somit aus einer Vielzahl unterschiedlicher Transaktionen zwischen den einzelnen Ichzuständen der beteiligten Personen.

Es gibt dabei drei Grundmuster von Transaktionen, die wir im Folgenden beschreiben und an Beispielen verdeutlichen.

Dies sind:

1. Komplementäre (parallele) Transaktionen

2. Gekreuzte Transaktionen

3. Verdeckte Transaktionen

Auf die Sonderfälle blockierende Transaktionen und tangentiale Transaktionen werden wir im Kapitel Passivität näher eingehen.

Komplementäre (parallele) Transaktionen

Wenn ein Mensch mit einem anderen kommuniziert, enthält sein Eröffnungszug - der Stimulus - zugleich auch eine Information darüber, wie der Angesprochene reagieren soll. Der Stimulus kommt aus einem Ichzustand und richtet sich an einen ganz bestimmten Ichzustand des Gesprächspartners. Nimmt dieser die Einladung an und reagiert, wie erwartet, mit dem angesprochenen Ichzustand, so ergibt sich daraus eine komplementäre Transaktion:

A: „Wie spät ist es?"

B: „Kurz vor zwei!"

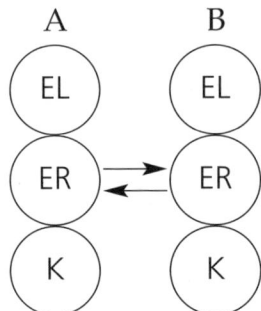

Häufig wird diese Art von Transaktionen auch „parallel" genannt, weil die Pfeile im Diagramm parallel verlaufen. Unsere alltägliche Kommunikation besteht überwiegend aus solchen komplementären Transaktionen. Das Gespräch ist im Fluss, es könnte im Prinzip ungehindert so weitergehen, da die Erwartungen und Reaktionen der Partner einander entsprechen.

Es gibt eine Vielzahl verschiedener komplementärer Transaktionen, die freilich einen sehr unterschiedlichen Charakter haben. Sehr ergiebig sind zum Beispiel komplementäre Transaktionen von Erwachsenen-Ich zu Erwachsenen-Ich in einer Lerngruppe oder bei Arbeitsprozessen, an denen mehrere Personen beteiligt sind. Emotional sehr befriedigend sind komplementäre Transaktionen vom freien Kind zum freien Kind in spielerischen, kreativen oder zärtlichen Situationen.

Letztlich unergiebig sind dagegen die vertrauten komplementären Transaktionen zwischen zwei Personen, die ihr kritisches Eltern-Ich benutzen. Es handelt sich dabei um Gespräche mit dem Obertitel „Ist es nicht schrecklich ... (mit der heutigen Jugend, den unfähigen Mitarbeitern, den Lehrern, Schülern, den Männern, Frauen etc.)!" Diese Art von Transaktionen wird in der TA als „Zeitvertreib" bezeichnet. Es wird nichts Schlimmes angerichtet, aber auch nichts Effektives bewirkt. Die Beziehung bleibt oberflächlich, es kommt lediglich zu einer gewissen Spannungsabfuhr in einer Atmosphäre scheinbarer Solidarität.

Ähnlicher Art ist das Jammern von Personen, die aus dem angepassten Kind miteinander kommunizieren: „Die da oben machen es uns so schwer. Die haben doch keine Ahnung. Immer müssen wir ...".

Besonders unproduktiv und häufig belastend sind komplementäre Transaktionen zwischen einem schimpfenden kritischen Eltern-Ich und einem sich jammernd rechtfertigenden angepassten oder maulenden rebellischen Kind.

Gekreuzte Transaktionen

Eine andere Art von Transaktionen liegt vor, wenn in Gesprächen überraschende Wendungen, unerwartete Manöver und Irritationen vorkommen, nach denen wir uns fragen *„Es ging doch gut - was ging denn schief?"* (so der Titel eines lesenswerten Buches von Fanita English), oder wenn wir das Gefühl haben: „Den habe ich wohl auf dem falschen Fuß erwischt". Wenn wir uns anschauen, wie das kam, werden wir in der Regel eine gekreuzte Transaktion ausfindig machen, mit der die unerquickliche Wende eingeleitet wurde.

Das Wesen einer gekreuzten Transaktion besteht darin, dass B nicht mit dem Ichzustand reagiert, an den A sich gerichtet hatte:

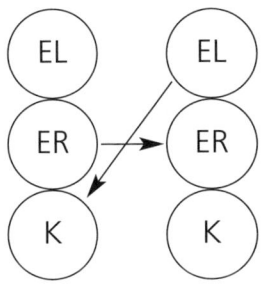

A: „Wie spät ist es?"

B: „Schon reichlich spät!"

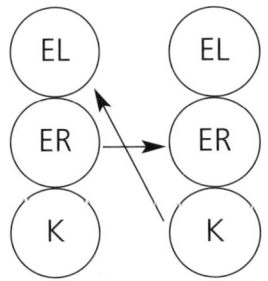

A: „Wie spät ist es?"

B: „Oh, Entschuldigung, ich habe heute meine Uhr nicht um."

Es folgt eine zumindest kurzzeitige Irritation oder Unterbrechung, die manchmal zu einem Abbruch führt, zumeist aber dem Gespräch eine neue Wendung gibt. Wenn wir ihr nachgehen, landen wir meist ganz woanders, als wo wir eigentlich hin wollten. Manchmal gelingt es jedoch, den verlorenen Faden durch eine erneute Kreuzungstransaktion wieder aufzunehmen und doch noch an das ursprünglich angestrebte Ziel zu kommen.

Zwei Typen von Kreuzungstransaktionen sind es, die uns in der Alltagskommunikation am meisten Verdruss bereiten.

Bei Typ 1 richtet sich A mit dem Erwachsenen-Ich an das Erwachsenen-Ich von B, bekommt aber unerwartet eine schnodderige, aggressive oder jammerige Reaktion aus dem rebellischen oder angepassten Kindheits-Ich:

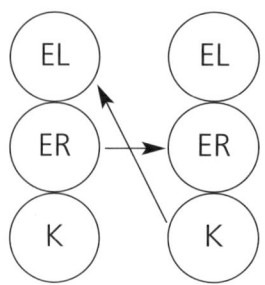

A: „Was hast du bei der zweiten Aufgabe herausbekommen?"

B: „Das war alles viel zu schwer - wie sollte ich das denn schaffen?"

B reagiert so, als habe er einen Vorwurf aus dem Eltern-Ich von A bekommen (wobei wir in diesem Beispiel davon ausgehen, dass auch unterschwellig kein Vorwurf mitschwang, sondern A tatsächlich eine Frage ohne jede Beimischung stellte). Dieser Transaktionstyp entspricht dem, was in der Psychoanalyse „Übertragung" genannt wird.

In Gesprächen führt diese Transaktion zumeist auf sehr unproduktive Bahnen. Denn B hängt A sozusagen das Bild einer alten Elternfigur aus seinem Leben über. Er reagiert nicht auf das, was im Hier und Jetzt tatsächlich geschieht, sondern auf etwas, was er vermutlich früher oft erlebt hat und jetzt wiederzuerleben meint. Damit legt er A nahe, seinerseits nun tatsächlich aus dem kritischen Eltern-Ich zu reagieren - also in die sogenannte „Gegenübertragung" zu gehen. Wenn A das tut, ist es B gelungen, die Kommunikation auf ein unerquickliches Nebengleis zu verlagern.

Ein alter Konflikt wird noch einmal erlebt, eine befriedigende Lösung der gegenwärtigen Situation jedoch verhindert:

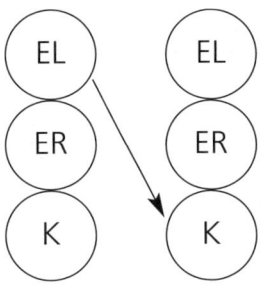

A: „Du hättest letzte Woche aufpassen müssen statt herumzublödeln!"

Bei Typ 2 kommt die Reaktion ebenfalls nicht aus dem Erwachsenen-Ich. Vielmehr begibt sich B statt dessen in die überlegene Position des kritischen Eltern-Ichs und maßregelt A wie ein Kind, das seine Aufgaben schlecht gemacht hat. Wenn A diese Einladung annimmt, gerät die Kommunikation ebenfalls auf ein unproduktives Gleis.

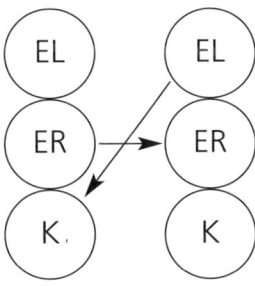

A: „Was hast du bei der zweiten Aufgabe herausbekommen?"

B: „Die Aufgabenstellung war völlig daneben. Sie müssen erst mal lernen, Aufgaben richtig zu formulieren."

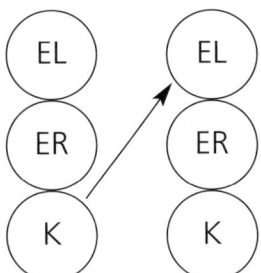

A: „Oh, das tut mir leid. Ich dachte nicht ... Waren die anderen Fragen etwa auch so unverständlich?"

Neben diesen Kreuzungstransaktionen, die überwiegend unbewusst stattfinden und zu Verwirrung, Ärger, Enttäuschung und anderen schlechten Gefühlen führen, gibt es auch die Möglichkeit, Transaktionen bewusst und produktiv zu kreuzen. Durch eine gezielt eingesetzte Kreuzungstransaktion kann ich den Gesprächspartner einladen, einen unergiebigen Weg zu verlassen, den Ichzustand zu wechseln und mit etwas Erfreulicherem weiterzumachen.

Zumindest aber kann ich mich selbst dafür entscheiden, mich nicht weiter in derlei destruktive Kommunikation hinein zu begeben, sondern für mich selbst etwas Sinnvolles zu tun, auch wenn mein Gegenüber nicht mitzieht. Bisweilen werde ich damit letztlich doch noch einen Ichzustands-Wechsel bewirken. So könnte A in den obigen Beispielen mit einer erneuten Kreuzungstransaktion dafür sorgen, dass die Beteiligten zum ursprünglichen Thema zurückkehren und über auftretende Probleme sachlich und problemlösend miteinander reden:

Typ 1

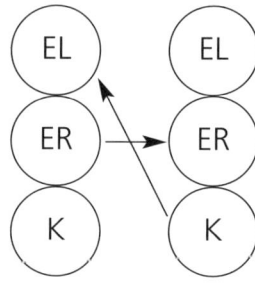

A: „Was hast du bei der zweiten Aufgabe herausbekommen?"

B: „Das war alles viel zu schwer - wie sollte ich das denn schaffen?"

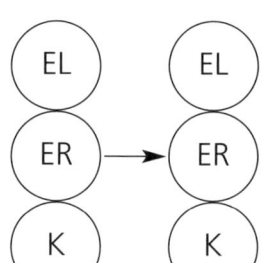

A: „Wo genau lag das Problem? (oder) Gibt es etwas, was du herausbekommen hast?"

Typ 2

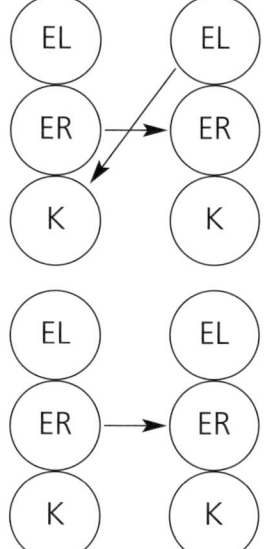

A: „Was hast du bei der zweiten Aufgabe herausbekommen?"

B: „Die Aufgabenstellung war völlig daneben. Sie müssen erst mal lernen, Aufgaben richtig zu formulieren."

A: „Du bist also mit der Fragestellung nicht klargekommen. Was genau war denn deine Schwierigkeit?"
(Und später) „Wenn dir künftig etwas unklar ist, dann frage bitte gleich nach."

Kreuzungstransaktionen dieser Art sind in der Gesprächsführung ein wichtiges und effektives Mittel. Sie ermöglichen bewusste Weichenstellungen zu den produktiven Ichzuständen, während die vermeintlich spontanen Verläufe häufig automatisch auf die ausgetretenen, unerquicklichen Wege führen würden.

Wir haben alle ein intuitives Wissen darüber, wie man in bestimmten Situationen die Transaktionen kreuzt, zum Beispiel wenn wir ein Thema wechseln, bei dem sich das Gespräch festgefahren hat, oder wenn wir jemanden, der Trübsal bläst, durch eine humorvolle Bemerkung aufheitern, ihn also vom angepassten ins freie Kind locken. Wenn wir uns gut verlaufene Gespräche im Nachhinein vergegenwärtigen, werden wir feststellen, dass die Beteiligten überwiegend die produktiven Ichzustände und hier und da auch Kreuzungstransaktionen zu den produktiven Ichzuständen hin benutzt haben.

Es ist außerordentlich lohnend, dieses intuitive Wissen und Können auszubauen und sich durch das gezielte Einsetzen von Kreuzungstransaktionen weitere Strategien für vertrackte Gesprächssituationen anzueignen. Einer der Schlüssel für eine gute Gesprächsführung liegt in der Kunst gekreuzter Transaktionen aus und zu den produktiven Ichzuständen.

Verdeckte Transaktionen

In vielen Gesprächen läuft nebenher eine Art „zweites Programm" mit. Was gemeint ist, bleibt meist unausgesprochen, aber für die Beteiligten ist es durch nonverbale Signale oder durch den Kontext erkennbar. Es finden Transaktionen statt, bei denen neben der oberflächlich erkennbaren noch eine weitere, verdeckte Ebene vorkommt. Es sind somit zwei Ichzustände im Spiel:

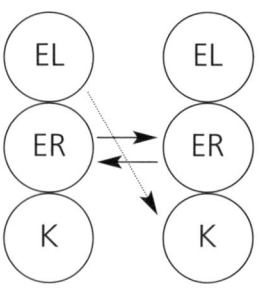

Mutter: „Marion, hast du den Tisch gedeckt?"

Tochter: „Ja, wieso?"

Mutter: „Ach nichts, ich frage bloß."
(gruppiert die Bestecke um)

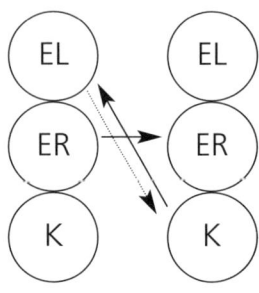

Mann: „Es ist kein Salz auf dem Tisch."

Frau: „Oh, tut mir leid, ich hole welches."

Wir nennen diese zwei Ebenen bei verdeckten Transaktionen die soziale (offene) und die psychologische (verdeckte) Ebene. Das, was eigentlich gemeint ist, wird nicht oder nicht direkt ausgesprochen, sondern ist nur indirekt zu erschließen - aus dem Klang der Stimme, der Betonung, der Mimik, der Erinnerung an vorangegangene Situationen etc. Oft ist den betreffenden Personen gar nicht bewusst, dass noch eine verdeckte Aussage mitschwingt, etwa wenn es um Wünsche geht, die man sich nicht klar auszusprechen traut, oder um Kritik, zu der man sich nicht offen stellen mag.

Die psychologische Ebene kann entweder völlig verdeckt sein (mitunter selbst für den Absender) und erst im weiteren Verlauf offenbar werden, oder es werden beide Ebenen (z.B. verbal und nonverbal) deutlich erkennbar ausgesendet. In diesem Fall handelt es sich um eine doppelte Botschaft. Dazwischen existieren alle möglichen Zwischenformen. Das Spektrum reicht weiter bis zum beiderseits bewussten „Spiel" mit verdeckten Transaktionen etwa beim Flirt oder bei Ironie. Das kann harmlos und sogar lustvoll sein, wenn es als behutsames Herantasten mit offener Rückzugsmöglichkeit benutzt wird und keine der beteiligten Personen eine Abwertung oder Verletzung erfährt. Sehr oft allerdings fädelt das angepasste Kind durch verdeckte Transaktionen die Beziehungen zu anderen Menschen so ein, dass letztlich die destruktiven Grundeinstellungen mit aktuellen Erfahrungen bestätigt werden (siehe das Kapitel über Manipulative Spiele).

Da die eigentliche Energie auf der verdeckten psychologischen Ebene liegt, wird der emotionale Ausgang des Gesprächs letztlich auch dort entschieden, ohne dass die Beteiligten sich darüber bewusst und einvernehmlich verständigt haben. So müssen Kinder sehr früh lernen, zwischen den gesprochenen Zeilen ihrer Eltern zu lesen, spüren sie doch, dass dort die eigentliche Botschaft liegt. Der alleinige Glaube an das gesprochene Wort wird in diesem Fall zu wiederholten schmerzlichen Erfahrungen führen. In der Familiengeschichte Schizophrener spielt diese Form verrücktmachender Kommunikation eine zentrale Rolle.

Doppelbödige Transaktionen sind somit sehr häufig der Stoff, aus dem Verwirrungen und Verstrickungen in Gesprächen gemacht sind. Rechtzeitiges Erkennen und ein bewusster Umgang sind daher außerordentlich wichtig für eine gute Gesprächsführung.

Anregungen zur Selbstreflexion

Blättern Sie noch einmal zurück zu den Anregungen zur Selbstreflexion im vorherigen Kapitel, als es um die Ichzustände ging.

- *Welche typischen Transaktionen finden zwischen Ihnen und der schwierigen Person statt?*

- *Welche Transaktionen halten Sie für sinnvoller?*

- *Durch welche geeignete Kreuzungstransaktion könnten Sie eine Wende im Gespräch einleiten?*

Überlegen Sie sich möglichst konkrete Beispiele und Situationen.

Praktische Hinweise:
Produktive gekreuzte Transaktionen

Mit diesen Kreuzungstransaktionen können Sie die Gesprächspartner einladen, in einen produktiven Ichzustand zu wechseln. Einige sind eher für Beratungssituationen geeignet, in denen ein Vertrag über tiefergehende Arbeit besteht. Sie sind mit einem (B) gekennzeichnet.

Erwachsenen-Ich zu Erwachsenen-Ich

Die Vertragsgrundlage klären:
Worum geht es?
Was erwarten Sie jetzt hier von mir?

Eigene Wahrnehmungen mitteilen:
Mir fällt auf, dass Sie ...

Zur (Selbst-) Wahrnehmung auffordern:
Was nimmst du jetzt hier wahr?
Fällt dir auf, was du gerade machst? (B)

Eigenes Denken, Fühlen und Verhalten transparent machen:
Ich will dir erklären, wie es mir mit der Situation geht ...
Der Grund für mein Verhalten ist ...

Zur Konkretion auffordern:
Worin genau besteht das Problem?
Nennen Sie ein Beispiel!

Eigene Lösungswege entwerfen lassen:
Stellen Sie das Problem doch einmal lösbar dar!
Überlege, wie du dein Ziel erreichen kannst!
Wofür entscheidest du dich?

Erwachsenen-Ich zu nährendem Eltern-Ich

Zur Fürsorge gegenüber sich selbst auffordern:
Was brauchen Sie, um das Problem zu lösen?
Überlege einmal, was dir selbst gut tun würde! (B)

Jemanden dazu anregen, sich selbst eine Erlaubnis zu geben:
Willst du dir dieses Mal gestatten ...? (B)

Den Blick für die eigenen Ressourcen öffnen:
Welche persönlichen Stärken schätzen Sie an sich?
Was ist dir denn bisher gut gelungen?

Nährendes Eltern-Ich zu freiem Kindheits-Ich

Positive Zuwendung (Lob, Anerkennung, Bestätigung) geben:
Ich finde es ausgezeichnet, wie Sie ...
Mir gefällt es gut, dass du ...

Verständnis für emotionale Betroffenheit zeigen:
Ich kann sehr gut verstehen, wenn du ...

Erlaubnis geben:
Du darfst ...
Du brauchst nicht ...
Evtl. (kurze) unterstützende oder tröstende Berührungen.

Freies Kindheits-Ich zu freiem Kindheits-Ich

Eigene Gefühle äußern, ohne andere abzuwerten:
Dazu habe ich jetzt (keine) Lust.
Das ärgert/freut mich.

Das Verhalten des Gesprächspartners spielerisch (!) übertreiben
oder ihn dazu anregen, es selbst zu tun.

Witzige und schlagfertige Kommentare, die nicht auf Kosten anderer gehen oder das Problem bagatellisieren:
Schüler zur Englischlehrerin: „Sie sehen aber echt geil aus heute!"
Lehrerin: „Say it in english, please!"

Erwachsenen-Ich zu rebellischem Kindheits-Ich

Durch eine provozierende Übertreibung das rebellische Kind hervorlocken, um jemandem in Kontakt mit seiner Kraft zu bringen:
Wenn du das Problem nicht angehen willst, musst du dich halt weiter ärgern (traurig sein etc.).
Jeder hat das Recht, seine Probleme behalten zu dürfen. (B)

kritisches Eltern-Ich zu angepasstem Kindheits-Ich

(Selbst-)Destruktives Verhalten konfrontieren:
Ich sehe, dass du dich/andere schädigst, hör auf damit!
Ich finde Ihr Verhalten gegenüber ... unverantwortlich.

Erwachsenen-Ich an alle produktiven Ichzustände:

Den inneren Ratgeber ansprechen, um Selbstfürsorge (nEL), klares Denken (ER) sowie Kreativität (fK) anzuregen:
Welchen Rat würde dir jemand geben, der es gut mit dir meint?
Welchen Rat würdest du dir selbst geben?

Es gibt allerdings keine Garantie dafür, dass eine Kreuzung erfolgreich verläuft. Vielmehr muss man in Kenntnis des Kontextes die passende Intervention wählen und gegebenenfalls unterschiedliche Kreuzungstransaktionen ausprobieren. Die oben genannten Beispiele können dabei helfen, die eigenen Wahlmöglichkeiten zu erweitern, um verschlossene oder sich im Kreis drehende Kommunikationswege wieder zu öffnen.

Regeln zum Umgang mit verdeckten Transaktionen

Auf doppelbödige Transaktionen strikt verzichten

Ausnahmen: humorvoll-ironische Übertreibungen, die zur Konfrontation bestimmter Verhaltensweisen benutzt werden, wobei allerdings darauf zu achten ist, dass diese Botschaft von den Betreffenden in einem produktiven Ichzustand gehört wird. Und natürlich, wenn beide Gesprächspartner um die verdeckte Ebene wissen und ihren Spaß daran haben.

Die verdeckte Ebene ignorieren

Die andere Person statt dessen auf der sozialen, offen geäußerten Ebene beim Wort nehmen, da jede Anpassung an die verdeckte Ebene den anderen in seiner indirekten Kommunikation bestätigen würde. Voraussetzung ist, dass die eigene Position nicht unterminiert wird und dass man keine „Rabattmarken" sammelt (das sind ungute Gefühle, die nicht aktuell und direkt angesprochen, sondern aufgespart werden).

Zu einer direkten Botschaft auffordern

Dies kann durch Nachfragen oder Ermutigung geschehen:
Was ist es, was Sie mir damit sagen wollen?
Ich nehme zwei Informationen wahr. Sag mir bitte, was du wirklich willst!

Die doppelbödige Kommunikation konfrontieren

Mir fällt auf, dass du eine doppelbödige Aussage gemacht hast!
Geben Sie anschließend Feedback über die Wirkung dieser Art von Kommunikation.

Den Kontakt abbrechen

Bei hartnäckigem Beibehalten von verdeckten Transaktionen sollten Sie das Gespräch abbrechen (*„So mag ich nicht mit dir zu tun haben!"*) und erfreulichere Gesprächspartner aufsuchen.

Das Dramadreieck

Die Vielzahl von Regeln, Vorschlägen und Hinweisen zeigt, wie verschlungen die Wege zu einer guten Gesprächsführung bisweilen sind. Da ist es auf eine Weise geradezu erleichternd, ein relativ überschaubares Kommunikationsmuster zu kennen, von dem man sicher weiß, dass es in jedem Fall in eine Sackgasse führt: Das sogenannte Dramadreieck. Wie der Name sagt, geht es dort dramatisch zu. Dies wäre an sich noch nichts Schlimmes, fühlten sich am Ende nicht alle Beteiligten irgendwie unwohl, ohne in dem aktuellen Sachproblem wirklich vorangekommen zu sein.

Ein Beispiel:
Mutter, Vater und 15jähriger Sohn sitzen zu Tisch. Der Sohn kleckert.

Vater zum Sohn: *„Wenn du dich nicht ordentlich benehmen kannst, dann iss gefälligst in der Küche weiter."* (Der Sohn senkt betroffen den Blick.)

Mutter zum Vater (heftig): *„Das musst ausgerechnet du sagen, nach deiner Kleckerorgie vom letzten Samstag ... Also hacke nicht ständig auf dem Jungen herum!"* (Vater räuspert sich peinlich berührt und schweigt.)

Sohn zur Mutter: *„Aber Vater hat es doch gar nicht so gemeint."*

Mutter zum Sohn (später in der Küche): *„Na, dir werde ich nicht noch einmal helfen gegen Vater, so wie du mir jedes Mal in den Rücken fällst."*

Die drei Rollen

In dieser Art der Kommunikation gibt es drei Rollen, die wir Verfolger, Opfer und Retter nennen. Bezogen auf unser Beispiel sieht das folgendermaßen aus:

Der Vater verfolgt den Sohn.

Der Sohn geht in die Opferrolle.

Die Mutter rettet den Sohn, indem sie den Vater verfolgt.

Der Vater fühlt sich als Opfer.

Der Sohn rettet den Vater.

Die Mutter verfolgt den Sohn.

Im Dramadreieck kann man auch allein mit sich kommunizieren, indem man sich zum Beispiel selbst beschimpft, sich klein und hilflos macht oder in Selbstmitleid versinkt. Nachdem ich mich den Tag über im Büro, in der Schule oder in der Beratungsstelle mit den Problemen anderer abgemüht, für sie gedacht und Verantwortung übernommen habe (Retter), schimpfe ich nach Feierabend im Bekanntenkreis über die Unselbständigkeit der Menschen im allgemeinen und meiner Klientel im besonderen (Verfolger), um schließlich abends todmüde ins Bett zu fallen und darüber zu sinnieren, wie sehr ich doch von allen ausgenutzt werde (Opfer).

Gesprächsverläufe der oben beschriebenen Art sind nahezu überall zu beobachten, wo Menschen zusammenkommen, im Familienkreis, unter Freunden und Bekannten sowie am Arbeitsplatz.

Betrachten wir die drei Positionen einmal etwas genauer. Im Blick auf die Ichzustände wird deutlich, dass der Verfolger im wesentlichen sein kritisches Eltern-Ich (und gelegentlich auch das rebellische Kindheits-Ich) benutzt. Der Retter handelt aus einer überversorgenden und harmonisierenden Haltung des nährenden Eltern-Ichs heraus. Das Opfer befindet sich dagegen im angepassten Kind.

Es fällt auf, dass im Dramadreieck der Gebrauch des Erwachsenen-Ichs vernachlässigt wird. Zwar nimmt man aus dieser Richtung bisweilen leise Warnungen wahr, und dumpf ahnt man bereits den vermutlichen Ausgang der Situation, da man sie so ähnlich ja schon mehrfach erlebt hat. Aber dennoch nimmt das Unheil seinen scheinbar unvermeidlichen Lauf.

> Im Dramadreieck wird systematisch das Erwachsenen-Ich vernachlässigt

In allen drei Rollen streben die Personen nach symbiotischen Beziehungen. Sie beziehen ihre Existenzberechtigung und ihr Selbstverständnis aus dem Zusammentreffen mit den komplementären Positionen. Retter und Opfer benötigen sich ebenso zur gegenseitigen Bestätigung, wie Verfolger und Opfer bzw. Retter und Verfolger. Gemeinsame Voraussetzung ist eine getrübte Sicht der Wirklichkeit, die sich in einer Abwertung bzw. Übertreibung eigener oder fremder Stärken und Schwächen äußert.

Entscheidend für das Zustandekommen einer Dramadreiecks-Situation ist dabei, ob die Einladung, sich in eine der Rollen zu begeben, auch tatsächlich angenommen wird. Weise ich beispielsweise gegenüber einem Verfolger die mir zugewiesene Opferrolle zurück, so verweigere ich den Einstieg in das Dramadreieck.

Wozu begeben sich Menschen ins Dramadreieck?

Einen Schlüssel zu dieser Frage stellt die Tatsache dar, dass im Dramadreieck eine Menge intensiver, aber meist negativer Zuwendung ausgetauscht wird. Wir haben den Eindruck, dass Dramadreiecks-Situationen geradezu inszeniert werden, um nach Zeiten emotionaler Gleichförmigkeit in Beziehungen, Teams oder Kollegien etwas „Leben in die Bude" zu bringen. Sie stellen eine wirkungsvolle, aber destruktive Art und Weise dar, den Stimulus-Hunger zu stillen und sich seine Sicht der Welt zu bestätigen. Außerdem bietet die Kommunikation im Dramadreieck Gelegenheit, die eigene Lebensposition auszuagieren.

Im Dramadreieck bietet sich Gelegenheit, die vertraute Sicht der Welt bestätigt zu bekommen.

Der Verfolger denkt von sich, dass nur er recht hat (Ich +) und die Anderen unfähig oder Idioten sind (Du -).

Der Retter stellt an sich selbst den Anspruch, alle Last der Welt - bevorzugt ungebeten - tragen zu müssen sowie zu wissen, was für die Anderen gut und richtig ist (Ich +). Diese anderen sind zwar lieb und nett, aber ohne ihn und seine Hilfe nicht lebensfähig (Du -). Echte Unterstützung bestünde dagegen darin, Hilfesuchende mit ihren eigenen Fähigkeiten zur Lösung von Konflikten in Kontakt zu bringen mit dem Ziel größerer Unabhängigkeit (Hilfe zur Selbsthilfe).

Das Opfer schließlich lebt in der festen Überzeugung eigener Hilflosigkeit und Unfähigkeit (Ich-). Die Anderen dagegen sind stark und lebenstüchtig und sollen ihm bei der Lebensbewältigung helfen und Verantwortung übernehmen (Du +). Oder aber sie sind schuld am Elend des Opfers, weil sie so unbarmherzig und verständnislos sind (Du -). Mit ihrer abwertenden Kritik sind die anderen Menschen entweder völlig im Recht (die Retter) oder sie sind herzlos und gemein (die Verfolger).

Das Dramadreieck

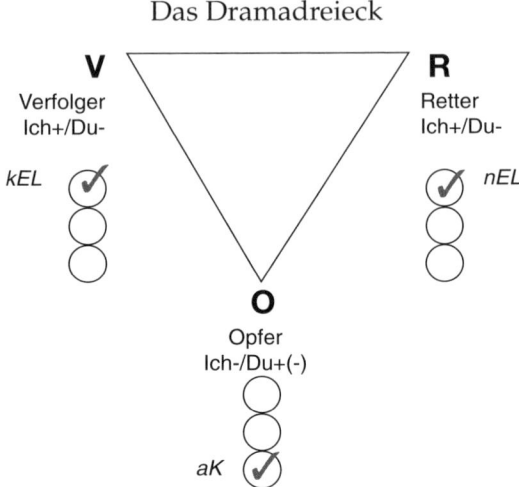

So sind alle drei Positionen auf ihre Weise im Denken, Fühlen und Verhalten durch ihren spezifischen Bezugsrahmen begrenzt und in ihrer eingeschränkten Sicht miteinander verstrickt. Worin bestehen nun die Nutzeffekte einer solchen Rollenübernahme?

Die Retterrolle

In der Retterrolle genießt man soziale Anerkennung und bekommt die Bewunderung des Opfers, ohne jedoch echte partnerschaftliche Nähe riskieren zu müssen. Dadurch, dass Retter in ihren Beziehungen Abhängigkeit erzeugen, besitzen sie ein hohes Maß an sozialer Kontrolle. Und solange es Menschen gibt, denen es zu helfen gilt, brauchen sie sich nicht mit ihren eigenen Problemen zu beschäftigen. Ihre Selbstlosigkeit führt allerdings oft dazu, dass sie sich am Ende tatsächlich selbst los sind und verstärkt Opfergefühle durchleben. Sie glauben, sich erst dann gute Gefühle gestatten zu dürfen, wenn sie es geschafft haben, dass es allen anderen gut geht - ein grandioser, unrealistischer Anspruch. Wenn sie meinen, das erreicht zu haben, geht es ihnen meist noch schlechter, weil sie keine Antwort auf die Frage nach ihrem Lebenssinn gefunden haben – sie haben keine innere Erlaubnis, an sich selbst zu denken. Darin besteht die eigentliche Tragik der Retter. Oftmals sind sie erst dann in der Lage, Zuwendung anzunehmen, wenn sie sehr viele Vorleistungen durch Retten erbracht

> Retter haben keine innere Erlaubnis, an sich selbst zu denken.

haben - manchmal sogar erst nach einem physischen und psychischen Zusammenbruch. Nichts schuldig zu bleiben, ist ihnen ein wichtiges Grundprinzip.

Die Opferrolle

Menschen in der Opferrolle bekommen dagegen ohne große Anstrengung reichlich Zuwendung: Einerseits Hilfe und Zuspruch durch Retter und andererseits Tritte und Demütigungen von Verfolgern. Dafür wenden sie selbst nur ein Minimum an eigener Aktivität auf. In dieser Rolle braucht man keinerlei Verantwortung zu übernehmen und kann unbewusst der Devise folgen: „Ich muss mich nur recht klein und hilflos machen, mich abwerten und alle Schuld auf mich nehmen, dann werden mir die Anderen geben, was ich zum Leben brauche." Allerdings müssen Opfer häufig erleben, wie über sie bestimmt und über ihren Kopf hinweg gehandelt wird. Das Lebensgefühl in dieser Position ist daher eher niedergedrückt und kraftlos.

> Opfer bekommen ohne Anstrengung reichlich Zuwendung.

Die Verfolgerrolle

Der Verfolger strebt vor allem nach Kontrolle über andere und kann auf diese Weise Prozesse beeinflussen bzw. dominieren. Was Zuwendung betrifft, so ist er allerdings schlecht dran. Im günstigsten Fall genießt er bei anderen Respekt. Oft schmeichelt man ihm, um nicht verfolgt zu werden. Tief im Inneren schlummert jedoch die Überzeugung, dass ihn die anderen Menschen nicht um seiner selbst willen lieben und ihn nur dann nicht verlassen, wenn er sie kontrolliert, abhängig hält und stets beweist, dass er der Größte ist. Es ist ein wahrlich anstrengendes Lebenskonzept, dafür sorgen zu müssen, dass es im Umfeld stets genügend „Idioten" gibt.

> Der Verfolger darf keine Schwäche zugeben. Er fürchtet, als Person in Frage gestellt zu werden.

Alle Rollen sind unkomfortabel

Im Glauben an die Unzulänglichkeit anderer Menschen stimmen Verfolger und Retter überein, kommen aus ihrer Biographie heraus jedoch zu unterschiedlichen Schlussfolgerungen und Verhaltensmustern. Eine weitere Gemeinsamkeit besteht darin, dass sich beide auf einer tieferen Ebene häufig nicht in Ordnung fühlen. Sie leben in dem inneren Widerspruch, dass die nach außen präsentierte Rolle und die zugrundeliegende psychologische Motivation ganz verschieden sind. Denken Sie zum Beispiel an den Retter, der aus Angst vor Auseinandersetzung und Konflikten aus dem angepassten Kind heraus nach Harmonisierung strebt („Ich habe dem anderen nicht gesagt, was in mir vorging, weil ich ihn nicht verletzen wollte"). Oder an den Verfolger, der keine Schwäche zugibt, weil sein angepasstes Kindheits-Ich fürchtet, dadurch als gesamte Person in Frage gestellt oder gar vernichtet zu werden.

Manche Opfer wiederum neigen dazu, psychologisch zu verfolgen, indem sie anderen (viel zu oft erfolgreich!) Schuldgefühle zu machen versuchen („Ich fühle mich ganz schlecht, und du bist schuld!") und dabei ihre Macht genießen. Man sieht also, dass auch Retter und Verfolger gewissermaßen „mit einem Bein im Opfer stehen". Daraus erklärt sich auch die Häufigkeit, mit der sich letztendlich alle Beteiligten mehr oder weniger intensiv in Opfergefühlen wiederfinden.

> Alle Aussagen mit „immer", „nie", „alles" und „keiner" sind Einladungen in das Drama-Dreieck.

Es wäre allerdings abwegig, wollte man jedes Setzen von Grenzen als Verfolgerverhalten verdächtigen, jede Suche nach Unterstützung als Opfer-Allüre zurückweisen und jede Form von Hilfe als Retter-Gehabe diffamieren. Leicht zu erkennen als Einladungen in das Dramadreieck sind alle Aussagen, die mit den Worten „immer", „nie", „alle(s)", „keiner" o. ä. beginnen („Jedes Mal kommst Du zu spät." „Nie hilfst Du mir." „Immer mache ich alles falsch." etc.). Indem ich diese Art der Abwertung zurückweise, vermeide ich den Einstieg in das Dramadreieck, was allemal besser ist, als sich mühsam daraus zu befreien.

Anregungen zur Selbstreflexion

Erinnern Sie sich an eine Situation, in der alles drunter und drüber ging.

Wer hat hier aus welchen Rollen agiert?

Wodurch wurde die Situation eingeleitet?

Haben Sie selbst dabei einen Part übernommen?

Welche Positionen bevorzugen Sie in Situationen dieser Art?

Was haben Sie davon und wie geht es Ihnen dabei?

Manipulative Spiele

Wenn man sich erst einmal in eine Dramadreieck-Situation hinein begeben hat, können im Verlaufe des Gesprächs die einzelnen Rollen
häufig gewechselt werden. Für den Einstieg bevorzugen die meisten
Menschen vor allem eine bestimmte, bisweilen auch zwei verschiedene Positionen. Aus diesen Positionen heraus nehmen sie Kontakt zu
anderen Menschen auf, und es werden auf diese Weise sogar weite Bereiche der zwischenmenschlichen Beziehungen gestaltet. Dies setzt allerdings voraus, dass andere bereit sind mitzumachen.
Zu diesem Zweck werden spezifische Kommunikationsmuster entwickelt, die gewissermaßen Signalcharakter für die Umgebung besitzen und mit der Hoffnung verbunden sind, dass eine andere Person
komplementär in das Dramadreieck einsteigt. Ist jemand damit „erfolgreich", kann sich daraus eine Folge von Transaktionen entwickeln, die
zu einem quasi vorhersagbaren Ergebnis führt. Damit ist dann einmal
mehr die unabänderliche Schicksalhaftigkeit des eigenen Bezugsrahmens bestätigt.
Derartige Kommunikationsmuster, mit deren Hilfe man sich und andere in typische, unerquickliche Kommunikations- und Beziehungsmuster hinein manipuliert, werden in der Transaktionsanalyse Psychologische Spiele genannt. Charakteristisch für diese Spiele ist, dass sie
zu nichts Gutem führen und doch immer wieder neu inszeniert werden. Wir scheinen sie aus den Trübungen unseres Bezugsrahmens heraus einfach zu brauchen. So haben Personen in der Retterposition wenig Interesse daran, andere von sich unabhängig werden zu lassen.
Menschen in der Opferrolle weigern sich hartnäckig, Verantwortung
für sich und ihre Situation zu übernehmen. Und gewiefte Verfolger
werden sich hüten, bei ihren Opfern auch nur Spuren eigener Kompetenz anzuerkennen.
Spiele können in verschiedenen Schweregraden gespielt werden.
Während „harte" Spiele auf ein dramatisches Ende hinlaufen können,
gibt es harmlosere Varianten, aus denen wir Zuwendung beziehen, die
wir uns offenbar auf direktem und authentischem Weg nicht zu holen
verstehen. Die Tatsache, dass wir bisher noch keinem spielfreien Menschen begegnet sind, scheint auf einen Rest existenzieller Notwendigkeit hinzudeuten.

Psychologische Spiele werden von den Beteiligten unbewusst immer wieder neu inszeniert. Daraus resultiert der Eindruck der Schicksalhaftigkeit. In manchen Formen der Auseinandersetzung wird ein derartiges Kommunikationsverhalten bewusst als Machtmittel eingesetzt. In diesem Fall sprechen wir von manipulativen Manövern.

Die Spieleinladung

In spielverdächtigen Situationen ist es wichtig und hilfreich, sich klar zu machen, dass es weniger um das vordergründige Thema geht, als vielmehr um die Bestätigung der Lebensposition. Spieleinladungen erfolgen in Gestalt von Abwertungen und/oder verdeckten Transaktionen.

Verfolger laden dazu ein, indem sie andere zurechtweisen, herabsetzen und ihnen Vorwürfe machen. Ihre nonverbalen Signale sind zum Beispiel Stirnrunzeln, Aufstöhnen und Augen verdrehen. Retter springen ungefragt bei, haben stets einen guten Ratschlag zur Hand und machen übertriebene Hilfsangebote („Du darfst mich Tag und Nacht anrufen!"), während sich die Opfer unterwürfig, kindlich, unwissend und schüchtern geben. Bei allen Rollen ist das nonverbale Verhaltensrepertoire erstaunlich.

> Spiele dienen dazu, die eigene Lebensposition und das Bild, das wir von anderen haben, zu bestätigen.

Auf diese Weise werden intuitiv Erfahrungen vorstrukturiert, die das eigene Bezugssystem bestätigen. So werden Männer, die gegenüber Frauen die Retterposition bevorzugen, feststellen und sich manchmal vielleicht darüber wundern, dass sie immer nur „schwache" und „hilflose" Frauen kennen lernen. Verfolger werden immer wieder in ihrer Überzeugung bestätigt, dass die Welt aus mehr oder minder unfähigen und dummen Menschen besteht, während Opfer regelmäßig auf Personen treffen, von denen sie entweder missachtet und gedemütigt oder versorgt werden (oder beides abwechselnd).

Die Verhaltensweisen, mit denen die Menschen sich und andere in die betreffenden Positionen hineinmanipulieren, sind so vielfältig wie das Leben. Darunter sind einige, die in der Beratungssituation oder der Arbeit mit Gruppen häufiger auftauchen. Weit verbreitet ist das folgende Spiel, das aus der Opferposition heraus initiiert wird, an dem wir die typischen Merkmale und Stufen des Spielverlaufs erläutern wollen. Sein Name lautet „Warum machst du nicht ... ? - Ja, aber ...".

Ein schönes Beispiel hierfür haben wir bei Schlegel (1984) gefunden, das wir leicht verändert wiedergeben.

In einer Gruppe sagt

Erika: *„Ich halte es an meiner Arbeitsstelle nicht mehr aus!"*

Thomas: *„Was ist denn los?"*

Erika: *„Immer muss ich Überstunden machen; ich kann gar keine Verabredungen mehr treffen."*

Thomas: *„Warum sprichst du nicht mit deinem Chef?"*

Erika: *„Der arbeitet noch viel länger als ich; ohne meine Hilfe am Abend käme er überhaupt nicht mehr zu Rande."*

Theres: *„Das ist doch nicht deine Sache."*

Erika: *„Ja, du hast gut reden, aber ich fühle mich auch verantwortlich für das Geschäft, sonst würde ich im Beruf keine Befriedigung finden."*

Bert: *„Warum stellt ihr nicht noch eine Sekretärin ein?"*

Erika: *„Ja, daran habe ich auch schon gedacht, aber dafür ist wiederum nicht genug Arbeit da."*

Margot: *„Beginne im Sommer doch früher mit der Arbeit, dann hast du am Abend mehr Zeit."*

Erika: *„Ja, aber es handelt sich meistens um dringende Geschäftsbriefe, die ich erst nach Geschäftsschluss fertigstellen kann."*

Thomas: *„Da musst du eben mal ein energisches Wort mit deinem Chef reden."*

Erika: *„Ja, da hast du recht, aber er ist so entsetzlich empfindlich, und ich bin es dann, die unter seiner schlechten Laune zu leiden hat."*

Einladung (Köder)

Das Spiel beginnt mit einer verdeckten Transaktion, die hier lautet: „Hilfe"! Erika präsentiert sich als Opfer, übertreibt Aspekte der Realität und wertet ihre eigenen Fähigkeiten ab.

Einwilligung
Die anderen Beteiligten steigen ein, da sie eine Chance sehen, ihre Retterkompetenz zu zeigen.

Irritation
Eine gewisse Irritation tritt ein. („Irgendetwas stimmt hier nicht.") Das kann sich - je nach Disposition der Beteiligten - in Unruhe, nachlassender Aufmerksamkeit oder verstärktem Abmühen äußern.
Wenn den anderen Beteiligten bewusst wird, was hier „nicht stimmt", kann es sein, dass sie bereits hier mit der Antithese intervenieren.

Thomas: „*Dann würde ich die Stelle aufgeben.*"

Erika: „*Ja, aber eine Stelle, die so gut bezahlt ist, finde ich kaum mehr. Außerdem
brauche ich das Geld.*"

Arnold: „*Dann können wir wohl gar
nichts machen.*"

Erika: „*Ja, das finde ich auch. Aber nett,
dass ihr mir wenigstens zugehört habt!*"

(Allgemeines Unbehagen und peinliches
Schweigen).

Nutzeffekt

Erika erreicht es über eine Reihe von Abwertungen, die Unlösbarkeit ihres Problems (gerechtfertigtes Opfer) sowie die Unfähigkeit der anderen (blamierte Retter) zu zeigen. Darin liegt für sie der Nutzeffekt des Spiels.

Einen weiteren Nutzeffekt (sich unverstanden zu fühlen und „berechtigt" ärgerlich zu sein) würde Erika bei folgender Reaktion der anderen erreichen:

Arnold: „*Dann sieh doch zu, wie du damit
fertig wirst, aber lass uns damit in Ruhe.
Du willst Dir ja gar nicht helfen lassen!*"

Erika: „*Eigentlich hätte ich wissen müssen,
dass ihr mich nicht versteht. Und nun
macht ihr mir in meiner Not auch noch
Vorwürfe!*"

Arnold wechselt aus der Rolle des frustrierten Retters in die Verfolgerposition.
Erika wird auf der offenen Ebene zum Opfer, während sie verdeckt verfolgerisch agiert, was geeignet wäre, eine neue Spielrunde zu eröffnen.

Das Ziel dieses Spiels besteht für Erika darin, andere scheinbar für sich sorgen zu lassen und zugleich die Überzeugung aufrechtzuerhalten, dass ihr niemand helfen kann, indem sie den Rettern nachweist, dass es mit ihren Ratschlägen auch nicht so weit her ist. Man spricht hier von der These des Spiels. Die zunächst verborgene Dynamik des Spiels ist bei aufmerksamer Beobachtung schon sehr früh durch nonverbale Signale zu erkennen.

So haben wir in unserer eigenen Arbeit mit Gruppen häufig beobachtet, dass in dem Moment, wo jemand aus der Opferrolle ein Problem einbringt, einzelne Retter in ihren Sitzen leicht nach vorne rücken und damit ihre Retterbereitschaft signalisieren. Im weiteren Verlauf des Spiels sinken die gescheiterten RetterInnen mit Opfergefühlen in ihre Stühle zurück, während das anfängliche Opfer (Ich-/Du+) sich kaum merklich aufrichtet und zunehmend triumphierend um sich blickt, verbunden mit der nun kaum mehr verdeckten Botschaft: „Na ihr Wichtigtuer, wem von euch soll ich als nächstem nachweisen, was für ein kleines Licht er ist?", womit schließlich der eingangs angestrebte Wechsel in die Verfolgerrolle (Ich+/ Du-) vollzogen ist. Es kann aber auch passieren, dass ein Gruppenmitglied im Verlaufe des Spiels vom Retter in den Verfolger wechselt.

Ganz verschiedene Nutzeffekte können dabei erlebt werden: Die vorgeblich Hilflos-Ratsuchende triumphiert über die vermeintlichen Besserwisser. Die Möchtegern-Retter werden auf ihre Unzulänglichkeit zurück geworfen; die Neunmalklugen servieren die jammerige Wichtigtuerin ab. Diese kann sich verzweifelt der bitteren Einsicht überlassen, dass sie von den Großen am Ende im Stich gelassen wird und noch einen Tritt bekommt.

Häufig dienen „harmlose" Fragen und Feststellungen, die scheinbar aus dem Erwachsenen-Ich kommen, als verdeckte Spieleinladung: „Weshalb hast du dieses Hemd (nicht) angezogen?" „Warum ist kein Brot da?" „Wer hat den Tisch gedeckt?" „Ich habe kein Messer!" Im weiteren Verlauf des Gesprächs wird dann irgendwann offen in die zuvor verdeckte Position des Dramadreiecks gewechselt.

> Häufig dienen „harmlose" Fragen und Feststellungen, die scheinbar aus dem ER kommen, als verdeckte Spieleinladung.

Manöver dieser oder ähnlicher Art bestimmen nicht selten in äußerst unproduktiver Weise die Kommunikation zwischen Menschen. Im folgenden Abschnitt werden in einer tabellarischen Übersicht einige derjenigen Spiele beschrieben, die uns in unserer Trainings- und Beratungsarbeit besonders häufig begegnet sind.

Kleines Spielebrevier

(nach einem Konzept von Paul und Sally Edwards)

Das folgende Spielebrevier mag für LeserInnen, die mit dem transaktionsanalytischen Konzept der „psychologischen Spiele" noch nicht vertraut sind, zunächst etwas schwerer verständlich sein. Wegen des praktischen Nutzens der Beispiele sowie wegen der vielen Interventionsmöglichkeiten innerhalb der genannten Antithesen haben wir uns jedoch für eine Aufnahme in dieses Buch entschieden. Aus Raumgründen verzichten wir allerdings auf eine detaillierte Schilderung der Spielverläufe.

Wir gehen davon aus, dass Sie mit den Anregungen dieses Buches Gesprächsabläufe künftig aufmerksamer beobachten und die Verwicklungen besser verstehen werden. Sie können dabei viele der beschriebenen Spiele wiedererkennen, durch eigene Beobachtungen ergänzen und auf diese Weise allmählich vertrauter mit dem Spielebrevier werden.

Wir ordnen die Spiele nach ihren Startpositionen im Dramadreieck und stellen sie nach dem folgenden Raster vor, wie wir es in seinen Grundzügen bereits exemplarisch an dem Beispiel des „Ja, aber-Spiels" erläutert haben.

NAME DES SPIELS

These
Dahinter verbirgt sich der mythische Glaube bzw. die Grundüberzeugung, die dem Spiel zugrunde liegt. Die These lässt sich häufig aus der Biographie der betreffenden Person ableiten.

Nutzeffekt (Payoff)
Hierbei handelt es sich entweder um das heimliche Ziel des Spiels oder doch zumindest um eine Art „Trostpreis", falls die Ausbeutungstransaktionen mit dem Ziel, Sympathie, Mitgefühl oder Kontrolle zu erzeugen, misslingen.

Eröffnung (Einladung)
Hierunter sind Verhaltensweisen, Sätze oder Satzanfänge zu verstehen, die so oder ähnlich in das Spiel führen können.

Antithese

Damit sind Interventionen gemeint, die einen Einstieg ins Spiel vermeiden oder einen Ausstieg aus dem Spiel bewirken können. Einige davon betreffen auch mögliche Reaktionen nach Ablauf des Spiels, also nach erfolgtem Payoff.

Die Antithese kann ohne jede Konfrontation geschehen (z.B. Wechseln des Themas) oder dadurch, dass man das Spiel und seinen vermutlichen Nutzeffekt anspricht („Wie lange willst du das noch spielen?" - „Was möchtest du damit erreichen?").

Die Interventionen sind in aufsteigender Reihenfolge nach ihrer Konfrontationsstärke aufgeführt. Eine geeignete Intervention besteht zudem fast immer darin, die eigene Wahrnehmung über den Ablauf im Hier und Jetzt und die Wirkung auf die eigene Person mitzuteilen (Metakommunikation aus dem Erwachsenen-Ich).

Bei einer erfolgten Intervention im Sinne der Antithese sollten Sie unbedingt auf Redefinitionen achten. Sie stellen den Versuch dar, das vertraute System aufrecht zu erhalten, um das Spiel fortzusetzen. Bisweilen wird auch der Versuch unternommen, in ein verwandtes Spiel überzuwechseln.

Komplementäres Spiel

Manche Spiele passen gut mit anderen zusammen und werden gerne sich ergänzend von mehreren Beteiligten gespielt. Unter dieser Rubrik werden diejenigen Spiele genannt, mit denen entsprechend disponierte Mitspieler häufig auf die Spieleinladung reagieren.

Spiele, die in der Verfolgerrolle begonnen werden

GERICHTSSAAL

These
Die anderen sollen mir sagen, dass ich im Recht bin.

Nutzeffekt
Triumph oder Niedergeschlagenheit.

Eröffnung
Jetzt erzähl ich euch mal, was ... angestellt hat!
Stellen Sie sich nur mal vor ....
Nun sagen Sie mal, wie Sie das finden!
Wer hat hier nun tatsächlich Recht?"

Antithese
Verweigern Sie die Richterrolle.
Willst du mich als Richter haben?
Was hilft es dir, recht zu haben?
Wende dich direkt an die Anderen, statt über sie herzuziehen!
Welches Urteil hast du denn bereits selbst gefällt?

Anmerkungen
Besonders Berater und Vorgesetzte werden häufig und gerne dazu
eingeladen, die Richterrolle einzunehmen.

HAB ICH DICH, DU SCHWEINEHUND

These
Ich kann machen, dass du dich schlecht fühlst, denn ich möchte mich nicht mit meinem eigenen Problem auseinandersetzen müssen.

Nutzeffekt
Der Triumph, obenauf zu sein.

Eröffnung
Es werden Verträge und Absprachen mit Personen getroffen, von denen man weiß, dass sie sie nicht einhalten werden. Manifest wird das Spiel zum Beispiel durch folgende Äusserungen:
Jetzt werde ich dich festnageln!
Auf diesen Moment habe ich lange gewartet!
Ich habe ja gleich gewusst, dass du ...

Antithese
Wechseln Sie das Thema.
Jetzt hast du mich erwischt!
Da hast du recht! (falls angemessen)
Ich gebe auf, du hast gewonnen!
Spielen Sie IST ES NICHT SCHRECKLICH in humorvoller Übertreibung.
Weshalb willst du mit mir kämpfen?
Sag mir, was dir daran so viel Spaß macht!
Willst du mit mir darüber reden, was dir Schwierigkeiten macht?

Komplementäres Spiel
TRITT MICH

Anmerkung
Dieses Spiel wird häufig zum Einlösen von aufgestautem Ärger (Rabattmarken) verwendet.

IST ES NICHT SCHRECKLICH?

These
Elend liebt und braucht Gesellschaft.

Nutzeffekt
Sammeln von Sympathie und Mitleid, Abfackeln von Ärger und Enttäuschung, ohne sich jedoch tatsächlich und direkt auseinandersetzen zu müssen.

Eröffnung
Ist es nicht schlimm, wie ... (die heutige Jugend, die Frauen, die Männer etc.)
Heutzutage ...
Kein Wunder ...

Antithese
Spielen Sie das Spiel in humorvoller Übertreibung mit.
Wechseln Sie das Thema.
Hören Sie nicht mehr zu.
Willst du etwas dagegen unternehmen? - Sonst lass uns von etwas anderem reden!
Wie lange willst du noch nörgeln, statt etwas zu unternehmen?

Anmerkungen
Dieses Spiel kann sowohl aus der Verfolgerrolle (kEL) als auch aus der Opferrolle (aK) gespielt werden. Es wird auch gerne als Zeitvertreib betrieben. Das ist durchaus in Ordnung, solange es um Kontaktaufnahme geht und nicht etwa dazu dient, über ein Problem nur zu reden, anstatt es zu lösen, oder gehässige Gerüchte zu verbreiten. Ein Themenwechsel als Antithese bedeutet hier und auch in anderen Situationen den eleganten Übergang in einen anderen Bereich, der mir und den anderen Beteiligten vielversprechender erscheint.

MAKEL

These
An allem und jedem gibt es immer irgendwo einen Fehler - auch an dir!

Nutzeffekt
Die Makel an anderen helfen, die eigenen Probleme und Unsicherheiten zu verbergen. Erst wenn der Spieler bei allen einen Makel entdeckt hat, fühlt er sich sicher.

Eröffnung
Sie kann ja nicht einmal ...
Er hat ja nicht einmal ... gelesen!
Der trägt ja ... (die Mode vom letzten Jahr)!
Haben Sie eigentlich auch eine Erklärung für ...
All diese Bemerkungen können natürlich auch Ihnen selbst gelten.

Antithese
Ich denke, jeder hat seine Stärken und Schwächen!
Ich möchte nicht mehr hören, was alles schlecht ist. Sag mir lieber, was du in Ordnung findest!
Weshalb konzentrierst du deine Wahrnehmung so stark auf die negativen Punkte?
Was ist dein Problem (das du dir nicht ansehen möchtest)?
Ich will diese Art von Kommunikation nicht mehr. Sie tut uns nicht gut, und ich habe keine Lust mehr dazu!

Anmerkung
Das Spiel wird häufig auch eingesetzt, um Kontrolle bei gleichzeitiger Distanz zu erreichen, besonders wenn durch eigene Gefühle von Sympathie eine mögliche Abhängigkeit droht oder wenn einem Trennungsschmerz vorgebeugt werden soll.

SO HABE ICH DAS NICHT GEMEINT

These
Die Anderen haben immer nur im Blick, was sie selbst wollen!

Nutzeffekt
Sich zu beweisen, dass die Anderen (die Angehörigen des anderen Geschlechts) nicht okay sind. Vermeidung, sich wirklich auf eine Beziehung einzulassen. Hohes Maß an Kontrolle über Nähe und Distanz. Wechsel von zunächst positiver zu negativer Zuwendung mit anschließenden Schuldprojektionen und Hass.

Eröffnung
Erregung von Aufmerksamkeit durch Attraktivität, verbunden mit unaufrichtigen Hilfs- und Beziehungsangeboten, die nicht eingehalten werden.

Antithese
Nein danke!
Lass uns ein klärendes Gespräch über unsere Beziehung führen!
Was willst du wirklich von mir?
Was bezweckst du mit deinem Verhalten?
Ich mag dich, aber lass uns behutsam einander nähern!

Komplementäres Spiel
TRITT MICH

Anmerkung
Dieses Spiel ist relativ selten bereits in der Einladung erkennbar, sondern erst im Wiederholungsfall. Typisch ist der abrupte Wechsel zwischen Näheangeboten und Zurückweisung. SO HABE ICH DAS NICHT GEMEINT ist in den zwischenmenschlichen Beziehungen weit verbreitet und stellt meistens den Versuch dar, Macht und Kontrolle in einer Beziehung zu übernehmen. In der Literatur läuft dieses Spiel häufig unter der Bezeichnung RAPO.

SIEH NUR, WAS DU ANGERICHTET HAST

These
Ich habe keine Schuld, sondern nur getan, was die Anderen wollten.

Nutzeffekt
In Schwierigkeiten zu geraten und andere dafür beschuldigen zu können, um die eigene Angst zu verbergen und Verantwortung zu leugnen.

Eröffnung
Sag mir, was soll ich tun?
Ich verlass mich ganz auf dich.
Wenn du meinst, dann mache ich ...

Antithese
Gehen Sie sehr sparsam mit Ratschlägen um (vor allem keine ungebetenen Ratschläge), und achten Sie darauf, dass Ihre Vorschläge vom Erwachsenen-Ich Ihres Gegenübers angenommen werden.
Welche Möglichkeiten zur Lösung deines Problems siehst du selbst?
Spielen Sie IST ES NICHT SCHRECKLICH in humorvoller Übertreibung.
Nach erfolgtem Payoff: *Wenn ich nicht wäre, nicht wahr?*
Meinst du also, dass du nichts mit dieser Situation zu tun hast?
Lassen Sie ggf. den Spieler stehen.

Komplementäres Spiel
ICH VERSUCHE JA NUR, DIR ZU HELFEN

Anmerkungen
Es ist wichtig, sich selbst zu überprüfen, ob man nicht tatsächlich den anderen zum Handeln überredet hat, der Vorwurf somit berechtigt ist und es sich damit auch um mein Problem handelt.

TUMULT

These
Wenn wir genug Lärm veranstalten und ausreichend Distanz zwischen uns erzeugen, brauchen wir unser Problem nicht zu lösen oder uns an die Arbeit zu machen.

Nutzeffekt
Ärgerlicher Rückzug (Türenknallen!). Vermeidung von Nähe.

Eröffnung
Serie gegenseitiger Provokationen und Unterstellungen.
Doppelte Botschaften im Sinne einer deutlichen Inkongruenz von verbalen und nonverbalen Stimuli.

Antithese
Stets im Hier und Jetzt bleiben.
Problem durch gegenseitiges Paraphrasieren („aktives Zuhören") reflektieren.
Vertrag darüber machen, dass man nicht eher auseinanderläuft, bis das Problem gelöst ist, oder man sich nach einer Bedenkzeit wieder zusammensetzt.
Wenn wir so weitermachen, werden wir uns jeder für sich hinter verschlossenen Türen übereinander ärgern!

Anmerkung
Das Spiel wird häufig auch aus der Opferposition eingefädelt. So erzeugen LehrerInnen in Klassen häufig Tumultspiele durch doppelte Botschaften, zum Beispiel, indem sie ermahnen und zugleich lächeln. Entsprechend benutzen die SchülerInnen ihrerseits dieses Spiel als gezielte Strategie zur Vermeidung von Unterricht. Gut beschrieben ist das Spiel in Familiensystemen, wo auf diese Weise Ablösungsprozesse betrieben werden.

Spiele, die in der Retterrolle begonnen werden

ICH VERSUCHE JA NUR, DIR ZU HELFEN

These
Niemand macht das, was ich ihm rate.

Nutzeffekt
Bestürzung über die undankbaren Menschen. Entlastung von eigenen Schuldgefühlen.

Eröffnung
Jede Form von ungefragten Ratschlägen und übertriebenen Hilfsangeboten.

Antithese
Hilfsangebote und Ratschläge ablehnen oder sagen:
Ich werde über deinen Vorschlag nachdenken!
Nach erfolgtem Nutzeffekt:
Und was wirst du jetzt tun?
Wie könnte ich dir behilflich sein?
Es ist dein Problem, das es hier zu lösen gilt.

Komplementäre Spiele
JA ABER
SIEH, WAS DU ANGERICHTET HAST
HOLZBEIN
SIEH, WIE ICH MICH BEMÜHT HABE

DU ÄRMSTE/R

These
Die Anderen sind (ohne mich) nicht richtig lebenstüchtig.

Nutzeffekt
Die Schwäche der anderen gibt ein Gefühl der Stärke und überspielt eigene Unzulänglichkeiten.

Eröffnung
Übertriebenes und unangemessenes Mitgefühl.
Das muss ja schrecklich für dich gewesen sein!
Ich an deiner Stelle wäre ja am Boden zerstört!
Du siehst ja ganz fürchterlich mitgenommen aus!
Du Ärmste/r!

Antithese
Weisen Sie die verdeckten Abwertungen zurück und verweisen Sie auf Ihre eigene Lösungskompetenz.
Würde es dir denn in einer ähnlichen Situation so gehen?
Wie hast du denn deine Krisen gemeistert?
Reagieren Sie gar nicht auf entsprechende Bemerkungen und suchen Sie sich ggf. woanders Unterstützung.

Komplementäres Spiel
ICH ÄRMSTE/R

Anmerkungen
Gelingt es dem Spieler über weitere Abwertungen, das Opfer klein zu machen und von seiner eigenen Lösungskompetenz abzuschneiden, erfolgt häufig ein Übergang zu einem Spiel mit dem Namen WAS WÄRST DU OHNE MICH, das sehr starke symbiotische Züge trägt, vor allem, wenn der Mitspieler mit WAS WÄRE ICH OHNE DICH reagiert. Auch das folgende THERAPIE-Spiel eignet sich als Vorbereitung für diese Konstellation.

THERAPIE

These
Ich weiß besser als andere, was sie denken, fühlen und weshalb sie etwas tun.

Nutzeffekt
Vermeidung, sich mit dem eigenen Problem zu beschäftigen. Gefühl von Überlegenheit: „Wenn es mir gelingt, dich zu therapieren, muss ich selbst in Ordnung sein!"

Eröffnung
Ungefragte Interpretationen fremden Verhaltens.
Ich war da neulich auf einem Seminar, und jetzt weiß ich genau, was dein Problem ist.
Hast du schon mal darüber nachgedacht, wie es kommt, dass du ...?

Antithese
Ich möchte das jetzt nicht hören, sondern lieber etwas Schönes mit Dir unternehmen.
Was denkst du, ist dein Anteil an dem Problem?
Das ist deine Interpretation, nicht meine!
Ich will nicht dein Patient werden!
Und was ist dir dabei über dich selbst klargeworden?
Möchtest du mich gerne als Patienten haben? Was nimmst du denn pro Stunde?)

Komplementäre Spiele
ICH ÄRMSTER; DUMM; TRITT MICH; WAS WÄRE ICH OHNE DICH; SIEH NUR, WIE ICH MICH BEMÜHT HABE

Anmerkung
Auch die Transaktionsanalyse selbst und die Konzepte dieses Buches können zu diesem Spiel missbraucht werden.

Spiele, die in der Opferrolle begonnen werden

TRITT MICH

These
Warum muss das bloß immer mir passieren?

Nutzeffekt
Zurückweisung und negative Zuwendung

Eröffnung
Penetrant nervendes oder störendes Verhalten.
Ich habe da noch mal eine ganz dumme Frage ...
Ich weiß, ich nerve jetzt, aber ... und andere Selbstabwertungen

Antithese
Geben Sie behutsam Zuwendung.
Hör auf damit!
Mir gefällt nicht, was du tust, aber du wirst von mir keinen Tritt bekommen!
Ist es dein Ziel, bestraft zu werden?

Komplementäre Spiele
HAB ICH DICH, DU SCHWEINEHUND; MAKEL

Anmerkung
Das TRITT MICH-Spiel ist weit verbreitet, da viele Menschen in ihrem Zuwendungskonzept auch einen Bereich entwickelt haben, der durch negative Zuwendung abgedeckt wird. Außerdem enden die allermeisten Spiele mehr oder weniger ausgeprägt mit dem Austausch von Tritten.

DUMM: Tritt mich und lache mich aus dabei!

These
Solange ich dumm bin, sind alle zufrieden.

Nutzeffekt
Dumm genannt zu werden. Denn das beweist dem Spieler, dass er nicht denken und keine Probleme lösen kann. Erhöhte Zuwendung und Aufmerksamkeit, zum Beispiel durch wiederholtes Erklären eines bekannten Sachverhalts.

Eröffnung
Häufiges unnötiges Nachfragen.
Überhören und übersehen relevanter Stimuli.
Jetzt verstehe ich gar nichts mehr, also was ist Trumpf?

Antithese
Übergehen Sie das Verhalten und wechseln Sie das Thema.
Lachen Sie keinesfalls über seine „Dummheit".
Verweigern Sie die Wiederholung von Aussagen und Erläuterungen.
Reden Sie zum Spieler in Babysprache, wenn er sich selbst klein und dumm darstellt.
Ich finde dein Verhalten nicht komisch.
Ich erwarte, dass du denkst und es selbst herausfindest.
Ich weiß, dass du es nicht gewohnt bist, für dich zu denken, aber ich will es nicht für dich tun.
Wie lange hast du den Menschen schon vorgemacht, dass du dumm bist?

Komplementäres Spiel
MAKEL

Anmerkung
Dieses Spiel wird häufig auch eingesetzt, um verdeckt Aggressivität auszuagieren, indem man Gespräche und Arbeitsprozesse unterbricht, um andere dazu zu bringen, sich mit einem zu beschäftigen. Daher zählt das DUMM-Spiel ähnlich wie SCHLEMIHL zu den passiv-aggressiven Verhaltensweisen.

HOLZBEIN

Unter einem „Holzbein" sind hier vorgeschobene oder selbst zu
verantwortende Gründe zu verstehen, die als Entschuldigung oder
Begründung für eigene Passivität verwendet werden.

These
Was kann man schon von jemandem erwarten, der ... (ein Holzbein)
hat?

Nutzeffekt
Beweis dafür, dass er keine Verantwortung für seine ungelösten
Probleme trägt. Vermeidung angstbesetzter Situationen. Von ande-
ren bedauert zu werden.

Eröffnung
Wenn ich nicht ... hätte/wäre, dann würde/könnte ich ...
Sehr früh im Gespräch: *Sie müssen wissen, dass ich ... (folgendes Holz-
bein) habe!*
Das wäre nicht passiert, wenn ...

Antithese
Wechseln Sie das Thema
Und was wirst du jetzt tun?
Es klingt so, als hättest du für dich entschieden, dass es hoffnungslos ist!
*Ich bin davon überzeugt, dass auch Menschen mit ... (Holzbein) Probleme
lösen können.*
Ich erwarte nichts von Ihnen. Was erwarten Sie denn von sich selbst?

Komplementäre Spiele
ICH VERSUCHE JA NUR, DIR ZU HELFEN; MAKEL

Anmerkung
Weit verbreitet sind „Holzbeine" in Gestalt von psychosomatischen Sym-
ptomen, Verpflichtungen, schwerer Kindheit oder „den gesellschaftlichen
Bedingungen ganz allgemein". Bisweilen setzen sich Spieler auch außer
Gefecht (vgl. passives Verhalten). Gern wird HOLZBEIN in Verbindung
mit DUMM, JA, ABER oder SIEH NUR, WIE ICH MICH BEMÜHT
HABE („aber was kann man schon von einem erwarten, der ...") gespielt.

SIEH NUR, WIE ICH MICH BEMÜHT HABE

These
Du kannst mir nicht erzählen, was ich zu tun habe.

Nutzeffekt
Der Nachweis, dass man weder Schuld hat, noch dass einem geholfen werden kann.

Eröffnung
Ich habe schon alles versucht!
Du kannst mir wirklich nicht vorwerfen, dass ich ...

Antithese
Was genau hast du denn schon alles unternommen?
Weshalb hattest du vermutlich keinen Erfolg?
Üben Sie keinerlei Druck aus.
Spielen Sie IST ES NICHT SCHRECKLICH als Zeitvertreib oder in ironischer Übertreibung.

Komplementäre Spiele
ICH VERSUCHE JA NUR, DIR ZU HELFEN; THERAPIE

Anmerkungen
Das Spiel wird häufig von einem erheblichen Maß an Agitation (siehe passives Verhalten) begleitet.

ICH ÄRMSTE/R

These
Ich bin hilflos, und die Anderen sollen meine Probleme lösen. Niemand kann/will mir helfen!

Nutzeffekt
Mitleid und Unverstandensein. Keine Eigenverantwortung übernehmen zu müssen.

Eröffnung
Ausführliche Darstellung der eigenen Hilflosigkeit und Ohnmacht.
Ich Ärmste/r!
Niemand hilft mir ...
Es ist alles so schwer!
Das schaffe ich nie! (alles mit leicht jammerndem Unterton)

Antithese
Vermeiden Sie Ratschläge.
Auf welche Weise genau könnte dir denn geholfen werden?
Soll ich dich trösten?
Möchtest du dich vielleicht etwas bei mir ausweinen? (nEL!)
Spielen Sie IST ES NICHT SCHRECKLICH als Zeitvertreib oder in ironischer Übertreibung.
Ich glaube, du brauchst mich nicht, um das Problem zu lösen!
Ich glaube, du willst dir von mir gar nicht helfen lassen!

Komplementäre Spiele
MAKEL; DU ÄRMSTER

ÜBERLASTET

These

Ich muss versuchen, alles zu schaffen, und zwar sofort. Ich bin unersetzlich!

Nutzeffekt

Rechtfertigung für Erschöpfung oder für eine Eskalation mit schwereren Folgen (z.B. Herzattacke).

Rechtfertigung der eigenen Existenzberechtigung und Unersetzlichkeit.

Schutz vor den Forderungen anderer.

Rechtfertigung von Distanz.

Eröffnung

Zuerst muss ich aber noch unbedingt ...

Soll ich dir mal erzählen, was ich noch alles zu tun habe/hatte?

Letztlich bleibt doch alles wieder an mir hängen!

Antithese

Du siehst überlastet aus.

Du darfst dein eigenes Tempo gehen und dir Ruhe gönnen!

Wenn du schon merkst, dass du es nicht schaffen kannst, dann habe die Kraft, damit aufzuhören.

Ich möchte nicht wissen, wann du nicht kannst, sondern wann du Zeit hast!

Willst du dir erst Ruhe gönnen, wenn du umfällst?

Anmerkungen

Das Spiel ist in hohem Maße von Antreibern geprägt, die ein erhebliches Maß an Agitation erzeugen (siehe passives Verhalten). Aus diesem Grunde sollten Sie nach einer erfolgten Antithese unbedingt auf ein mögliches JA ABER-Spiel achten!

SCHLEMIHL

These
Ich kann alles durcheinanderbringen, und mir wird dennoch vergeben.

Nutzeffekt
Indirektes Ausagieren aggressiver Impulse. Der Spieler bekommt einen Tritt und/oder es wird ihm vergeben.

Eröffnung
Ungeschicklichkeiten oder taktloses Verhalten.
Ich weiß gar nicht, wie das passiert ist!
Können Sie mir noch einmal verzeihen?

Antithese
Ich bin enttäuscht und erwarte ...
Ich nehme deine Entschuldigung nicht an!
Darf ich dir noch etwas anderes zum Kaputtmachen geben?
Auf wen oder was bist du eigentlich sauer?
Bitte entschuldige dich nicht auch noch, wenn du etwas zerstört hast!

Anmerkung
Dieses Spiel ermöglicht unter der Maske des ungeschickten „Opfers" ein verdecktes Ausagieren von aggressiven Gefühlen (Verfolgerposition), ohne wirklich zu ihnen stehen zu müssen. Es gehört damit - wie das DUMM-Spiel - zu den passiv-aggressiven Verhaltensweisen. Dem geschickten SCHLEMIHL-Spieler gelingt es nicht selten zu triumphieren, ohne einen Tritt zu bekommen.

WENN DU NICHT WÄRST

These

Da ist immer jemand, der mich hindert, genau das zu tun, was ich möchte.

Nutzeffekt

Vermeidung, sich und anderen die eigene Furcht davor einzugestehen, eben gerade dieses zu tun.

Eröffnung

Du hast mir doch verboten ...
Ich habe doch gemerkt, dass du eigentlich etwas dagegen hattest.
Wenn ich dich nicht kennengelernt hätte / du nicht geboren worden wärest, dann hätte ich ganz andere Möglichkeiten gehabt / eine tolle Karriere machen können.

Antithese

Wer, ich ?
Weshalb gibst du dich dann mit jemandem wie mir ab?
Nutze deine Möglichkeiten - es ist nie zu spät!
Ja, es macht wirklich Angst, ... zu tun.

Komplementäre Spiele

SIEH NUR, WIE ICH MICH BEMÜHT HABE; ICH ÄRMSTER; ICH VERSUCHE JA NUR, DIR ZU HELFEN

Anmerkung

Die Spieleinladung erfolgt in der Regel aus der Opferrolle, verdeckt wird jedoch aus der Verfolgerrolle operiert. Das Ziel besteht in diesem Fall darin, beim Mitspieler Schuldgefühle zu erzeugen. Mit kleinen Kindern gespielt kann dies zu schwerwiegenden psychischen Beeinträchtigungen führen.

JA, ABER ...

These
Biete mir Lösungen an, und ich werde dir schon beweisen, dass sie nichts taugen.
Ich werde den Besserwissern schon zeigen, dass es mit ihnen auch nicht so weit her ist.
Mein Problem ist nicht lösbar.

Nutzeffekt
Gerechtfertigter Ärger und Enttäuschung. Gefühl von Triumph:
Ihr kriegt mich nicht!

Eröffnung
(Indirekte) Bitte um Ratschläge.
Was tut man (aber), wenn ...?
Mit ... hat es ja nicht geklappt!

Antithese
Geben Sie keinerlei Ratschläge!
Spätestens nach dem zweiten „Ja, aber ..." zu öffnenden Fragen übergehen: *Was ist denn konkret deine Schwierigkeit, für die du Unterstützung brauchst?*
Das ist ja wirklich schwierig. Was willst du jetzt tun bzw. welche Möglichkeiten gibt es?
Was hast du denn schon unternommen?
Stelle das Problem doch einmal lösbar dar!
Sagen Sie scherzhaft: Ja, aber wenn ich dir antworte, sagst du wieder Ja, aber ...
Was müsste ein guter Rat denn alles berücksichtigen?
Ändert es tatsächlich etwas, wenn ich dir einen Rat gebe?
Ich finde es sinnvoller, mit dir darüber zu reden, welchen Nutzen du von der Beibehaltung des Problems hast!

Komplementäres Spiel
ICH VERSUCHE JA NUR, DIR ZU HELFEN

Anmerkung
Wie bereits im Eingangsbeispiel beschrieben, wird JA, ABER oftmals mit einer verdeckten Verfolgerabsicht gespielt.

Die Spielformel von E. Berne

Im bisher vorgestellten Ansatz haben wir die Spiele vor allem mit dem Blick auf die Positionen des Dramadreiecks betrachtet. Ein weiteres Spielekonzept, das wir an dieser Stelle kurz umreißen möchten, ist in der Spielformel von Berne zusammengefasst, die von einem Köder des Spielinitiators sowie einer schwachen Stelle bei der Mitspielerin ausgeht. Köder und schwache Stelle basieren dabei häufig auf komplementären Überzeugungen aus dem jeweiligen Bezugsrahmen. Nachdem der Köder aufgegriffen worden ist, folgt eine Reihe vermeintlich harmloser Transaktionen, bis es schließlich zu einem überraschenden Rollenwechsel (Switch) kommt, in dessen Verlauf die bis dahin verdeckte Ebene offen zutage tritt. Die „Katze wird aus dem Sack gelassen". Es kommt zu einem Moment der Irritation, dem dann der Payoff folgt. Bezogen auf unser eingangs beschriebenes Ja, aber-Spiel sieht das wie folgt aus:

Erika wirft einen Köder in Form eines Hilferufs aus, den die anderen Beteiligten begierig aufgreifen. Deren „schwache Stelle" könnte beispielsweise aus der Überzeugung resultieren, dass andere - insbesondere Frauen - allein nicht zurechtkommen, dass man generell - auch ungefragt - mit Ratschlägen einspringen muss oder dass man - ganz besonders Erika - zeigen will, was für ein toller Ratgeber man ist. Es folgt das hinlänglich bekannte Hin und Her des Ja, aber-Spiels und schließlich der unvermittelte Wechsel:

> Arnold: „Dann können wir wohl gar nichts machen."
>
> Erika: „Ja, das finde ich auch."

Es kommt zu einer Irritation, die sich in peinlichem Schweigen äußert, und bei den Beteiligten steigen die mit dem Payoff verbundenen Gefühle auf. Bestätigung und ein schaler Triumph bei Erika, Unzulänglichkeit, Frustration und Zurückgewiesensein bei Arnold und den anderen.

Dieser Spielablauf ist sehr gut von außen zu beobachten und trägt viel zur Transparenz und zum tieferen Verständnis von Spielen bei. Vor allem das Bild von „Köder" und „schwacher Stelle" hat sich bei vielen unserer Seminarteilnehmer gut eingeprägt und geholfen, Spielangebote frühzeitig zu erkennen und den Automatismus der eigenen unproduktiven Reaktion zu durchbrechen.

Übungsvorschlag

Im folgenden Auszug aus Bertold Brechts „Kleinbürgerhochzeit", die von Beispielen für Psychologische Spiele nur so strotzt, schildert ein Ehemann die belastende Beziehung zu seiner Frau. In seinen Äußerungen werden einige gravierende Ehespiele deutlich, die - wie der Kontext zeigt - schon eine gefährliche Eskalationsstufe erreicht haben. Nehmen Sie das Spielebrevier zu Hilfe und versuchen Sie herauszufinden, welche Spiele in den Schilderungen des Mannes deutlich werden.

Der Mann geht erregt auf und ab, nachdem er nach seiner Frau mit einem Stuhlbein geworfen hat.

Jetzt habe ich sie gezüchtigt. Und jetzt bin ich der Rohling. Das war immer so. Sie ist die Märtyrerin, und ich bin der Rohling. Aber ich habe es sieben Jahre lang ausgehalten; und es fragt sich, wer mich so roh machte. Meine Hand war von der Arbeit für sie zu müde, als dass ich sie hätte schlagen können. Sie hat immer einen Schmerz, wenn es mir gut geht, sie zählt Geld, wenn ich trinke, und wenn ich Geld zähle, dann weint sie. Ich habe einmal ein Bild, das mir lieb war, hinauswerfen müssen, weil es ihr nicht gefiel. Es gefiel ihr nicht, weil ich es lieb hatte. Dann nahm sie das Hinausgeworfene vom Boden und hing es in ihre Stube. Als ich es dort sah, freute sie sich und sagte: Für mich ist es ja gut genug. Und bemitleidete sich, weil sie das, was ich fortwarf, auflesen müsste. Ich nahm es ihr im Zorn weg, und da weinte sie, weil sie nicht einmal das haben sollte. Nicht einmal das, sagte sie, ... Aber so ist sie und so sind sie ..."

Wir möchten noch einmal darauf hinweisen, dass uns noch niemals spielfreie Menschen begegnet sind. Völlige Spielfreiheit scheint uns eine Illusion zu sein, bringen wir doch mit Hilfe von Spielen eine gewisse Spannung in unser Leben, auf die zu verzichten anscheinend sehr schwer fällt.

Dennoch ist es ein sinnvolles Ziel, auf eine möglichst spielfreie Atmosphäre hinzuwirken. Besonders wichtig ist das in Konflikt- und Beratungsgesprächen, zu denen Menschen ja deshalb kommen, weil sie Probleme haben, die aus der Verstrickung in Spiele resultieren.

Anregungen zur Selbstreflexion

Falls Sie nicht bereits beim Durchlesen des Spielebreviers Ihre Aha-Erlebnisse hatten, können Ihnen die folgenden Fragen helfen, auf die Spur eines eigenen manipulativen Spiels zu kommen. Voraussetzung ist, dass Sie sich eine Situation mit anderen Menschen vergegenwärtigen, in die Sie häufiger geraten und in der Sie sich unwohl fühlen.

Erkennen Sie bei sich und den anderen Beteiligten Rollen aus dem Dramadreieck wieder?

Enden Sie in einer Position des Dramadreiecks?

Wenn Sie die beiden Fragen positiv beantworten konnten, dann erhärtet sich die Vermutung, dass es sich tatsächlich um ein Spiel handelt. und Sie können zu den nächsten Fragen übergehen.

Was denken Sie am Ende über sich, die Anderen und das Leben?

Im allgemeinen werden am Ende eines Spiels die Grundüberzeugungen des eigenen Bezugsrahmens besonders klar und deutlich.

Welche Abwertung oder indirekte Botschaft wurde als „Köder" ausgelegt, und mit welcher „schwachen Stelle" aus ihrem Bezugsrahmen sind Sie darauf angesprungen?

Es kann sich dabei um eine scheinbar harmlose Frage oder Bemerkung handeln. Und denken Sie daran, dass die Spieleinladung auch von Ihnen selbst ausgegangen sein könnte!

Wann tauchte dieses Spiel so oder ähnlich zum erstenmal in Ihrem Leben auf?

Welchen Sinn hatte es damals, und welchen Nutzeffekt hat es heute?

Was können (und wollen) Sie heute anders machen?

Zusammenfassung: Manipulative Spiele

Manipulative Spiele werden gespielt zur
- Befriedigung des Zuwendungshaushaltes;
- Vermeidung gefürchteter Situationen (meistens Konflikte, Nähe oder Verantwortung);
- Bestätigung des eigenen Weltbildes und der persönlichen Lebensposition (Eindruck der Schicksalhaftigkeit).

Ein manipulatives Spiel
- basiert auf einer ungelösten symbiotischen Beziehung (vergl. „Köder" und „schwache Stelle");
- wird aus einer Position des Dramadreiecks heraus initiiert;
- wird unter Ausschluss des Erwachsenen-Ichs gespielt;
- beginnt stets mit einer Abwertung/Übertreibung bzw. mit einer verdeckten Transaktion;
- endet mit einem vorhersagbaren Ergebnis, dem heimlichen Nutzeffekt (Payoff).

Ich kann ein manipulatives Spiel vermeiden, indem ich
- mich beobachte;
- mein Erwachsenen-Ich benutze oder einen anderen produktiven Ichzustand (nEL oder fK);
- Spieleinladungen ablehne („immer","nie","jedesmal" etc.);
- bei verdeckten Botschaften meine Wahrnehmung mitteile;
- auf den offenen (verbalen) Stimulus reagiere;
- positive Zuwendung gebe und hole;
- aufhöre, eigene oder fremde Schwächen und Stärken zu übertreiben,
- mir gestatte, so zu sein, wie ich bin.

(Nach einer Zusammenstellung von C. Marwedel)

Rackets

Die vier Grundgefühle

In der Transaktionsanalyse gehen wir davon aus, dass es vier Grundgefühle gibt, von denen sich zahlreiche andere Gefühle ableiten lassen:
Angst, Ärger, Trauer und Freude. Die drei zuerst genannten sind Antworten des Kindheits-Ichs auf bedrohliche oder schwierige Situationen
und sollen zu deren Bewältigung dienen. Furcht dient dazu, Kräfte
und Fähigkeiten zu mobilisieren, um einer drohenden Gefahr zu entgehen. Ärger entsteht aus der Frustration, nicht das Gewünschte zu bekommen, und hat den Sinn, diesen unangenehmen Zustand zu verändern. Trauer hilft bei der Verarbeitung eines Verlusts bzw. körperlichen
Schmerzes und führt zur Einsicht in etwas Unabänderliches. Diese drei
Grundgefühle begleiten einen Problemlösungsprozess und sind somit
funktional. Echte Freude entsteht, wenn man im Moment frei von Problemen ist. Sie ist geradezu der Ausdruck dafür, dass kein aktuelles
Problem existiert, als Voraussetzung dafür, angenehme Stimuli überhaupt wahr- bzw. annehmen zu können.
Thomas (1983) beschreibt im Falle von Furcht, Ärger und Trauer in ihrer produktiven, also problemlösenden Ausprägung eine charakteristische zeitliche Dimension, die uns sehr einleuchtend erscheint: Furcht
bezieht sich auf ein bedrohliches Ereignis in der Zukunft, dem ich entgehen möchte. Ärger gilt einem unangenehmen Zustand in der Gegenwart, den ich verändern will. Bei der Trauer geht es um die Verarbeitung zum Beispiel eines Verlustes, der sich bereits ereignet hat, also in
der Vergangenheit liegt.
Nicht in allen Fällen, wo Furcht, Ärger und Trauer diese zeitlichen Bedingungen erfüllen, sind sie funktional, aber immer dann, wenn diese
Verknüpfung nicht besteht, sind sie dysfunktional. So macht beispielsweise die Angst vor etwas Vergangenem, die Trauer in Bezug auf etwas
Zukünftiges oder - sehr verbreitet - die immer wiederkehrende Wut
über ein früheres Ereignis keinen Sinn. Dysfunktional sind Gefühle immer dann, wenn sie Unwohlsein verursachen, ohne im Dienst einer
wirklichen Problemlösung zu stehen. Während funktionale Gefühle
Erleichterung schaffen und allmählich abklingen, führen dysfunktio-
nale Gefühle zu keiner echten Entlastung und tauchen daher immer
wieder auf.
Ein Beispiel: Jemand steht auf meinem Fuß. Ich werde ärgerlich und
schimpfe. Die andere Person nimmt daraufhin ihren Fuß weg. Das Problem ist gelöst. Halte ich den Ärger jedoch fest, indem ich beispiels-

weise auf Rache sinne, wird das Gefühl ebenso dysfunktional, wie wenn ich bereits beim Anblick dieser Person sauer werde, weil sie mir ja vielleicht wieder auf die Füße treten könnte.

Die drei „negativen" Grundgefühle sind natürlich an sich nicht angenehm. Sie werden in der Regel jedoch nicht als unerträglich empfunden, da die Betroffenen mit ihrem Problem irgendwie vorankommen, anstatt sich im Kreise zu drehen. Die Gefühle lösen sich auf, wenn sie ihren Sinn erfüllt haben. Die Gefühlsenergie wird wieder frei, wir können auf neue Situationen im Hier und Jetzt mit den entsprechenden Gefühlen reagieren. Das kann im Falle der Trauer allerdings längere Zeit dauern. So werden bei tiefgreifenden Verlusten meist auch später noch Spuren von Trauer vorhanden sein, die beim Erinnern dieses Verlusts erneut zutage treten können. Bei einem wirklichen Durchleben des Gefühls ist aber auch der Prozess des Trauerns meist in einer absehbaren Zeit abgeschlossen.

> Echte Gefühle, die der Situation angemessen sind, lösen sich auf, wenn sie ihren „Sinn" erfüllt haben.

Bei einschneidenden Erlebnissen wie zum Beispiel einer Trennung vom langjährigen Lebenspartner oder dem frühen Verlust einer geliebten Person mitten im Leben sind alle drei Gefühle beteiligt (Wut-Angst-Trauer-Komplex): Die Trauer über den Verlust, die Angst vor dem Alleinsein sowie die Wut darüber, verlassen worden zu sein. Oft durchleben Menschen nur eines oder auch zwei dieser Gefühle und schließen die Anderen - vielleicht infolge einschränkender Skriptbotschaften - aus. Die Trauer wird letztlich dysfunktional, wenn nicht auch die Wut zugelassen und die Angst bearbeitet wird. Das gilt auch für einen Verlust durch Tod.

Racketgefühle und Racketverhalten

Eine Gefühlsreaktion verläuft in zwei Schritten:

1. Ein äußerer oder innerer Stimulus löst ein bestimmtes Gefühl aus, welches dann

2. durch ein entsprechendes Verhalten in Worten, Mimik, Gestik und Aktion ausgedrückt wird.

Das Ziel der Gefühlsreaktion besteht in einer Entladung von Energie und im Fall unangenehmer Stimuli in deren Beseitigung. Jedoch sind heranwachsenden Kindern vor dem Hintergrund kultureller, individueller und familiärer Bedingungen nicht alle Gefühlsäußerungen gestattet. Nehmen wir einmal das Beispiel, dass „ein Indianer keinen Schmerz (keine Trauer, Angst) kennt". Dieses Verbot kann sich auf das Gefühl selbst beziehen („Ein Indianer fühlt keinen Schmerz") oder aber auf seinen Ausdruck („Ein Indianer zeigt keinen Schmerz"). Auf jeden Fall ist dem kleinen Jungen der Weg zu einer angemessenen Verarbeitung schmerzlicher Situationen versperrt. Es bleiben ihm nun drei Wege offen: So kann er sich entscheiden,

1. **das Gefühl nicht wahrzunehmen:** Er versucht, Angst und Trauer gar nicht erst wahrzunehmen, sich also in dieser Beziehung gefühllos zu machen.

2. **ein Ersatzgefühl zu fühlen:** Er verlagert seine Gefühlsenergie auf eine andere Empfindung, die von seiner Umgebung geduldet oder sogar unterstützt wird. In der Transaktionsanalyse wird dieses Gefühl als Ersatz- oder Racketgefühl bezeichnet.

3. **ein zum Gefühl nicht passendes Verhalten zu zeigen:** Er spürt seine Angst und Trauer zwar deutlich, entscheidet sich aber, nicht dem Gefühl entsprechend zu reagieren, sondern es in sich festzuhalten („in sich hineinzufressen") und ein Ersatz- oder Racketverhalten („gute Miene zum bösen Spiel") darüber zu legen.

Immer dann, wenn sich der Junge und später der erwachsene Mann Situationen ausgesetzt sieht, in denen der Ausdruck von Schmerz und Trauer angemessen wäre, wird er vielleicht ärgerlich reagieren oder mit einem Lächeln darüber hinweg gehen.
Entsprechend reagieren viele Frauen in Situationen, in denen eigentlich Wut angesagt wäre, mit Traurigkeit, depressiver Verstimmung oder Ängstlichkeit. Sie vermeiden damit zwar den Kontakt mit dem

nicht akzeptierten Gefühl, doch werden sie auf diesem Weg den eigentlichen Konflikt nicht lösen können, da die Voraussetzung hierfür eine angemessene Berücksichtigung des echten Gefühls wäre.

Von „echten" Gefühlen sprechen wir bei Reaktionen, die unmittelbar aus dem Hier und Jetzt abgeleitet werden können und die der gegebenen Situation angemessen sind.

Die Entstehung von Rackets

Zur Entstehung von Rackets kommt es durch

1. Erlaubnisse und Verbote:

Auf ihrer Basis entwickelt das Kind alternative Gefühlsäußerungen. Dabei wählt es seine Rackets nach dem Grad der Aufmerksamkeit aus, die es dafür bekommt, sowie nach ihrem manipulativen „Gebrauchswert".

2. Zuschreibungen:

Sie folgen dem Motto: „Ich weiß besser, was du eigentlich fühlst", etwa wenn die Eltern sagen: „Du bist gar nicht ärgerlich (traurig, hungrig), in Wirklichkeit bist Du müde!"

3. Lernen am Modell:

Die Kinder internalisieren die Rackets, die sie bei den Eltern beobachten, besonders beim gleichgeschlechtlichen Elternteil.

In der Arbeit mit Gruppen haben wir häufig folgende Beobachtung gemacht: Kommt ein Mensch beispielsweise mit einem aktuellen oder frühen schmerzlichen Erlebnis in Kontakt und fängt dabei an zu weinen, so fühlt sich oft eine Reihe anderer Gruppenmitglieder auf ganz unterschiedliche Weise schlecht. Sie reagieren mit Angst, fühlen sich hilflos, wollen flüchten, sind verwirrt, werden ärgerlich oder bekommen Bauchschmerzen. Ihnen allen gemeinsam ist das Problem, nicht angemessen mit Trauer umgehen zu können, sie unterscheiden sich lediglich in der Ausprägung ihrer Rackets.

Die Schwierigkeiten im Umgang mit einem nicht erlaubten Gefühl gehen bei manchen Menschen so weit, dass sie selbst den Ausdruck dieses Gefühls durch einen Dritten unbedingt zu verhindern versuchen, indem sie zum Beispiel vorschnell beschwichtigen, eine „witzige" Bemerkung einwerfen oder der Leiterin Vorwürfe machen.

Bisweilen ist ein bestimmtes Racket so ausgeprägt, dass die betreffenden Menschen in ganz unterschiedlichen Konfliktsituationen unflexibel mit immer demselben unpassenden Gefühls- oder Verhaltensmuster reagieren. So kommt es vor, dass jemand immer wieder mit Scherzen auf Situationen reagiert, in denen Trauer, Ärger, Angst, oder ganz generell starke emotionale Spannungen zutage treten. Beispiele für andere verbreitete Rackets: nörgelige Unzufriedenheit, Weinerlichkeit, Verwirrtheit oder Hilflosigkeit.

Die Wirkung von Rackets

Der Begriff des Rackets wurde von Berne geprägt. Er stammt aus dem Amerikanischen und bedeutet so viel wie Lärm, Getöse oder Spektakel. Berne wollte damit zum Ausdruck bringen, dass Rackets manipulativen Charakter besitzen, oft auch mit einer erpresserischen Komponente. Rackets sind also nicht auf eine konstruktive Lösung hin gerichtet, sondern werden - unbewusst - dazu benutzt, andere Menschen bei eigener Passivität zum Handeln zu veranlassen. Ein allseits bekanntes Beispiel dafür ist der beleidigte Rückzug, der darauf abzielt, dass sich jemand anders um die betreffende Person kümmert.

> Rackets werden dazu benutzt, andere Menschen bei eigener Passivität zum Handeln zu veranlassen.

Interessant ist die Energieverteilung in der durch das Racketverhalten ausgelösten Sequenz. Die betreffende Person tut wahrscheinlich nichts, außer aufzuschluchzen und hinauszulaufen. Die anderen Mitglieder eines Teams oder einer Gruppe werden dagegen innerlich und äußerlich höchst aktiv. Eine stattliche Anzahl anderer Menschen unterbricht höchst betroffen ihren Prozess, einige Mitglieder laufen hinterher, die anderen fühlen sich schlecht, machen sich gegenseitig Vorwürfe, rätseln darüber nach, was wohl in der Person vorgegangen sein mag, geraten darüber womöglich untereinander in Streit, sinnen auf Wiedergutmachung und vieles andere mehr. Die Person mit dem eindrucksvoll inszenierten Racketverhalten hat in dieser Situation die Macht und vergibt am Ende vielleicht sogar noch „Noten" darüber, wer sich in dem von ihr ausgelösten Drama gut bewährt hat.

Viele Menschen suchen geradezu nach mehr oder weniger geeigneten Anlässen, ihr Racket ausspielen zu können, um Kontrolle oder Zuwendung in unterschiedlichsten Formen zu bekommen. Doch bleiben die Betreffenden meist irgendwie unbefriedigt zurück und bieten zu ihrer Entlastung immer wieder dasselbe Racket an, vergleichbar einer Schallplatte, die einen Sprung hat und immer wieder in derselben Rille weiterläuft (English 1981).

An dieser Stelle wird die Verbindung zu den psychologischen Spielen deutlich. Oft werden kleine Portionen des Racketgefühls (Ärger, Enttäuschung, sich missachtet, übergangen oder ausgenutzt fühlen etc.) angesammelt und aufgestaut, um sich - „wenn das Fass überläuft" - guten Gewissens einen mittleren bis größeren Ausbruch erlauben zu können.

In der Transaktionsanalyse wird dieser Vorgang sehr treffend als das Einlösen von Gefühlsrabattmarken bezeichnet, die man heimlich in ein inneres Buch klebt, das man den anderen dann effektvoll hinknallt, wenn es voll ist. Einen Hinweis darauf, dass jemand Rabattmarken gesammelt hat, stellen übertriebene, der Situation nicht angemessene Gefühlsäußerungen dar, die mit großer Geste und unüberhörbaren Vorwürfen an andere vorgetragen werden: Die Lehrerin, die an einem Schüler ein Exempel statuiert, der tobende Vorgesetzte, der sich einem Mitarbeiter gegenüber rühmt, sooo lange ruhig zugesehen zu haben, oder das Team oder Gruppenmitglied, das erst im Schlussfeedback heftige Kritik über den Gesamtverlauf äußert. Typische Zeichen dafür sind Sätze wie „Jetzt will ich dir endlich mal sagen ...", „Das habe ich nun lange genug ..." oder ein abrupter Beziehungsabbruch mit Verweigerung jeder weiteren Kommunikation. Man kann nun freilich nicht einfach sagen, dass Rackets von den Betreffenden vorgespielt würden. Sie werden als wirkliche Gefühle empfunden. Es sind tief verankerte Reaktionsmuster des angepassten Kindes, die im Unterschied zu echten Gefühlen jedoch stets mit einer unbewussten manipulativen Absicht verbunden sind. Manchmal gerät das Racket sogar zu einer allgemeinen Grundgestimmtheit, die sich mit der Zeit auch in den Gesichtszügen niederschlagen kann, so beispielsweise das Muffel- oder Unzufriedenheitsracket.

> Mit großer Geste vorgetragene Gefühle legen den Verdacht nahe, dass Rabattmarken eingelöst werden.

Woran erkenne ich Rackets?

Folgende Fragen, an sich selbst gestellt, können helfen, Rackets auf die Spur zu kommen:

- Entsteht bei mir und anderen Beteiligten ein ungutes Gefühl, wie zum Beispiel aufkeimender Ärger oder das Gefühl, erpresst zu werden?

- Ist für das zum Ausdruck gebrachte Gefühl im Hier und Jetzt ein adäquater Anlass zu erkennen?

- Birgt das gezeigte Gefühl bzw. Verhalten die Voraussetzung für eine konstruktive Lösung des Problems?

- Sind das geäußerte Gefühl und das gezeigte Verhalten für die betreffende Person typisch, handelt es sich also möglicherweise immer wieder um dieselbe „Masche"?

- Lässt sich das geäußerte Gefühl und Verhalten einer Position des Dramadreiecks zuordnen?

- Könnte es sich bei dem betreffenden Gefühl oder Verhalten um den Payoff eines Spiels handeln?

Anregungen zur Selbstreflexion

Was war oder ist ein häufiger Konflikt in Ihrer (Kindheits-) Familie?

Mit welchem Gefühl oder Verhalten reagierten Sie damals bzw. reagieren Sie heute darauf?

Halten Sie das für eine der Situation angemessene Reaktion?

Welche Gefühle auszudrücken fällt Ihnen besonders schwer?

Wie reagieren Sie statt dessen?

Mit welchen Gefühlen bei anderen können Sie schwer umgehen?

Wie reagieren Sie in einer solchen Situation?

Welche Art von Rabattmarken sammeln Sie?

Bei wem und wie lösen Sie sie ein?

Hinweise zum Umgang mit Rackets

Es ist sehr wünschenswert, Rackets nicht zu fördern, sondern zu klarer und konstruktiver Kommunikation im Hier und Jetzt beizutragen, auch und gerade im Umgang mit Gefühlen. Allerdings ist dies eines der sensibelsten Themen in der Kommunikation mit anderen Menschen. Viele Menschen reagieren auf Interventionen in diesem Bereich sehr empfindlich. Nichtbeachtung oder Konfrontation von Rackets erleben sie sehr leicht als Herzlosigkeit oder Kränkung, da es sich doch um Missachtung ihrer „persönlichsten Gefühle" handele.

Eine wichtige Voraussetzung ist es, mir klar darüber zu sein, ob und wo ich selbst Probleme im Umgang mit bestimmten Gefühlen habe, um nicht aus meinen eigenen Trübungen heraus zu intervenieren.

Mit vollem Respekt für die Persönlichkeit der betreffenden Person sind die folgenden Hinweise zu handhaben:

- So wenig Beachtung für Rackets geben wie möglich,

- Statt dessen positive Reaktionen auf die Person an sich, auf klares und konstruktives Verhalten, auf echte Gefühle zeigen.

- Wenn die Beziehung und die Situation es gestattet, Erlaubnis und Ermutigung geben, das unter dem Racket liegende Gefühl zum Ausdruck zu bringen.

- Evtl. das vermutete Gefühl ansprechen, z.B.: „Ich habe den Eindruck, dass du eigentlich ärgerlich bist" oder „Wenn ich Ähnliches erlebt hätte, dann wäre ich darüber nicht nur ärgerlich, sondern auch traurig."

- Alles zurückweisen, was jemand aus einem Racket heraus mir oder anderen überhängen will und das vermutlich mit unbewältigten Konflikten aus seiner Vergangenheit zu tun hat.

- Konfrontieren, wenn Rabattmarken eingelöst werden.

Passivität

Stufen der Abwertung („Passives Denken")

LehrerIn: *Ich bin empört, dass ihr Jens gestern so brutal zusammengeschlagen habt. Ich erwarte, dass ihr zu ihm geht und das wieder in Ordnung bringt!*

1. Schüler: *Worüber regen Sie sich eigentlich so auf? Da war doch gar nichts los.*

2. Schüler: *Der soll sich bloß nicht so anstellen. Die paar Knuffe können doch gar nicht weh getan haben.*

3. Schüler: *Der blöde Schnacker hält doch nie seine Klappe, wenn er nicht ab und zu was drauf kriegt.*

4. Schüler: *Also, wenn der sein Maul aufreißt, dann kann ich gar nicht anders, als ihm eine zu verpassen.*

Beispiele wie dieses erleben wir häufig in ganz alltäglichen Gesprächen: Jemand spricht ein Problem an, und zwar eines, das wirklich existiert. Die Anderen sehen das Problem nicht oder bewerten es anders. Kennzeichnend sind Äußerungen wie: „Ich weiß gar nicht, wovon du redest" oder „Nun machen Sie mal nicht gleich aus einer Mücke einen Elefanten", oder: „Sie haben ja vielleicht recht, aber da kann man nichts machen, ich habe schon alles versucht." Bleibt es dabei, reden die Beteiligten aneinander vorbei, da sie von unterschiedlichen Einschätzungen der Situation ausgehen. So könnten die entsprechenden Antworten hinsichtlich der Empfehlung zu einem dringenden Arztbesuch lauten:

1. *Wieso, tut doch gar nicht weh!*

2. *Wenn ich wegen jedem Wehwehchen gleich zum Arzt rennen würde!*

3. *Da kann der Arzt auch nichts machen. Man wird dann womöglich nur noch kränker!*

4. *Du weißt doch genau, welche Angst ich vor Ärzten habe!*

In unseren Beispielen werden durch die verschiedenen Reaktionen vier Stufen des Problembewusstseins erkennbar.

1. **Person 1 bestreitet, dass überhaupt ein Problem existiert.** Die typische Äußerung auf dieser Stufe lautet: „Ich weiß nicht, was du hast - da war (ist) doch nichts!"

2. **Person 2 spielt die Bedeutung des Problems herunter.** Typische Äußerung: „Das macht doch nichts, das sollte man nicht überbewerten!"

3. **Person 3 behauptet, das Problem sei nicht vermeidbar bzw. nicht anders lösbar.** Typische Äußerung: „Da kann man nichts (anderes) machen!"

4. **Person 4 sieht keine Möglichkeit, sich persönlich anders zu verhalten,** um das Problem zu lösen bzw. zu vermeiden. Typische Äußerung in diesem Fall: „Ich kann das nicht (anders)!"

Allen diesen Reaktionen liegt eine Leugnung bzw. Abwertung von bestimmten Aspekten der Realität zugrunde. Dieses Abwerten („Discounting") ist der Nährboden für einen unproduktiven Umgang mit Problemen. Wir sprechen deshalb von „passivem Denken". Es zeigt sich in Strategien, die uns aus alltäglichen Gesprächssituationen vertraut sind: Übersehen, vergessen, vermeiden, nicht wichtig nehmen, herunterspielen, bagatellisieren, bestreiten, leugnen usw. und ist zugleich eine Quelle für Blockierungen und Missverständnisse in der Kommunikation.

Wenn wir das Gefühl haben, aneinander vorbei zu reden, liegt es oft daran, dass unser Gegenüber sich in Bezug auf das Thema, um das es geht, auf einer anderen Stufe des Problembewusstseins befindet. So hat es natürlich keinen Sinn, Lösungsmöglichkeiten oder gar Schritte zu persönlicher Veränderung anzusprechen, wenn unsere Gesprächspartner das Problem als solches oder seine Bedeutung nicht sehen – oder sehen wollen. Im Eingangsbeispiel läuft der Impuls „dass ihr das wieder in Ordnung bringt" völlig ins Leere, solange die Angesprochenen sich auf einer der Abwertungsstufen 1-3 befinden. Erst wenn sie das Problem sehen, es als bedeutsam anerkennen und Verhaltensalternativen in Betracht ziehen, hat es Sinn, mit ihnen über eine Lösung zu reden.

Menschen, die aneinander vorbei reden, befinden sich oft auf verschiedenen Stufen des Problembewusstseins.

Dieses Konzept mit den vier Stufen der Abwertung bzw. des Problembewusstseins ist hervorragend als diagnostisches Instrument zu nutzen. Es ermöglicht eine Einschätzung darüber, auf welcher Bewusstseinsstufe sich jemand in Bezug auf den Umgang mit einem Problem befindet und welche Reaktion im Gespräch oder im Verhalten dem angemessen ist.

Am weitesten entfernt von einem konstruktiven Umgang mit Problemen sind Menschen, die nicht einmal die Stimuli wahrnehmen, die auf eine Schwierigkeit hinweisen. Beispiele: Wenn LehrerInnen Scherben auf dem Schulhof nicht sehen oder den Lärm einer randalierenden Klasse nicht hören, wenn Menschen ihren berechtigten Ärger in einer entsprechenden Situation nicht fühlen etc. Auf dieser Stufe des Abwertens kommt es zu regelrechten Wahrnehmungsstörungen. Der Druck, bestimmten Problemen ausweichen zu müssen, ist offenbar so hoch, dass nur mit dem Ausblenden (Verdrängen) der für andere Personen offensichtlich wahrnehmbaren Realität das innere Gleichgewicht aufrechterhalten werden kann. Probleme, die man nicht lösen will oder glaubt, nicht lösen zu können, stellen auf die Dauer eine nicht unerhebliche psychische Belastung dar. Eine gewisse Entlastung bietet es, die Bedeutung oder gar die Existenz eines Problems zu leugnen. Der Preis, den man dafür bezahlt, besteht darin, dass man sich immer weiter von der mit dem Erwachsenen-Ich wahrnehmbaren Realität entfernt.

Einem konstruktivem Umgang mit Problemen am nächsten sind Personen, die die relevanten Stimuli wahrnehmen und beachten (z.B. Lärm in einer Klasse), die Bedeutung des dadurch angezeigten Problems realistisch einschätzen (die motivierten SchülerInnen oder andere Klassen werden durch den Lärm gestört), unterschiedliche Lösungsmöglichkeiten in Betracht ziehen (z.B. ein klärendes Gespräch mit der Klasse führen, eine andere Arbeitsform wählen, disziplinarische Maßnahmen ergreifen) und sich für die angemessenste Möglichkeit entscheiden können.

Das Abwertungsschema ermöglicht in einem problembezogenen Gespräch wie auch in der längerfristigen Arbeit mit Gruppen oder Einzelnen eine gute Erfolgskontrolle. Als bemerkenswerter Erfolg zu werten ist es, wenn jemand sich deutlich und stabil von Stufe 1 (Leugnung der Existenz des Problems) zu Stufe 4 (Leugnung der persönlichen Fähigkeit) entwickelt und auf dieser Ebene weiterarbeitet. Umgekehrt deutet sich eine ineffektive Entwicklung immer dann an, wenn jemand am Ende eines Gesprächs, das bereits nahe an einer Lösung zu sein schien, äußert: „... eigentlich ist das alles doch nicht so schlimm!" - es sei denn, diese Äußerung beruht auf einer durchdachten Neubewertung des Sachverhalts. Aus diesen Überlegungen heraus lassen sich einige Regeln zum Umgang mit passivem Denken ableiten.

Hinweise zum Umgang mit passivem Denken

- Setzen Sie auf der Stufe des Problembewusstsein an, auf der Ihr Gegenüber argumentiert.

- Geben Sie Unterstützung dabei, die anderen Stufen bis zu einer ungetrübten Sicht der Dinge zu durchschreiten.

- Machen Sie den Gesprächspartner auf Aspekte aufmerksam, die er auf der jeweiligen Stufe ausblendet - nicht etwa ein oder zwei Stufen weiter.

- Wenn die Diskrepanz zwischen dem offensichtlichen Problem und dem erkennbaren Problembewusstsein zu groß ist, prüfen Sie, ob es sinnvoll ist, in dieser Situation weiterzureden.

- Beachten Sie, ob am Ende des Gesprächs die erreichte Stufe aufrechterhalten wird.

- Bei einem Rückschritt überlegen Sie, ob Sie selbst durch zu forsches Vorgehen Anlass gegeben haben könnten, in den Widerstand zu gehen.

Passives Verhalten

Das Abwerten ist ein innerer Prozess, den wir als solchen von außen nicht direkt erkennen können. Er manifestiert sich jedoch in bestimmten Sichtweisen, die wir den Äußerungen unserer Gesprächspartner entnehmen können, und in den daraus resultierenden Verhaltensweisen. So wären zu dem Lärmbeispiel verschiedene unangemessene Reaktionsformen denkbar: Sich ans Fenster stellen und hinausschauen, bis der Lärm vielleicht irgendwann abebbt; mit flehender, aber kaum hörbarer Stimme gegen den Lärm anreden; wahllos einzelne SchülerInnen herausgreifen und mit Sanktionen bedrohen, ohne sie letztlich zu vollziehen; weinend aus der Klasse laufen und sich schluchzend in eine Ecke des Lehrerzimmers setzen; oder - als Kollegin, die von außen den Lärm mitbekommt - ohne erkennbare Reaktion einfach vorbeigehen; schnurstracks zum Direktor laufen und über den unfähigen Kollegen herziehen etc.
Alle diese Verhaltensweisen, die in der Realität durchaus verbreitet sind, bezeichnen wir in der Sicht der TA als „passives Verhalten". Wir meinen damit ein Verhalten, das auf Vermeidung oder einen unproduktiven Umgang mit Problemen hinausläuft.

Nichtstun

Die offensichtlichste Form passiven Verhaltens ist das Nichtstun angesichts eines bestehenden Problems oder einer zu lösenden Aufgabe. Anstatt die Energie für die Problemlösung einzusetzen, wird sie in die Vermeidung von Aktivität und in das Ausweichen vor relevanten Stimuli investiert.

Bisweilen genießt es eine Person, die „nichts tut", mit einem gewissen inneren Triumph, den Prozess - zum Beispiel in einer Gruppe - zu blockieren und die anderen Beteiligten „zappeln" zu lassen. Oft aber fühlt sie sich selbst dabei unbehaglich und spult eine Menge Phantasien darüber ab, was die Anderen jetzt wohl über sie denken, was alles Schlimmes passieren könnte, manchmal auch: was sie im Grunde Tolles zustande bringen könnte, wenn sie nur wollte (grandioses Denken als Rechtfertigung passiven Verhaltens).

Oft findet ein stummer Kampf statt, wer die Situation länger aushalten kann. Meist „gewinnt" die passiv(st)e Person.

Die anderen Beteiligten fühlen sich in der Regel ebenfalls unbehaglich. In gewisser Weise findet ein stummer Kampf darum statt, wer die ungeklärte Situation länger aushalten kann, und meistens „gewinnt" die passiv(st)e Person. Die Anderen werden aktiv und übernehmen Verantwortung für die passive Person und die Lösung des Problems. Das zu erreichen, ist die heimliche Absicht allen passiven Verhaltens.

Überanpassung

Eine scheinbar aktive und deshalb oft nicht erkannte Form passiven Verhaltens ist die Überanpassung. Jemand liest anderen die Wünsche von den Augen oder Lippen ab, sagt stets Ja und Amen und zeigt ein hohes Maß an vorauseilendem Gehorsam. Die Person ist nicht in Kontakt mit den eigenen Bedürfnissen und Zielen, sondern versucht ständig, das zu tun, was sie für die Erwartung der anderen hält. Dabei überprüft sie noch nicht einmal, ob es das ist, was diese tatsächlich wollen. Von anderen wird diese Haltung oft geschätzt oder sogar belohnt, da sie als hilfreich und pflegeleicht erlebt wird.

In der Überanpassung ist von allen passiven Verhaltensweisen am meisten Denken vorhanden, wenn auch kein eigenständiges. Der Haken dabei ist, dass Personen in der Überanpassung keine Verantwortung für ihr Handeln und dessen Folgen übernehmen. Typische Äußerungen sind dann: „Aber Sie haben doch gesagt ..." oder „Ich hatte Sie so verstanden, dass ich ... sollte." Dies bringt am Ende auch den vermeintlichen Nutznießern des überangepassten Verhaltens Verdruss („Da habe ich nun genau getan, was sie mir geraten haben, und nun sehen sie, was dabei herausgekommen ist!"), bisweilen aber auch den überangepassten Personen selbst („Nun hören Sie endlich auf mit Ihrem ewigen Ja und Amen, Sie Schwächling!").

Die Probleme sind zwar irgendwie vom Tisch, werden aber nur scheinbar gelöst.

Es liegt in der Natur der Überanpassung, dass keine aus der Sicht der betreffenden Person stimmige und für sie passende Problemlösung stattfindet. Die Probleme sind zwar irgendwie vom Tisch, werden aber nur scheinbar gelöst. Zurück bleibt ein ungutes Gefühl, da eine wirkliche Auseinandersetzung, die in der Regel zu einer echten Lösung gehört, nicht stattgefunden hat.

Agitation

Zu den passiven Verhaltensweisen zählt eine weitere Form scheinbar hoher Aktivität: Zielloses, ungerichtetes, ruheloses Tun und Treiben, das nicht zuende gebracht wird. Dieses Verhalten ist zwar oft auf ein bestimmtes Problem bezogen, zugleich aber völlig ungeeignet, zu einer echten Lösung beizutragen. Wir sprechen in diesem Fall von Agitation. Agitation zeigen Personen, die sich mit ihrer Situation oder Aufgabe sehr unbehaglich fühlen und ihre Spannung abzufackeln versuchen. Anzeichen dafür sind ruheloses Hin-und-her-laufen, nervöses Trommeln mit den Fingern, Zwirbeln im Haar oder Bart, Zupfen an der Kleidung etc.

Agitation ist mehr auf Energieabfuhr als auf Problemlösung gerichtet.

Bisweilen ist Agitation schwer erkennbar. Sie kann auch vorliegen, wenn jemand viele Fragen stellt (ohne überhaupt zuzuhören oder mit den Antworten etwas anzufangen), immer neue spontane Einfälle äußert (statt sie von einem bestimmten Punkt an zu entfalten und in Zusammenhang zu bringen), unzählige Briefanfänge schreibt und zerknüllt (mit dem illusionären Ausblick, dass es immer noch nicht so ist, wie man eigentlich schreiben will und kann). Ein typisches Argumentationsmuster zur Rechtfertigung von Agitation ist es, Dinge hinauszuschieben mit dem Gedanken: „Bevor ich dieses Problem erfolgreich anpacken kann, muss ich zuerst noch ..." Agitation ist mehr auf Energieabfuhr als auf Problemlösung gerichtet. Klares Denken fehlt, die Person erlebt sich als verwirrt, und hofft, dass das Problem sich löst, indem sie *irgend* etwas tut.

Oft durchlaufen Menschen im Umgang mit einem bestimmten Problem mehrere Stufen passiven Verhaltens.

Ein Beispiel:

Ein Student hat eine Hausarbeit anzufertigen. Das Thema reizt ihn, der Termin lässt ausreichend Zeit. Er fängt sogleich an, emsig Material zu sammeln, insbesondere Forschungsbeiträge des Professors, der ihm das Thema stellte. (Überanpassung)

Nach wenigen Tagen hat er sich die wichtigste Literatur und die methodischen Hilfsmittel zusammengestellt und könnte loslegen. Jetzt gönnt er sich aber erst einmal eine ausgiebige Ruhepause und schiebt den Beginn der eigentlichen Arbeit vor sich her. (Nichtstun)

Nach einiger Zeit stellt sich ein gewisses Unbehagen ein, das dann von Tag zu Tag wächst. Bald erlebt er erste Anflüge von innerer Panik. Er sagt sich jeden Abend: „Morgen muss ich aber unbedingt anfangen!" „Deshalb" räumt er erst einmal sein Zimmer oder auch die ganze Wohnung gründlich auf und geht vorausschauend einkaufen. Dabei fallen ihm weitere Dinge ein, die er vorher unbedingt noch erledigen muss. (Agitation)

Beim Aufräumen wirft er „aus Versehen" wichtige Arbeitsunterlagen in den Müll, muss deswegen schließlich Tag und Nacht durcharbeiten und schwächt seinen Körper zusätzlich durch übertriebenen Konsum von Koffein und Nikotin. Auch seine Umgebung strapaziert er durch Stress, zunehmende Nervosität und Zeichen psychischer Gefährdung aufs Äußerste.

Entweder bricht er zusammen und erzwingt sich so die Fürsorge der anderen und die Nachsicht seines verehrten Professors, oder er schafft alles gerade noch mit Hilfe einiger eilends zusammengetrommelter Freunde und ist am Ende sogar noch stolz darauf, in „so knapper Zeit" eine solche Arbeit bewältigt zu haben.

Gewalt

Dieses Beispiel zeigt in der letzten Phase der Eskalation den Übergang zur vierten Form passiven Verhaltens, der Gewalt, die darauf hinausläuft, sich oder andere unfähig zu machen, ein Problem zu lösen. Dazu zählt im weitesten Sinne jedes Verhalten, mit dem wir uns selbst, andere oder Sachen verletzen bzw. schädigen. Neben direkten Formen aggressiven Verhaltens gehören hierzu auch die vielfältigen Formen von Autoaggression wie Nägelkauen, Alkohol- und Drogenkonsum, risikoreiches Fahren sowie die Ausbildung psychosomatischer Symptome als Reaktion auf unbewältigte Konflikte oder als Mittel, um ängstigenden Situationen auszuweichen.

Bei Gewalt zeigen Menschen kein eigenes Denken. Sie veranlassen andere, Verantwortung zu übernehmen.

Gewalt in diesem Sinne zeigen Personen, die glauben, „es" nicht mehr aushalten zu können. Sie setzen sich selbst oder andere außer Gefecht, zeigen kein eigenes Denken und keine Verantwortlichkeit mehr und veranlassen so andere Personen, einzugreifen und Verantwortung zu übernehmen. Ganz deutlich wird das bei Alkohol- oder Drogenabhängigkeit („Entweder ihr kümmert euch um mich, oder ich saufe mich zu Tode!").

Allerdings sollte man vorsichtig damit sein, jegliches Missgeschick oder jedes körperliche Symptom vorschnell als passives Verhalten zu interpretieren. Bei wiederholtem Auftreten ist es freilich angezeigt, sich selbst oder andere mit der Frage zu konfrontieren, ob man auf diese Weise einem Problem auszuweichen versucht, das man glaubt, nicht lösen zu können.

Woran erkennt man passives Verhalten?

Zwar gibt es eine Reihe von Verhaltensweisen, die so eindeutig passiv sind, dass es auch für ein ungeschultes Auge offensichtlich ist. Auf der anderen Seite gibt es einen fast unmerklichen Übergang zu Situationen und Verhaltensweisen, in denen es doch „ganz verständlich ist, dass er nicht anders konnte", oder in denen man „ihr doch nun wirklich keinen Vorwurf machen kann".

Ein brauchbarer Hinweis darauf, dass passives Verhalten vorliegt, ist es, wenn wir uns in eine Symbiose gelockt fühlen, in der uns - aus gutem Grund - unbehaglich ist. Ziel passiven Verhaltens ist es nämlich, dass jemand anders die Verantwortung für die betreffende Person übernehmen soll, die sie im Blick auf Alter, Fähigkeiten und Lebensumstände selbst zu tragen imstande wäre. Wenn das gelingt, wird eine ungesunde Symbiose hergestellt.

Symbiose

Die Symbiose ist ein uns allen aus der Kindheit vertrautes Beziehungsmuster. Wenn wir - als Kinder - noch nicht imstande sind, für uns selbst
zu denken und Verantwortung zu übernehmen, da die dafür erforderlichen Ichzustände noch nicht ausgereift sind, benötigen wir die symbiotische Ergänzung durch andere, in der Regel durch unsere Eltern.
Sie stellen ihr Erwachsenen- und Eltern-Ich soweit zur Verfügung, wie
es im Blick auf unseren Reifungszustand erforderlich ist.

Je weiter wir in unserer Entwicklung fortschreiten, desto mehr lösen
wir uns aus der anfänglich notwendigen, gesunden Symbiose. Im günstigsten Fall bekommen wir von unseren Bezugspersonen die ausdrückliche Erlaubnis und Ermutigung, uns schrittweise von ihnen los-
zulösen und zugleich das, was wir an Fürsorge, Schutz und Information noch von ihnen brauchen, auf angemessene Weise in Anspruch zu
nehmen. Wenn diese Loslösung gut gelingt, gehen wir daraus als Erwachsene hervor, die in der Lage sind, auf eigenen Beinen zu stehen
und als selbständige Menschen mit anderen, auch mit den eigenen Eltern, in inniger Beziehung zu sein.

Freilich gibt es auch für Erwachsene noch Situationen, in denen es in
Ordnung ist, symbiotische Wünsche zu haben. Dazu gehören Momen-
te extremer Belastung, in denen wir dazu tendieren, vor allem den
Kindheits-Ichzustand zu besetzen, wie zum Beispiel bei starker Betroffenheit durch einen Verlust, bei Schock, Unfall, Krankheit etc. Sofern
dann andere Menschen zur Verfügung stehen, ist es angemessen und
sinnvoll, sich für eine Weile trösten und versorgen zu lassen, um das
belastende Gefühl durchleben und verarbeiten zu können. Gleichfalls
ist nichts dagegen einzuwenden, wenn die Partner in Beziehungen
eine ausbalancierte wechselseitige Symbiose eingehen, in der beide
Seiten sich selbst verwirklichen können und sich wohl fühlen.

Davon abzugrenzen sind Situationen, in denen Menschen aus dem angepassten oder rebellischen Kindheits-Ich in unangemessener Weise
eine Versorgung aus dem nährenden Eltern-Ich einer anderen Person
abfordern. Viele Menschen haben sich aus der ursprünglich notwendigen Symbiose mit ihren Eltern noch nicht vollständig gelöst. Sie glauben unbewusst noch als Erwachsene, nur dann klar kommen und sich
wohl fühlen zu können, wenn sie das vertraute Abhängigkeitsmuster
in irgendeiner Weise wieder hergestellt bekommen.

Dafür ein (beinahe) alltägliches Beispiel:

> Er (47) sitzt im Sessel und wirft ihr wie selbstverständlich die Bemerkung hin: „Ich habe Durst!" In der Struktur ähnelt diese Äußerung der eines Kindes, das sich noch nicht allein fortbewegen kann und sich sprachlich auf der Stufe der Artikulation einfachster Grundbedürfnisse befindet. (Ein zweijähriges Kind würde die Mama anschauen und „Durst" sagen oder auch einfach auf die Saftflasche zeigen.)
> Er leugnet, genau besehen, die Fähigkeit, für sich selbst sorgen zu können, und zeigt als passives Verhalten Nichtstun. Erfolg hat er, wenn sie sich seine Selbstabwertung zu eigen macht, ihre eigenen Bedürfnisse abwertet und/oder glaubt, nur dadurch die Beziehung zu ihm stabilisieren zu können, wenn sie ihn bedient (Grandiosität). Ein wiederholter Erfolg dieses Verhaltens lässt ihn natürlich daran festhalten. Sein „Gewinn" besteht - neben augenscheinlicher Bequemlichkeit - vermutlich im Wiedererleben eines angenehmen Versorgtwerdens durch eine mütterliche Bezugsperson, ergänzt um ein gelegentliches Ausgeschimpftwerden mit dem nicht konsequent verfolgten Anspruch, er müsse nun aber endlich einmal selbst „in die Puschen kommen".

Wenn wir im folgenden im Blick auf vielfältige Situationen des alltäglichen Erwachsenenlebens von Symbiosen sprechen, so meinen wir in aller Regel diese Art von unguten Symbiosen, wie sie auch in den meisten manipulativen Spielen zum Tragen kommt.

Zusammenfassend lässt sich sagen: Passives Verhalten basiert auf einer internen Abwertung - meist verbunden mit einer grandiosen Übertreibung - bestimmter Aspekte der eigenen Person, anderer Menschen oder der Situation. Es zielt auf die (Wieder-) Herstellung einer Symbiose, in der andere sich so unbehaglich fühlen sollen, dass sie aktiv werden und Verantwortung übernehmen. Immer dann, wenn ich beginne, für andere Menschen zu Denken, zu Fühlen oder zu Handeln verhalte ich mich streng genommen symbiotisch.

Was tun bei passivem Verhalten?

Vor allem nicht das, worauf es zielt, nämlich unüberlegt Verantwortung zu übernehmen. Statt dessen kann ich aufmerksam passives Verhalten konfrontieren und der Person Unterstützung dafür geben, das Problem, vor dem sie ausweicht, zu betrachten und die eigenen Ressourcen zu seiner Lösung zu entdecken und einzusetzen.

Das ist nicht unmittelbar möglich, wenn Gewalt angewendet wird. Hier steht zunächst der Schutz für die Person - vor sich selbst - und für andere Beteiligte im Vordergrund. Bei Agitation und Gewalt wird es oft sinnvoll sein, den Betreffenden wirkungsvoll, wenn nötig auch massiv, zu stoppen und - durch die Phase der Überanpassung - zum Denken zu bringen. Denn von allen passiven Verhaltensweisen ist in der Überanpassung das meiste Denken enthalten.

Aussichtslos erscheint im normalen Rahmen das Gespräch mit Personen, die das Problem leugnen und Gewalt anwenden oder die nach dem Motto leben: „Macht kaputt, was euch kaputt macht!" Solche Menschen sind zerstörerisch, da sie nicht an die Wurzeln des Problems gehen, nichts Neues gestalten und eigene Anteile übersehen. Bevor ihnen mit Methoden der Gesprächsführung sinnvoll zu begegnen ist, sind andere Interventionen nötig, die wir hier nicht weiter entfalten können.

Verbreitet sind Verhaltensweisen, in denen ein relativ harmloser Gewaltanteil enthalten ist (laut werden, mit der Faust auf den Tisch schlagen, etwas Wertloses an die Wand pfeffern). Harmlos insofern, als niemand regelrecht geschädigt wird. Entlastend daran ist es, dass körperliche Spannung ausagiert werden kann, was im Prinzip eine sinnvolle Voraussetzung für eine anschließende Konfliktlösung sein kann, denn „Wut verklebt das Gehirn". Problematisch ist, dass solches Verhalten oft zerstörerisch auf die Beziehung wirkt, indem es Angst auslöst und die Gefahr der Eskalation in sich birgt, zumal dann, wenn lediglich ausagiert, aber keine konstruktive Lösung angestrebt wird. Besser wäre es, Verabredungen über sogenannte Ärgerrituale zu treffen, wie zum Beispiel ein kontrolliertes „Dampf ablassen".

Ärgerrituale besitzen den großen Vorteil, dass sie aggressives Verhalten für die Beteiligten kalkulierbar machen. Sie sorgen in der Regel für eine größere Ausgewogenheit zwischen Denken, Fühlen und Verhalten und schaffen damit die Voraussetzung für ein emotional weniger belastetes Problemlösungsgespräch. (Näheres dazu finden Sie im Buch von Bach und Goldberg: *Keine Angst vor Aggression*.)

Sehr lohnend ist es, aufmerksam, frühzeitig und konsequent die dem passiven Verhalten zugrundeliegenden Abwertungen anzusprechen. Dazu können Sie die Hinweise am Schluss des Abschnitts über die Stufen der Abwertung nutzen. Und Sie können aufmerksam und kreativ die speziellen Transaktionen konfrontieren, mit denen passive Menschen das Abwerten bzw. Übertreiben ins Spiel bringen: das Redefinieren.

Redefinieren

Das Redefinieren hilft - wie wir schon im Kapitel über den Bezugsrahmen erläutert haben - die Welt so umzudeuten, dass sie möglichst nahtlos zu unserer Sicht der Dinge passt. Stimuli, die nicht zum eigenen Bezugsrahmen, also zur festgelegten Meinung über uns selbst, die Anderen und die Welt passen, werden so umgedeutet, dass sie das eigene System nicht in Frage stellen. Die Erwartungen, Nachfragen, Hinweise und Informationen anderer Menschen werden auf diese Weise derart blockiert oder so umgebogen, dass keine Korrektur der eigenen Vorstellungen erforderlich wird und die eigene passive Haltung aufrechterhalten werden kann. Dafür werden tangentiale und blockierende Transaktionen verwendet.

> Stimuli, die nicht zum Bezugsrahmen passen, werden so umgedeutet, dass sie das eigene System nicht in Frage stellen.

Tangentiale Transaktionen

In einer tangentialen Transaktion beziehen sich Stimulus und Reaktion auf unterschiedliche Themen oder verschiedene Aspekte desselben Themas. Besonders tückisch sind die oft fast unmerklichen Verschiebungen auf andere Aspekte ein und desselben Themas. Der Partner glaubt zunächst, eine Reaktion auf seine Aussage zu bekommen, und wird sich nicht oder erst sehr viel später bewusst, dass die andere Person durch eine Redefinition ausgewichen ist. Zur Verdeutlichung ein Dialog, bei dem in einer kurzen Antwort von drei Worten gleich drei Redefinitionen stecken:

A: „Was wirst du tun?"
B: „Man könnte versuchen, ..."

B redet nicht in persönlicher Verantwortung, sondern verallgemeinert (von „du" zu „man"). Er verschiebt die Frage nach seinem tatsächlichen Verhalten auf die Ebene der Eventualität (von „wirst" zu „könnte"). Schließlich münzt er den Aspekt der Realisation in vages Probehandeln um (von „tun" zu „versuchen"). B entzieht sich damit der von A intendierten Verbindlichkeit, ohne die Frage begründet zurückzuweisen. B kann auf diese Weise passiv bleiben, ohne gegenüber A direkt dazu stehen zu müssen. Mit einiger Wahrscheinlichkeit wird A - zumindest bei einem entsprechenden Fortgang des Gesprächs - eine gewisse Unzufriedenheit spüren, sich möglicherweise aber nicht klar sein, woran es liegt. Oder aber A redefiniert im Gegenzug B's ausweichende Antwort zu einer festen Absicht im Sinne der Ausgangsfrage („Okay, also abgemacht!") und ist später dann ärgerlich oder enttäuscht, wenn B - wie zu erwarten war - passiv bleibt und nichts ändert.

Blockierende Transaktionen

In blockierenden Transaktionen wird die Auseinandersetzung mit einem vorgegebenen Thema dadurch vermieden, dass man die Definition des Themas an sich bestreitet bzw. zum Gesprächsgegenstand erhebt.

Zwei Beispiele:

> A: „Liebst du mich?"
> B: „Was heißt denn Liebe? Da müssen wir erst mal ..."

> A: „Wie lange brauchst du noch, um damit fertig zu werden?"
> B: „Wieso fertig werden? Wer gibt dir eigentlich das Recht ..."

Diese Art von Transaktionen ist zwar offensichtlicher frustrierend, dadurch aber auch der Wahrnehmung und Bearbeitung leichter zugänglich. Gleichwohl kann es dabei zu einer raschen und dramatischen Eskalation mit nachhaltigen Folgen kommen.

Im Irrgarten der alltäglichen Kommunikation

Redefinitionen sind sozusagen die vertauschten Wegweiser, Stolpersteine und Dornenhecken, die dazu führen, dass wir uns in bestimmten Situationen immer tiefer im Irrgarten der Kommunikation verirren und verstricken. Die vielfältigen Möglichkeiten tangentialer und blockierender Transaktionen bieten „versierten Passiven" ein reichhaltiges Feld subtiler Techniken, Andere auflaufen oder für sich selbst aktiv werden zu lassen, oftmals ohne dass die Betroffenen selbst dies merken. Wenn man einmal darauf achtet, wie die ganz alltägliche Kommunikation von redefinierenden Transaktionen nur so strotzt, kommt man nicht umhin, die Kreativität, die in derartigen Abwehrmanövern entfaltet wird, in gewisser Weise zu bewundern. Das Vertrackte ist, dass sie meist äußerst geschickt in ein Gespräch eingeflochten werden. Die GesprächspartnerInnen werde unmerklich, aber sicher von ihrem eigentlichen Ziel abgelenkt.

Die Wahrnehmung zu schulen für die vielfältigen Wege des Redefinierens und zugleich über ein Spektrum von Reaktionsmöglichkeiten zu verfügen, ist für die Gesprächsführung von großem Vorteil.

Wir wollen Ihnen anhand einiger Beispiele zunächst den „Reichtum" der Redefinitionsmöglichkeiten demonstrieren:

Sehr gut, wie Sie das ... gemacht haben.

Man tut, was man kann.

Ist schon in Ordnung so.

Hab' ich schon immer so gemacht.

Wieso, das kann doch jeder.

Na ja, so doll war's auch wieder nicht.

Ist doch nichts dabei.

Frau X. kann das noch besser.

Neulich, das hätten Sie mal sehen sollen!

Was heißt hier „sehr gut"?

Was haben Sie denn erwartet?

Sie loben doch jeden.

Was wollen Sie denn damit wieder sagen?

Wie fühlen Sie sich heute?

Wie man sich halt so fühlt.

Mal so, mal so.

Ich glaube, mit der Klimaanlage stimmt was nicht.

Es ging mir schon mal besser.

Schlechten Leuten geht's immer gut.

Wie soll ich mich schon fühlen?

Hier geht es doch niemandem richtig gut.

Darauf gibt doch sowieso keiner etwas.

Was sind denn schon Gefühle?

Was brauchen Sie noch, um diese Aufgabe zu lösen?

Na, ich werde es mal versuchen.

Wir schaffen das schon.

X versteht auch nicht, wie das gemeint ist.

Weshalb bekomme ich eigentlich immer diese Fälle?

Das ist sowieso alles zuviel.

Hier läuft ja jeder einfach durch.

Wie soll man sich denn bei der Hitze konzentrieren?

Da haben die sich mal wieder etwas einfallen lassen!

Ich weiß gar nicht, was das alles soll.

Sie müssen erst mal lernen, Ihre Fragen richtig zu formulieren.

Vermutlich werden Sie mühelos noch weitere Einfälle haben, wie dieses Arsenal zu erweitern ist. Die Fülle entsprechender Reaktionsmöglichkeiten ist fast unerschöpflich. Das Spektrum reicht von vorsichtig ausweichenden Manövern bis zu aggressiven Gegenangriffen.

Alle Redefinitionen lösen bei der anderen Person ein mehr oder minder deutliches Unbehagen aus. Sie spürt, dass ihr Impuls verdreht und zu etwas anderem gemacht wird, als sie es beabsichtigt hat. Sie hat das Gefühl, etwas tun zu müssen, um die Dinge richtig zu stellen: Sich deutlicher auszudrücken („Ich will noch einmal versuchen, dir zu sagen, was ich genau meinte ..."), sich abzugrenzen („Das habe ich nicht gemeint, ich wollte nur sagen ..."), sich zu rechtfertigen („Tut mir leid, aber es ist nun mal meine Aufgabe, dir zu sagen ...") oder gar sich zu entschuldigen („Entschuldigung, ich konnte nicht wissen, dass dich das so trifft, ich wollte dich wirklich nicht verletzen. ... Kann ich dir irgendwie helfen ...").

Nicht selten greifen Menschen in der Absicht, ihren eigenen Bezugsrahmen zu verteidigen, zu durchaus aggressiven Mitteln. Sie unterstellen den anderen die Abwertung, Kritik oder gar Feindseligkeit, die sie selbst früher erlebt, im Laufe der Zeit verinnerlicht haben und heute intern gegen sich selbst richten. Dies zu wissen und von der eigenen Person zu trennen, kann sehr erleichternd wirken. Es schafft die innere Voraussetzung, die angebotenen „Köder" nicht aufzuschnappen und in das „Spiel" einzusteigen, sondern ruhig und klar im Hier und Jetzt zu bleiben und sich auf die gegenwärtige Realität zu beziehen.

Hinweise zum Umgang mit Redefinitionen

Zum Umgang mit und zur gezielten Konfrontation von Redefinitionen
gibt es einige sinnvolle Strategien:

- **Beim Thema bleiben, insistieren**
  Achten Sie darauf, dass Ihre Fragen zum Punkt beantwortet werden. Kehren Sie, falls nötig, ruhig und beharrlich zum Anfangsthe-
  ma zurück: „Meine Frage war ..." - „Der Punkt, um den es mir
  geht, ist ..." - „Ich möchte noch einmal auf meine Frage zurückkommen ..." Achten Sie darauf, dass Äußerungen nicht unmerklich verdreht zur weiteren Gesprächsgrundlage gemacht werden.

- **Mit dem neuen Aspekt der Redefinition mitgehen**
  Durch die Redefinition wird ein neues Thema oder ein neuer
  Aspekt eingebracht. Statt zu insistieren, können Sie sich entscheiden, zunächst bewusst auf das neue Thema einzugehen - zum Beispiel um zu verstehen, was ihren Gesprächspartner beschäftigt
  oder belastet („Was die sich wieder ausgedacht haben!"), um Hin-
  dernisse auszuräumen oder einfach um Interesse und Gewogen-
  heit zu signalisieren. Wichtig ist dabei, dass Sie danach zu ihrem
  ursprünglichen Thema zurückkehren.

- **Das Redefinieren konfrontieren**
  Wenn Ihr Gegenüber hartnäckig redefiniert, können Sie das expli-
  zit ansprechen: „Sie haben meine Frage noch nicht beantwortet. Es
  ist mir wichtig, von Ihnen zu erfahren ..." Fordern Sie ihn auf, direkt zu sagen, was er will oder nicht will: „Sagen Sie mir bitte direkt, wenn Sie etwas stört ..." Teilen Sie evtl. auch Ihre Reaktion
  mit: „Es gefällt mir nicht, wie Sie mir ausweichen und mir etwas
  unterstellen, was ich nicht gesagt habe." Wenn das nichts nützt,
  brechen Sie nötigenfalls das Gespräch ab.

- **Den unterschiedlichen Bezugsrahmen thematisieren**
  Bei starken Selbstabwertungen oder aggressiven Unterstellungen
  können Sie die Person darauf aufmerksam machen, dass sie redefiniert, und mit ihr zu klären versuchen, aus welchem anderen Bezugsrahmen heraus sie auf Ihre Stimuli reagiert: „Mir fällt auf,
  dass Sie anders auf die Frage (oder das Thema) reagiert haben, als
  ich es erwartet habe. Was verbinden Sie mit ... ?" Ziel wäre es in
  diesem Fall, die Person entdecken zu lassen, dass sie nicht mit Ihnen kommuniziert, welches Motiv sie dafür hat und wie Sie mit Ihnen wirklich in Kontakt treten könnte.

Diese vier Konfrontationsmöglichkeiten sind abgestuft hinsichtlich ihrer Komplexität und Interventionstiefe. Wir schlagen Ihnen vor, vor allem mit den ersten beiden Varianten zu experimentieren und Erfahrungen zu sammeln. Sie werden dabei vielleicht verblüffende Erfolge erleben, Auswege aus vertrauten Verhedderungen finden und an manchen Stellen eine große Erleichterung spüren.

Allerdings gibt es auch in diesem Bereich keine Garantie auf eine Wirksamkeit Ihrer Interventionen. Ob die Gesprächspartner Ihre Einladung, den Irrgarten zu verlassen, annehmen, entscheiden diese selbst. Wenn sie es nicht tun, denken Sie daran: Sie können den Irrgarten jederzeit verlassen!

Widerstand

Don't push the river,
it flows by himself!
F. Perls

Abwehr und Widerstand sind ursprünglich psychoanalytische Begriffe. Mit Hilfe der TA-Termini können allerdings viele der im Folgenden aufgeführten Widerstands-Verhaltensweisen klarer beschrieben und durch wichtige Aspekte ergänzt werden.
Die Trennung der Begriffe Abwehr und Widerstand in der Literatur ist oft unscharf. Zur Begriffsklärung und Vereinfachung erscheint uns die folgende Skizze hilfreich:

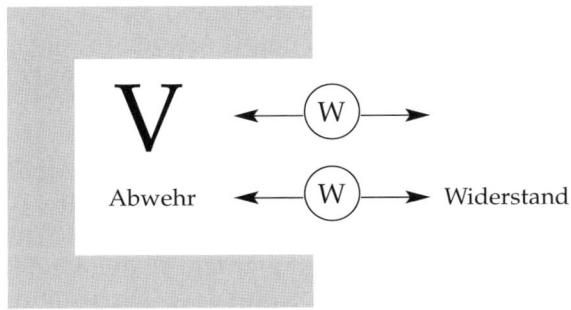

Viele Menschen neigen dazu, nicht integrierte Aspekte ihrer Persönlichkeit, wie zum Beispiel unerwünschte Triebimpulse, traumatische Erlebnisse oder ungeliebte Gefühle und Eigenschaften durch Verdrängung in ihr Unterbewusstsein zu verlagern. Diese verdrängten Inhalte (V) ins Bewusstsein oder gar nach außen dringen zu lassen, gefährdet in der Vorstellung der Betroffenen in irgendeiner Weise ihre psychische oder gar physische Unversehrtheit - eine Befürchtung, die früher als Kind möglicherweise zu Recht bestanden hat. Um dieses Erleben herum wird eine schützende Mauer zum Beispiel des Vergessens errichtet. Der Zugang zum Verdrängten wird von - nennen wir sie einmal - psychischen Wächtern (W) versperrt. Diese wirken nach innen und außen. Intern verhindern sie ein erneutes Auftauchen des Verdrängten in das Bewusstsein. Diesen für Außenstehende nicht wahrnehmbaren Vorgang bezeichnen wir als Abwehr.
Für die Gesprächsführung relevanter ist die Wirkungsweise dieser Wächter gegen eine mögliche Bedrohung von außen, was man als Wi-

derstand bezeichnet. Dieser äußert sich auf vielfältige Weise in beobachtbarem Verhalten und beeinträchtigt oftmals eine authentische Kommunikation.

Mit Widerstand sind somit all diejenigen Verhaltensweisen gemeint, die vor dem schmerzlichen Kontakt mit einem als bedrohlich empfundenen Problem schützen, aber zugleich eine positive Veränderung verhindern. Gegenüber allzu eifrigen „Mauerspechten", die häufig aus reiner Neugier an das Verdrängte heranzukommen versuchen, kann Widerstand allerdings durchaus angebracht sein.

In jeder Beratung und in den meisten schwierigen Gesprächen geht es im Prinzip immer um eine Arbeit mit und an dem Widerstand. Das Hauptproblem für die Betreffenden besteht darin, dass diese inneren Wächter sehr viel psychische Energie binden. Bisweilen ist der Verbrauch derart groß, dass den Betreffenden kaum noch Kraft zu einer konstruktiven Lebensgestaltung bleibt - welch eine Energieverschwendung! Andererseits schützt der Widerstand vor dem schmerzlichen Kontakt mit einem als bedrohlich empfundenen Problem. Er ist daher als durchaus kreative Leistung des Selbst gegen eine äußere psychische Bedrohung anzusehen.

Ein gewaltsames Brechen oder manipulatives Unterlaufen des Widerstandes bedeutet daher für die Betroffen, schutzlos dem Verdrängten ausgesetzt zu sein. Diese Vorgehensweise ist unserer Überzeugung nach unethisch und letztlich kontraproduktiv, da die Schutzmechanismen in der Folge oft noch verstärkt werden. Widerstand kann nur freiwillig und unter Beteiligung der produktiven Ichzustände aufgegeben werden. Dies geschieht am ehesten in einer Atmosphäre, in der sich das verängstigte innere Kind ausreichend sicher fühlt. Entscheidend ist, dass die Person eine Vorstellung davon besitzt, welches Verhalten sie an die Stelle des Widerstandes setzen will. Nur dann kann die Preisgabe des Verdrängten die ersehnte Entlastung bewirken, die mit der Freisetzung der bisher gebundenen psychischen Energie verbunden ist.

Der Impuls für den Widerstand stammt aus dem angsterfüllten angepassten Kindheits-Ich. Für die einzelnen Widerstands-Transaktionen - bei denen es sich fast immer um Redefinitionen handelt - werden allerdings häufig andere Ichzustände benutzt, sozusagen „vorgeschickt". Bevorzugt werden das negative kritische oder nährende Eltern-Ich, das getrübte Erwachsenen-Ich und vor allem das rebellische Kindheits-Ich als „Schutztruppen" eingesetzt. Auch bei den Rackets sowie den verschiedenen Arten passiven Verhaltens handelt es sich letztlich um Formen des Widerstands.

Formen von Widerstand

Einwände erheben, rationalisieren, überdetaillieren
Es werden „gelehrte" Methodendiskussionen über das Für und Wider einer bestimmten Vorgehensweise angezettelt, um das Risiko konkreter Erfahrungen zu vermeiden. Es wird darüber geredet, anstatt es auszuprobieren und sich einzulassen.

Generalisieren, bagatellisieren, lächerlich machen
Manch problematische Verhaltensweise wird auf diese Weise einer differenzierten Erörterung entzogen, gefürchtete Gefühle bei sich selbst und anderen werden lächerlich gemacht. So wird beispielsweise das Thema Sexualität häufig bagatellisiert oder ins Lächerliche gezogen, um nicht mit unterdrückten Triebregungen, negativen Erinnerungen oder Gefühlen der Unzulänglichkeit in Kontakt zu kommen.

Mauern, blockieren, verweigern
Hierzu gehören schweigen, nörgeln und offene Verweigerung ebenso, wie viele zur Schau getragenen nonverbalen Signale des Widerstands, z.B. gähnen, hinlümmeln, kichern oder beleidigt sein.

Vergessen, verwechseln, verschlafen, sich entziehen, fehlen
Hinweise darauf, dass es sich hierbei tatsächlich um Widerstand handelt, ergeben sich vor allem aus einer Wiederholung der genannten Verhaltensweisen. So haben wir Menschen erlebt, die in bestimmten Konfliktsituationen regelmäßig von großer Müdigkeit befallen wurden, obwohl hohe Aufmerksamkeit zu erwarten gewesen wäre.

Abschweifen, das Thema wechseln
Die Betreffenden richten ihre Aufmerksamkeit zunehmend auf einen Nebenaspekt des eigentlichen Problems oder wechseln unvermittelt das Thema, wenn man zum Punkt kommt.

Sich verwirren oder dumm stellen
Der Gesprächspartner präsentiert sich bei der Erörterung einer Schwierigkeit weit unter seinen intellektuellen Möglichkeiten, indem er zuvor geäußerte Gesprächsinhalte nicht mehr wiedergeben kann oder unangemessen häufig Verwirrung äußert.

Sich selbst, andere und/oder Sachen beschädigen
Dazu gehören auch körperliche Symptome (vgl. dazu den Abschnitt über passives Verhalten).

Widerstand hat Sinn

Häufige Reaktionen auf Widerstand sind Verunsicherung, Ärger und Verstärkung des Drucks, oder man wendet sich unwillig ab nach dem Motto: „Dann sieh zu, wie du alleine klar kommst, aber du wirst schon sehen, was du davon hast!"

Sinnvoller und letztlich entlastender ist es, Widerstand als Impuls zu sehen und zu nutzen, um über die Gesprächssituation und die Beziehung nachzudenken. Beide Seiten können Anlass für Widerstand geben bzw. Anteil daran haben. Die Erkenntnis, aus welcher Quelle der Widerstand sich nährt, kann die entscheidende Voraussetzung für ein ergiebiges Gespräch sein. Sie erleichtert beiden Seiten - auch und gerade der Beraterin - die weitere Arbeit.

Mögliche Anteile auf Seiten der Beraterin:

- Sie ist auf dem Holzweg, drängelt, hat unangemessene Erwartungen und Ideen oder dergleichen. Sie will etwas für oder von dem Klienten.

- Sie hat keinen klaren Vertrag (oder gar keinen!).

- Sie zeigt dem Gesprächspartner gegenüber keinen Respekt (vor allem seinem Erwachsenen-Ich gegenüber).

- Sie agiert zu stark aus dem Eltern-Ich.

- Sie will selbst zeigen, was sie alles „drauf" hat, oder sie „stiehlt dem anderen die Schau".

Mögliche Motive dessen, der Widerstand zeigt:

- Er ist bestrebt, das vertraute Bezugssystem bzw. innere Gleichgewicht aufrechtzuerhalten und die alten Schlussfolgerungen, die einmal wichtig waren, bestätigt zu sehen.

- Ein alter Schmerz, der vom Kind als lebensbedrohlich erlebt wurde, wird auch vom Erwachsenen gemieden.

- Die vertrauten Spielmuster und damit die dahinter liegenden ungelösten Konflikte mit früheren Bezugspersonen sollen wiedererlebt werden.

Diese ungelösten Konflikte mit früheren Bezugspersonen können auf unterschiedliche Arten in die gegenwärtige Gesprächsbeziehung hineinwirken.

Es sind dies:

Die Übertragung
Eine Trübung aus der Abwehr des Kindheits-Ichs gegen Elternfiguren (Eltern-Ichs) aus der Vergangenheit. Man hängt dazu einer anderen Person im Hier und Jetzt gewissermaßen die Maske einer Elternfigur über und reagiert darauf wie früher als angepasstes Kind oder rebellischer Jugendlicher.

Die Introjektion
Gefühle, Gedanken und Verhaltensweisen der Eltern oder anderer Bezugspersonen werden für die eigenen gehalten und nach außen hin verteidigt (Trübung aus dem Eltern-Ich).

Die Projektion
Nicht akzeptierte Gefühle und Verhaltensweisen des Kindheits-Ichs werden anderen Menschen untergeschoben. Anschließend wird mit dem eigenen Eltern-Ich darauf reagiert. „Man sieht den Splitter im Auge des anderen, aber den Balken im eigenen erkennt man nicht."

Was tun bei Widerstand?

1. Mich selbst überprüfen:

- Habe ich Widerstand provoziert?

- Ist der Widerstand ein typisches Verhalten der anderen Person oder tritt er besonders mir gegenüber auf?

- In welchem Ichzustand befinde ich mich überwiegend? Vielleicht zu viel im Eltern-Ich (Retter, Verfolger) oder auf unangemessene Weise im Kindheits-Ich (Macht- und Showbedürfnis)?

- Habe ich einen klaren Vertrag und eine gute Basis für dieses Gespräch?

- Zeige ich meinem Gegenüber genügend Respekt, besonders im Blick auf die Fähigkeiten seines Erwachsenen-Ichs?

- Bin ich zu schnell („Beeil dich!") oder in einem anderen Antreiber?

- Will ich etwas für den Anderen?

2. Mir über die andere Person Gedanken machen:

- Was will sie unbewusst erreichen?

- Was braucht sie, um sich produktiv zu entwickeln?

- Wie verhindert sie, zu bekommen, was sie braucht?

- Wovor meint sie, sich durch Widerstand schützen zu müssen?

- Welchen Sinn mag das früher für sie gehabt haben?

- Welche Rahmenbedingungen braucht sie, um eine andere Erfahrung machen zu können?

3. Interventionsmöglichkeiten:

- Auf den Widerstand im Moment nicht reagieren, in Ruhe weiterarbeiten und beobachten.

- Den Widerstand ansprechen, zum Beispiel die Widersprüchlichkeit bzw. Selbstschädigung aufdecken. Unangemessene Verhaltensweisen (Abwertungen, Übertreibungen, Vertragsbruch, Gewalt) klar zurückweisen.

- Den Widerstand deuten bzw. durch den anderen deuten lassen (im Sinne der Fragen aus 2.), falls genug Offenheit und das ausdrückliche Einverständnis dafür vorhanden ist.

Ein zentraler Aspekt besteht darin, mit dem Widerstand zu gehen, indem ich

- dem Gesprächspartner anbiete, eigene Vorschläge und Lösungsmöglichkeiten zu entwickeln;

- dem anderen vermittle, dass es in Ordnung ist, den Widerstand aufrechtzuerhalten, und dabei seine Selbstverantwortlichkeit betone;

- auf die Bedeutung des Widerstands als früher durchaus sinnvoller Mechanismus hinweise und dazu anrege, nach Möglichkeiten des Schutzes und der Abgrenzung zu suchen, die der Situation und einer heute erwachsenen Person angemessener sind.

Ein Leitfaden für die Gesprächsführung mit Konzepten der Transaktionsanalyse

Dieser Leitfaden ergänzt die allgemeinen Grundregeln, wie wir sie bereits im ersten Hauptteil vorgestellt haben. Er nimmt dort Genanntes auf, präzisiert es und fügt spezifische Aspekte der Transaktionsanalyse hinzu, die wir im zweiten Hauptteil entfaltet haben.

1. Anderen Menschen respektvoll und akzeptierend begegnen: Ich bin okay - Du bist okay.

Zentrale Grundannahmen in der Philosophie der Transaktionsanalyse lauten: Jeder Mensch hat, gleich welches Verhalten er heute zeigt, einen gesunden, liebenswerten und entwicklungsfähigen inneren Kern. Wir alle streben danach, zu wachsen und das in uns ruhende Potential zu entfalten. Alle unsere Anteile haben ursprünglich eine - jedenfalls für uns - positive Absicht. Wenn wir diese Anteile annehmen und integrieren, können sie aufblühen und ihren Sinn für unser Leben entfalten.

> Jeder Mensch hat einen liebenswerten und entwicklungsfähigen inneren Kern.

Wenn es uns gelingt, mit dieser Einstellung anderen Menschen zu begegnen und aus ihr heraus aktuelle Schwierigkeiten und Probleme zu verstehen, ist das vermutlich wichtiger als alle Techniken der Gesprächsführung. Indem wir anderen die Angst davor nehmen, sich auch ungeliebte Aspekte ihrer Persönlichkeit anzusehen, regen wir sie dazu an, ihre nicht gelebten Möglichkeiten zu entdecken und das in ihnen schlummernde Potential zu entwickeln.

2. Mit klaren Verträgen arbeiten

Grundlegend für die praktische Anwendung der Transaktionsanalyse ist die Arbeit auf der Basis von Verträgen. Das Ziel ist eine partnerschaftliche Zusammenarbeit im Respekt für die Fähigkeit der anderen, ihren eigenen Weg zu finden und Verantwortung für sich zu übernehmen. Dies findet seinen Ausdruck in klaren Vereinbarungen, in denen wir beiderseits konkret, offen und zielorientiert benennen, was wir tun bzw. nicht tun wollen.

> Verträge fördern die Autonomie dessen, der Probleme lösen will, und entlasten den, der dabei hilft.

Verträge fördern die Autonomie dessen, der Probleme lösen will, und sie entlasten den, der dabei hilft. Sie schützen

davor, in Situationen hineinzugeraten, die man nicht will.
Leitfragen, die zu guten Verträgen führen können, sind:

- Was ist dein Problem?
- Was willst du statt dessen?
- Wie könntest du das erreichen?
- Welche Möglichkeiten stehen
  dir zur Verfügung?
- Was wirst du tun?

3. Hinweise auf den Bezugsrahmen registrieren und nutzen

Schon durch die ersten Transaktionen teilen wir unseren Gesprächspartnern oft Wesentliches über unsere Grundeinstellungen mit. Um
nicht aneinander vorbeizureden, ist es sehr hilfreich, darauf zu achten,
auf welche Grundannahmen

- über die eigene Person,
- über die anderen Menschen
- und über das Leben

die andere Person sich bezieht, und mir bewusst zu machen, von welchen ich selbst ausgehe. Von dem bereits in der Kindheit erworbenen
Bezugsrahmen wird unser Denken, Fühlen und Verhalten im Hier und
Jetzt maßgeblich beeinflusst. Deshalb kann es sehr nützlich sein, der
betreffenden Person meine Beobachtungen mitzuteilen und ihr Impulse zur Überprüfung ihres Bezugsrahmens aufgrund der heutigen Sicht
der Realität zu geben.

4. Die Ichzustände bei sich selbst und anderen beobachten

Die Diagnose der Ichzustände, die wir im Gespräch wahrnehmen und
benutzen, kann uns wie ein Kompass zeigen, ob wir uns auf produktiven Gleisen bewegen oder auf dem Weg in Sackgassen sind. Wenn wir
viel aK, rK oder kEL bei uns und den anderen entdecken, sind wir vermutlich dabei oder nahe daran, uns in psychologische Spiele zu verstricken - höchste Zeit, zu überprüfen, woran das liegt, und zu den produktiven Ichzuständen (nEL, ER, fK) zurück zu kehren.

5. Unergiebige Transaktionen aus den produktiven Ichzuständen kreuzen

Wenn ich wahrnehme, dass durch Verharren in den unproduktiven Ichzuständen das Gespräch stagniert oder einen unguten Verlauf nimmt, habe ich mindestens zwei Reaktionsmöglichkeiten:

- Ich kann aus dem Erwachsenen-Ich meine Beobachtung mitteilen, d.h. die Störung zum Thema machen und auf einer Metaebene die Art und Weise der Kommunikation erörtern.

- Ich kann einen produktiven Ichzustand wählen, um die Transaktionen meines Gegenüber zu kreuzen und die Kommunikation an der Störung vorbei auf einen anderen Weg lenken.

Beides beinhaltet die Chance, dass auch mein Gesprächspartner in einen produktiven Ichzustand wechselt. Eine sachliche Konfrontation aus dem Erwachsenen-Ich mit einer „Prise" nährendem Eltern-Ich wird mit einiger Wahrscheinlichkeit auch die andere Person veranlassen, mit dem Erwachsenen-Ich über die Situation und mögliche Alternativen nachzudenken. Ein Wechsel des Themas (z.B. von alten Geschichten zu künftigen Möglichkeiten oder von Bejammernswertem zu Erfreulichem) setzt einen neuen Akzent im Gespräch und lädt die andere Person zu einem Ichzustands-Wechsel ein. Ob sie tatsächlich den angestrebten Wechsel vollzieht, liegt letztlich nicht in meiner Hand.

6. Erlaubnis geben statt zu fordern, zu kritisieren oder abzuwerten

Eine wichtige Voraussetzung für die produktive Problembearbeitung ist es, den Beteiligten mit einer erlaubenden Haltung zu begegnen. Dadurch wird die Bereitschaft gefördert, bisher verdrängte Anteile nüchtern anzusehen, zu Schwierigkeiten zu stehen, sich Wünsche und Abneigungen realistisch einzugestehen und auf dieser Basis die eigenen Möglichkeiten zu entfalten. Forderungen, harsche Kritik auch wenn sie sachlich berechtigt sein mag - oder Abwertungen sind nicht dazu angetan, die Bereitschaft zu konstruktiven Lösungen anzuregen, sondern verstärken eher Gegenwehr oder resignative Haltungen. Gemeint ist in diesem Zusammenhang allerdings nicht die Erlaubnis zur Nichteinhaltung von Verträgen und Absprachen.

7. Schutz geben, wo es nötig ist

In einem Gespräch, in dem jemand mehr Offenheit riskiert und sich mit Gedanken und Gefühlen zeigt, die sonst eher kaschiert werden, ist es wichtig für die Beraterin, auf den nötigen Schutz zu achten. Personen, die sich mit einem belastenden Problem auseinandersetzen oder an einem Konfliktgespräch teilnehmen, haben in diesem Moment unter Umständen nicht ihr volles Eltern-Ich und Erwachsenen-Ich zur Verfügung, da sie selbst involviert sind. Dann kann es wichtig sein, sie vor Reizüberflutung, Selbstüberforderung und voreiligen Entscheidungen, aber auch vor Angriffen und Abwertungen anderer und sogar vor zuviel gutgemeinter Zuwendung zu schützen.

8. Nicht ins Dramadreieck gehen

Der Nutzen von Gesprächen ist in der Regel um so geringer, je mehr sich die Beteiligten im Dramadreieck aufhalten. Deshalb ist es für mich als GesprächsleiterIn wichtig, selbst keine der Dramadreiecks-Rollen einzunehmen und aufmerksam auf entsprechende Einladungen anderer zu achten. Das erreiche ich am besten, indem ich mit dem Erwachsenen-Ich meine eigenen Beobachtungen mitteile oder mich mit Fragen an das ER der anderen Beteiligten wende. Das Erwachsenen-Ich ist der im Dramadreieck ausgeblendete Ichzustand. Solange es fehlt, ist die Anfälligkeit für Dramadreiecks-Kommunikation sehr groß. Wird dagegen das Erwachsenen-Ich mit Energie besetzt, haben Dramadreieck-Spieler schlechte Karten. Im einzelnen ist es wichtig,

> Das ER ist im Drama-Dreieck ausgeblendet. Solange es fehlt, ist die Anfälligkeit für Dramadreiecks-Kommunikation sehr groß.

- Retter-Angebote zu konfrontieren, vermeintliche Opfer zu fragen, ob sie die angebotene Hilfe brauchen, und den Rettern zu erlauben, sich um sich selbst zu kümmern;

- Verfolger zu stoppen und evtl. ihre darunter liegende Betroffenheit anzusprechen;

- auf Opfer-Attitüden nicht einzugehen, sondern die Fähigkeit zu selbstverantwortlichem Handeln herauszufordern.

9. Passives Denken und Verhalten konfrontieren

Unergiebige Gesprächsverläufe sind meist durch ein hohes Maß an Passivität gekennzeichnet. Mit dem Passivitätskonzept der TA kann ich einschätzen, auf welcher Ebene des Problembewusstseins sich die Gesprächspartner befinden, und mich angemessen darauf einstellen.

Dabei kommt es darauf an,

- passives Verhalten zu konfrontieren (Nichtstun, Überanpassung) und Eskalationen zu Agitation oder Gewalt zu stoppen;
- Abwertungen und Übertreibungen aufzudecken;
- eine realistische Sicht der Situation zu fördern;
- sich nicht unabgesprochen in eine Symbiose zu begeben;
- selbstverantwortliches Denken und Handeln zu fördern.

10. Redefinitionen konfrontieren

Die Weichen, an denen Gespräche auf ein falsches Gleis geraten, bestehen oft aus Redefinitionen. Deshalb ist es wichtig, darauf zu achten,

- dass Fragen so, wie sie gestellt wurden, beantwortet werden;
- dass Äußerungen nicht unmerklich verdreht und in verfälschter Form zur weiteren Gesprächsgrundlage gemacht werden;
- dass bei einer starken Neigung zum Redefinieren der unterschiedliche Bezugsrahmen der Beteiligten geklärt wird.

11. Keine Rabattmarken sammeln oder einlösen lassen

Die Gesprächskultur hängt in hohem Maße davon ab, wieweit es gelingt, Missverständnisse und ungute Gefühle im Hier und Jetzt zu benennen und zu klären. Gerade im Umgang mit Konflikten ist es wichtig, Vorbehalte, Ärger, Enttäuschung etc. aktuell anzusprechen, damit kein Rest nachbleibt, der spätere Gespräche belastet. Reste aus früheren Situationen sollten nicht zur Rechtfertigung eigenen Verhaltens oder zu einer Abrechnung mit anderen dienen. Denn was nützt es mir heute und für die Zukunft, damals Recht gehabt zu haben?

12. Antreiberverhalten vermeiden und ggf. konfrontieren

Wenn wir anderen helfen wollen, Probleme zu lösen, ist beiderseits mit einer hohen Anfälligkeit für Antreiberverhalten zu rechnen. Diejenigen, die etwas verändern wollen, streben das neue Verhalten oft mit den bisher vertrauten Mitteln an. Es besteht die Gefahr, dass das Alte durch die Hintertür wieder einkehrt.

Als BeraterIn sollte ich darauf achten, ob jemand eine „neue" Lösung perfekt, ganz schnell, mit viel Anstrengung oder einer anderen Person zuliebe anstrebt. Wichtig ist dann die Erlaubnis, mit anderen als den gewohnten Mitteln eine Lösung zu finden - also sich Zeit zu nehmen, an sich selbst zu denken, einen Weg ohne Mühsal und Anstrengung zu finden, sich von anderen dabei helfen zu lassen und auch ohne die vollkommene Lösung mit der Veränderung zu beginnen.

Als BeraterInnen übernehmen wir manchmal unbewusst die Antreiber unserer Gesprächspartner, oder unsere eigenen skriptbedingten Muster können zum Tragen kommen. Deshalb ist es wichtig, die eigenen Antreiber sowie ihre auslösenden Situationen und Signale gut zu kennen, um sie nicht unbewusst als Richtschnur an andere weiterzugeben.

13. Viel positive Zuwendung geben, aber nicht für Rackets.

Für Menschen, die sich verändern wollen, ist positive Zuwendung die beste Unterstützung, und zwar vor allem für

- klares Denken,
- echte Gefühle,
- Autonomie und Verantwortlichkeit,
- Kreativität, Spaß und Humor,
- Neuentscheidungen und
- erfolgreiche Schritte zur Veränderung.

Keine Zuwendung ist zu geben für

- Retter-, Verfolger- und Opferverhalten,
- Racketgefühle sowie
- destruktives und selbstzerstörerisches Verhalten.

Achten Sie darauf, dass die Person die Zuwendung auch wirklich annimmt und verarbeitet. Und sorgen Sie dafür, dass auch Sie selbst genügend Zuwendung bekommen.

14. Widerstand respektieren

Wenn Menschen das System ihres bisherigen Denkens, Fühlens und Verhaltens bedroht sehen, reagieren sie immer auch mit Widerstand, selbst dann, wenn sie eine Veränderung sinnvoll finden oder wünschen. Es ist wichtig, Widerstand als subjektiv sinnvolles Verhalten zu respek-tieren. Verbünden Sie sich mit der guten Absicht, die im Widerstand steckt, um die darin gebundene Energie für realistische Lösungen im Hier und Jetzt freizusetzen.

Wichtige Regeln für den Umgang mit Widerstand sind:

* Mich selbst zu überprüfen, ob mein Verhalten dazu beiträgt, dass sich die andere Person gegen mich zur Wehr setzt;

* den tieferen Sinn des Widerstands zu verstehen;

* der anderen Person zu erlauben, etwas für sich zu tun statt Energie damit zu vergeuden, sich gegen etwas zu wehren.

15. Bilanz ziehen und Verabredungen treffen

Viele Gespräche verlieren an Wirkung, weil die Beteiligten kein Ende finden oder es versäumen, die Ergebnisse zu sichern. Es ist sinnvoll, ein Gespräch zu beenden, wenn ein positives Ergebnis erreicht ist oder wenn die Energie spürbar nachlässt. Am besten ist es, im Moment der größten positiven Energiebesetzung den Abschluss einzuleiten und das Ergebnis festklopfen. Dabei ist es wichtig,

* an den Eingangsvertrag anzuknüpfen,

* Bilanz zu ziehen,

* Feedback zu geben und einzuholen sowie

* Schritte für die Umsetzung zu vereinbaren.

Zusammenfassung: TA-Leitfaden für die Gesprächsführung

1. **Anderen respektvoll und akzeptierend begegnen:** Ich bin okay, du bist okay.

2. **Mit Verträgen arbeiten** im Hier und Jetzt.

3. **Hinweise auf den Bezugsrahmen** registrieren und nutzen.

4. **Die Ichzustände beobachten** bei sich und den Anderen.

5. **Kreuzungstransaktionen** aus und zu den produktiven Ichzuständen benutzen.

6. **Erlaubnis geben** anstatt zu fordern, zu kritisieren und abzuwerten.

7. **Schutz geben,** wo es nötig ist.

8. **Nicht ins Dramadreieck gehen:** Verfolger stoppen, Retter konfrontieren, Opfer-Attitüden nicht akzeptieren.

9. **Passivität konfrontieren:** Abwerten und Übertreiben aufdecken.

10. **Redefinitionen konfrontieren:** Am Thema bleiben, Umdeutungen aufdecken.

11. **Keine Rabattmarken** sammeln oder einlösen lassen - keine „ollen Kamellen" erörtern.

12. **Antreiberverhalten vermeiden** und beim Anderen konfrontieren.

13. **Viel Zuwendung geben,** aber nicht für Rackets.

14. **Widerstand respektieren:** Sich selbst überprüfen, mit dem Widerstand gehen.

15. **Bilanz ziehen** und Verabredungen treffen.

„Berta, das Ei ist hart!" Analyse misslungener Alltagskommunikation nach Loriot

Loriot, der unumstrittenene Meister in der Darstellung misslungener Kommunikation, bietet in seinen Sketchen gerade für eine transaktionsanalytische Betrachtung ein reichhaltiges Beobachtungsfeld. Dies möchten wir als eine Art Wiederholung der Inhalte aus den vorangegangenen Kapiteln anhand der Szene „Das Ei" zeigen.

Szenischer Verlauf

Wie Sie vielleicht wissen, spielt dieses Gespräch am Frühstückstisch eines vermutlich bereits seit Jahrzehnten verheirateten Ehe-paares. Der Dialog beginnt mit den Worten:

„Berta, das Ei ist hart!"

Ihre lakonische Antwort lautet: *„Ich habe es gehört!."*

Analyse unter TA-Aspekten

Oberflächlich betrachtet handelt es sich hier um eine Mitteilung aus dem Erwachsenen-Ich. Wie so oft macht jedoch der Ton die Musik, der in diesem Fall auf einen latenten Ärger aus dem kritischen Eltern-Ich bzw. einem beleidigten rebellischen Kind hindeutet. Es handelt sich somit um eine Spieleinladung aus der Verfolgerrolle.

Sie entscheidet sich also, den verdeckten Stimulus vorerst zu ignorieren, und antwortet auf der angebotenen offenen Ebene des Erwachsenen-Ichs. Der genervte Tonfall allerdings spricht eindeutig dafür, dass sie den Köder mit ihrem rebellischen Kindheits-Ich aufgegriffen hat.

Er fasst nach mit der Frage: *„Wie lange hat das Ei denn gekocht?"*

Damit setzt er die eingeschlagene Linie verdeckter Transaktionen fort.

„Zu viele Eier sind gar nicht gesund!"

Sie ignoriert weiterhin seine versteckte Kritik und reagiert mit einer blockierenden Transaktion, indem sie ein völlig anderes Thema aufgreift. So nimmt sie lediglich das Wort „Ei" auf, um dessen Verzehr einer grundsätzlichen Erörterung zu unterziehen.

Auf sein Insistieren, wie lange dieses spezielle Ei denn gekocht habe, antwortet sie:
„Du willst es doch immer viereinhalb Minuten haben!"

Sie antwortet mit einer tangentialen Transaktion, indem sie zwar auf die Zeitfrage eingeht, den Akzent jedoch von der Ebene faktischer Gegebenheiten auf seine Wünsche verlegt. Dabei redefiniert sie ganz nebenbei „dieses Ei heute" zu „allen Eiern immer" Außerdem spielt sie munter im Dramadreieck weiter, indem sie sich einerseits auf die Rechtfertigungsebene (Opferposition) begibt, zugleich aber einen leichten Vorwurf mitschwingen lässt. Das deutet auf eine latente Bereitschaft hin, bei der nächsten sich bietenden Gelegenheit in die Verfolgerposition zu wechseln.

So geht es eine Weile hin und her, bis er schließlich mit der Frage kontert:
„Wieso ist es dann mal zu hart und mal zu weich?"

Er nimmt ihre Signale aus der Opferposition auf, steigt über sein kritisches Eltern-Ich offen ins Dramadreieck ein (Switch) und versucht, mit Hilfe der Generalisierung Rabattmarken einzulösen.

„Ich weiß es nicht ... ich bin kein Huhn!"

Sie wechselt nun ebenfalls offen in das zuvor schwelende rebellische Kind und greift dabei zu völlig unrealistischen Vergleichen. Vom Erwachsenen-Ich ist mittlerweile bei beiden keine Spur mehr zu erkennen.

Im Disput über die exakte Zubereitungszeit weicht sie schließlich auf ihr hausfrauliches Gefühl aus.

Er verstärkt nun den Druck aus dem kritischen Eltern-Ich, woraufhin sie sich zunehmend aus dem angepassten Kindheits-Ich zu rechtfertigen beginnt.

„Aber es ist hart ... vielleicht stimmt da mit deinem Gefühl was nicht ..."

Seine Chance witternd, forciert er die Attacke aus der Verfolgerposition durch den Sprung von einem kritisierten Verhalten (Timing beim Kochen) zur Abwertung der Person (Gefühl).

„Mit meinem Gefühl stimmt etwas nicht? Ich stehe den ganzen Tag in der Küche, mache die Wäsche, bringe deine Sachen in Ordnung, mache die Wohnung gemütlich, ärgere mich mit den Kindern rum, und du sagst, mit meinem Gefühl stimmt etwas nicht!?"

Sie nimmt seine ungerechte Generalisierung zum willkommenen Anlass, den Spieß umzudrehen und nun ihrerseits lange aufgesparte Rabattmarken aus dem kritischen Eltern-Ich einzulösen.

„Ich hätte nur gern ein weiches Ei ... es ist mir egal, wie lange es kocht!"

Derart in die Defensive gedrängt, beginnt er nun seinerseits, sich zu rechtfertigen und damit den Schwenk zur Opferposition zu signalisieren, allerdings mit einem Rest Widerstand aus einem quengelnden angepasst-rebellischen Kindheits-Ich.

„Aha! Das ist dir egal … es ist dir also egal, ob ich viereinhalb Minuten in der Küche schufte!"

Wie Sie sich vielleicht erinnern, kommt er im weiteren Verlauf der Auseinandersetzung trotz vereinzelter Gegenwehr nicht mehr zum Zuge. Schließlich gipfelt sie in dem Ausruf:

„Gott, was sind die Männer primitiv!" und bricht die Kommunikation ab.

Er beschließt den Konflikt im inneren Dialog:
„Ich bringe sie um … morgen bringe ich sie um!"

Nun feuert sie eine volle Breitseite aus der Verfolgerposition ab. Den Stoff dafür bezieht sie aus einer abenteuerlichen Redefinition (das Eierkochen wird zum Schuften in der Küche). Zugleich präsentiert sie sich zur Rechtfertigung ihrer Gegenattacke als missachtetes Opfer.

Sie beendet das Gespräch mit einer endgültigen blockierenden Transaktion, indem sie die Berechtigung seines Anliegens leugnet, und zur Frage nach dem Wert der Männer schlechthin wechselt. Mit dieser massiven Abwertung festigt sie als Spielgewinn zugleich ihren Bezugsrahmen über Männer.

Frustriert wechselt er in den Ichzustand des rachsüchtig-rebellischen Kindes und landet damit vermutlich in einem vertrauten Gefühl bzw. Racket, denn Gesprächssequenzen wie diese hat er ganz sicher häufiger erlebt.

Die Kommunikation zwischen den beiden besteht im wesentlichen aus einem wechselseitigen Versuch, den anderen in die Opferposition zu manövrieren. Die Schlusskonstellation sieht so aus, dass sie das kritische Eltern-Ich besetzt und er sich im angepasst-rebellischen Kind wiederfindet. Er heimst eine gewichtige Ärger-Rabattmarke ein, mit der - wie seine letzte Äußerung zeigt - sein Vorrat zu einem bedrohlicher Wutstau angewachsen ist.

Strategien für die Gesprächsführung

Mit jedem Gespräch begebe ich mich auf einen Weg, der durch ein mehr oder weniger dichtes Geflecht von Informationen unterschiedlichster Art führt. Dabei kann es passieren, dass ich von einer zu großen Fülle an Informationen überflutet werde, im Nebel unklarer und ausweichender Antworten vom Weg abkomme oder mich im Gestrüpp sich widersprechender Äußerungen verheddere. Manchmal scheitere ich mit meiner Gesprächspartnerin schon auf der Suche nach dem eigentlichen Problem oder bei dem Wunsch, mit einem eigenen Anliegen durchzudringen. Vielleicht versuche ich daraufhin angestrengt, mich mit immer neuen Lösungsvorschlägen aus dieser misslichen Lage zu befreien. Gelingt dies nicht, können Verärgerung oder Resignation auf beiden Seiten die Folge sein.

In solchen Situationen entsteht der Wunsch nach einem roten Faden, der helfen kann, das Ziel des Gesprächs im Blick zu haben und gerade in unübersichtlichen Situationen die Orientierung zu behalten oder wiederzufinden. Es reicht eben in der Regel nicht aus, den Fluss von Informationen in Gang zu bringen und darauf zu hoffen, dass sich das Problem dann von selbst löst. Vielmehr ist es für einen erfolgreichen Gesprächsverlauf entscheidend, mit geeigneten Strategien die Informationen zu ordnen und für eine Lösung zu nutzen.

Deshalb haben wir Gesprächsstrategien entwickelt, die helfen können, zum Punkt zu kommen, anstatt um den heißen Brei herum zu reden. Sie erleichtern es, den Gesprächsprozess als Ganzes im Auge zu behalten und auf eine Lösung zuzusteuern. Die folgenden Strategien scheinen uns für die wichtigsten Grundsituationen von Gesprächen geeignet zu sein:

1. Das 3-Ebenen-Modell: Denken, Fühlen und Verhalten

2. Das Beratungsgespräch

3. Konfrontation

4. Das Ansprechen von Problemen

5. Zum Umgang mit Kritik

6. Die Moderation von Konfliktgesprächen

7. Das Zielvereinbarungsgespräch

8. Gesprächsführung in Gruppen

9. Das konstruktive Selbstgespräch

Die Einheit von Denken, Fühlen und Verhalten - ein 3-Ebenen-Modell zur Gesprächsführung

Mit diesem Konzept möchten wir Ihr Augenmerk auf einen grundlegenden Aspekt richten, der in jeglicher zwischenmenschlichen Kommunikation eine wichtige Rolle spielt. Es handelt sich um die Einheit von Denken, Fühlen und Verhalten.

Bei jedem persönlichen Thema oder Problem, sei es privat oder beruflich, spielen diese drei Dimensionen eine zentrale Rolle. So wird es immer dann kompliziert und konfliktträchtig, wenn wir

- unsere Gefühle ignorieren und „gute Miene zum bösen Spiel" machen,

- immer wieder auf die gleiche vergebliche Weise versuchen, etwas zu erreichen, ohne daraus die naheliegenden Schlussfolgerungen zu ziehen,

- „aus dem Bauch" heraus Entscheidungen treffen, obwohl der Kopf vehement Einspruch erhebt.

Diesen und ähnlichen Situationen ist es gemeinsam, dass Denken, Fühlen und Verhalten irgendwie nicht zusammengehen, also keine Einheit bilden. Derartige Inkongruenzen führen zu inneren Spannungen und bewirken, dass wir einen Konflikt nicht dort austragen, wo er hingehört, sondern nach innen verlagern, mit allen unangenehmen Begleiterscheinungen für unser Wohlbefinden.

In Beratungssituationen ist es daher gleich zu Beginn wichtig, zu erfahren, wie der Ratsuchende in Bezug auf sein Problem

denkt:
was deutlich wird in Situationsanalysen, Erklärungsversuchen, Schlussfolgerungen, Einschätzungen, Interpretationen und konkreten Planungen;

fühlt:
in Gestalt emotionaler und körperlicher Empfindungen, Empathie, Abneigung und Sympathie;

handelt:
in der Schilderung von konkreten Ereignisabläufen, Lösungsversuchen und im Durchspielen konkreter Vorhaben.

Erst danach verfügen Beraterin und Ratsuchender über die notwendigen Informationen für eine angemessene Lösung.

Wenn Menschen ein Problem darstellen, so überwiegt in ihren Schilderungen häufig einer dieser drei Bereiche. Der Transaktionsanalytiker Paul Ware (1992) hat aus dieser Beobachtung heraus ein Konzept für die therapeutische Arbeit entwickelt, indem er versucht hat, die verschiedenen Dimensionen auf die Behandlung bestimmter Störungsbilder zu beziehen. So empfiehlt er zum Beispiel, den Kontakt mit hysterischen Persönlichkeiten am besten über die Gefühlsebene herzustellen, während Zwanghafte über das Denken und Soziopathen eher über das Verhalten zu erreichen seien.

Im Verlauf unserer Tätigkeit als Kommunikationstrainer haben wir es zunehmend als lohnend empfunden, die Aspekte des Denkens, Fühlens und Verhaltens gezielt in die nicht-therapeutisch orientierte Gesprächsführung und Beratung zu integrieren. Dabei ergaben sich für uns und die Teilnehmer unserer Seminare zahlreiche zusätzliche Beobachtungs- und Interventionsmöglichkeiten für die Beratungsarbeit.

Zunächst geht es in Gesprächen darum, die bevorzugte, also die Kontaktebene unseres Gegenüber zu erkennen. Die entscheidenden Hinweise dafür erhalten wir vor allem aus den verwendeten Verben, Adverbien und Adjektiven. Das hört sich dann folgendermaßen an:

Denken:
> *Ich zerbreche mir schon seit Tagen den Kopf, ...*
>
> *Ich möchte gerne verstehen, ...*
>
> *Ich will Ihnen einmal erklären, ...*
>
> *Ich habe den Verdacht, ...*

Fühlen:
> *Ich bin sauer, ängstlich, hilflos, traurig, aufgeregt, ...*
>
> *Wenn er schon den Mund aufmacht, dann merke ich ...*
>
> *Ich bin völlig verwirrt und kann gar nicht mehr klar denken!*
>
> *Ich habe Angst, dass sie sich verletzt fühlt ...*

Verhalten:
> *Ich habe schon tausendmal versucht, ...*
>
> *Ich bemühe mich ständig, renne hin und her und mache ...*
>
> *Ich weiß nicht, was ich tun soll!*
>
> *Am liebsten würde ich ...*

Eine häufige Schwierigkeit im gegenseitigen Verstehen besteht darin, dass die Betreffenden zwar sehr wohl etwas fühlen, es jedoch nicht formulieren und damit kommunizierbar machen. Sie erwarten aber, dass andere ihre Gefühle erraten und sich entsprechend verhalten. Das ist natürlich eine Quelle für psychologische Spiele und symbiotische Beziehungsmuster.

Um einen guten Kontakt zu erreichen, ist es in der Anfangsphase eines Gesprächs zu empfehlen, behutsam auf die angebotene Ebene einzugehen. Ich antworte auf derselben Ebene, paraphrasiere das Gehörte oder signalisiere Verständnis. Wenn ich die Kontaktebene ignoriere und auf ein im Vordergrund stehendes Gefühl vorschnell mit Lösungen auf der Ebene des Denkens („Nun überlege doch mal ...") oder Verhaltens („Am besten, du machst ...") reagiere, wird sich mein Gesprächspartner vermutlich sehr bald unverstanden und in seinem Anliegen nicht ernst genommen fühlen. Auf die Kontaktebene einzugehen bedeutet allerdings nicht, sich den Bezugsrahmen der anderen Person zu eigen zu machen oder ihr in der Sache recht zu geben. Dies gilt insbesondere dann, wenn der präsentierte Bereich „racketverdächtig" ist und damit mehr der Passivität dient als einer konstruktiven Lösung.

Außerdem ist es wichtig, darauf zu achten, ob bei der Problemschilderung eine bestimmte Dimension wenig berührt oder ganz ausgelassen wird. So ist zum Beispiel zu beobachten, dass manche Menschen intensiv denken oder fühlen, ohne jedoch durch aktives Handeln Lösungen herbeizuführen. Andere neigen dazu, in Aktionismus zu verfallen oder „aus dem Bauch" heraus zu handeln und darüber das Denken oder das genauere Hinfühlen zu vergessen. Wiederum andere planen ihr Verhalten genau nach den Gesetzen der Logik, ohne die eigenen Gefühle oder die Empfindlichkeiten ihrer Mitmenschen zu berücksichtigen. Im weiteren Verlauf eines Gesprächs geht es dann darum, diese unterbelichteten Bereiche durch gezieltes Nachfragen zu erhellen.

Wir nennen Ihnen im Folgenden einige Möglichkeiten,

das Denken anzusprechen:
Welchen Grund könnte es für das Verhalten der anderen geben?
Können Sie sich erklären, wie es dazu gekommen ist?
Welche Schlussfolgerungen ziehen Sie daraus?
Welche Bedingungen müsste eine gute Lösung erfüllen?

das Fühlen anzusprechen:
  Was empfanden Sie in der Situation?
  Sie wirken traurig, ärgerlich, mutlos, erfreut etc. ...
  Sind Ihnen die anderen Beteiligten eigentlich sympathisch?
  Wie fühlte sich vermutlich Ihr Gesprächspartner?

das Verhalten anzusprechen:
  Was genau ist passiert?
  Wie haben sich die anderen Beteiligten verhalten?
  Was haben Sie bereits zur Lösung des Problems unternommen?
  Was schlagen Sie konkret vor?
  Was werden Sie jetzt als nächstes tun?

Weicht der Gesprächspartner einer der drei Ebenen wiederholt aus, beispielsweise durch Redefinieren, so liegt nicht selten genau dort der „Knackpunkt" des Problems bzw. der eigentliche Konflikt. Dabei kann es sich um eine Wahrnehmungstrübung, eine Gefühlsambivalenz oder ein auffallend passives Verhalten handeln. Die Kontaktebene ist also meist nicht der Bereich, in dem der Schlüssel für die Lösung zu suchen ist und wo die ungenutzten Ressourcen liegen. Der Weg zu Lösungen wird erst frei, wenn auch die ausgeblendeten Bereiche erhellt worden sind.

Ein derartiges Ausblenden kann lediglich auf ein spezielles Problemfeld beschränkt sein. Häufig jedoch ist der betreffende Bereich in der gesamten Kommunikation einer Person unterrepräsentiert. Blinde Flecken dieser Art kommen natürlich auch bei Beraterinnen vor. Die Folge ist dann, dass sie die Problemlösungen vor allem auf der von ihnen bevorzugten Ebene suchen und eine ihnen weniger vertraute Ebene nicht thematisieren. Männer tendieren offenbar dazu, sich beim Paraphrasieren eines Problems bevorzugt auf die Darstellung des Sachverhaltes (Denken) zu beschränken und dabei das Gefühl, das ein Gesprächspartner gezeigt hat, unbewusst zu ignorieren.

> Der Weg zu Lösungen wird frei, wenn auch die ausgeblendeten Bereiche erhellt worden sind.

Beim Training von Beratungsgesprächen haben wir immer wieder beobachtet, dass die Gesprächspartner gemeinsam – wie in einer stillen Übereinkunft – die gleiche Ebene vermeiden. Sie mögen sich dabei zwar ganz gut verstehen, werden aber in der Regel keine echte Problemlösung erreichen. Es kann auch vorkommen, dass ich aufgrund einer eigenen Trübung oder aus Angst „vergesse", nach einem der drei Bereiche zu fragen oder dass mir in der Situation partout keine Fragen dazu einfallen will. Auch scheint in den unterrepräsentierten Bereichen der aktive Wortschatz geringer zu sein, wohingegen wir uns auf der bevorzugten Ebene besonders differenziert ausdrücken können. Dies lässt sich beispielsweise beobachten, wenn eine Person die sichere Ebene des Denkens verlässt, um etwas unbeholfen über ihre Gefühle zu reden, oder wenn jemand in einem Konflikt versucht, intellektuell zu überzeugen, und dabei die intuitive Wahrheit des eigenen Gefühls abwertet.

Schwierig wird es, wenn die Beteiligten zu Beginn eines Gesprächs auf unterschiedlichen Ebenen kommunizieren und somit unverträglich aufeinanderprallen oder aneinander vorbei reden. Das gilt besonders dann, wenn die Gesprächspartner ihre jeweilige Kontaktebene wechselseitig als irrelevant abwerten und den Anderen zu einer Lösung auf „eigenem Terrain" zwingen wollen.

Wenn in einem Beratungsgespräch genügend Informationen aus allen drei Dimensionen zur Verfügung stehen, geht es im weiteren Gesprächsverlauf darum, diese verschiedenen Aspekte in Übereinstimmung zu bringen. So macht sich der eine seine Gründe für ein intuitives Gefühl bewusst, beginnt diesem zu trauen und einen angemessenen Ausdruck zu verleihen. Eine andere zieht endlich die richtigen Schlussfolgerungen aus einer sich wiederholenden leidvollen Erfahrung. Und ein Dritter entscheidet sich wohlüberlegt dafür, ein bestimmtes Gefühl (z.B. Ärger) gegenüber einem Vorgesetzten nicht in Verhalten umzusetzen. Womit er allerdings die Verantwortung dafür übernimmt, wie er mit dem unausgedrückten Gefühl anschließend umgeht. Klebt er eine Gefühlsrabattmarke und sucht sich geeignete Opfer zum Einlösen? Oder beschließt er, dem Ärger den Boden zu entziehen, indem er den Kontakt zu der betreffenden Person bewusst minimiert?

Zusammenfassung:
Das 3-Ebenen-Modell

Aspekte des Denkens, Fühlens und Verhaltens in der Gesprächsführung auf folgende Weise beachten:

1. Mir bewusst machen: Welche Ebenen sind mir vertraut bzw. weniger vertraut?

2. Die unterschiedlichen Dimensionen wahrnehmen, wenn jemand das eigene Problem darstellt.

3. Die Kontaktebene beim Paraphrasieren berücksichtigen.

4. Für das gemeinsame Gespräch alle Ebenen erschließen.

5. Informationen zu den unterrepräsentierten Ebenen einholen.

6. Eine weniger vertraute Ebene nicht abwerten, sondern als Bereicherung ansehen.

7. Ansprechen, wenn jemand einem Aspekt wiederholt ausweicht.

8. Anderen helfen, ihr Denken, Fühlen und Verhalten in Übereinstimmung zu bringen.

Das Beratungsgespräch

In einer Beratungssituation wird es in der Regel darum gehen, dass eine andere Person etwas von mir möchte - eine nützliche Information, einen guten Rat oder tätige Hilfe. Meist wird mein Eltern-Ich offen oder verdeckt aus dem angepassten Kindheits-Ich der ratsuchenden Person angesprochen. Dies geschieht mitunter in der unbewussten Absicht, mich zu einer symbiotischen Unterstützung einzuladen („Bitte machen Sie das für mich!" oder „Sagen Sie mir, wie das geht, Sie können das doch immer so toll!") oder mich in ein Ja, aber-Spiel zu verwickeln. In diesen Fällen ist es wichtig, nicht vorschnell - durch Handeln oder mit Ratschlägen - selbst aktiv zu werden, sondern die Initiative und Kompetenz bei der anderen Person zu unterstützen.

Dabei hilft eine Strategie, die im wesentlichen durch Fragen und Impulse aus dem Erwachsenen-Ich bestimmt ist. Das schließt selbstverständlich nicht aus, dass ich auch Anteilnahme, Ermutigung und vor allem Erlaubnis vermittle. Einem weinenden Menschen gelten zunächst meine Anteilnahme und mein Trost, und manchmal ist das schon Hilfe genug.

Mit der folgenden Gesprächsstrategie bieten wir ein detailliertes Raster einzelner Fragen zu den verschiedenen Phasen eines Beratungsgesprächs an. Wir sehen darin keinen Fragenkatalog, der systematisch zu absolvieren ist, sondern einen Leitfaden mit Optionen, die situationsangemessen ausgewählt und variiert werden können. Um diese Fragen wirklich durchzuarbeiten, wird in der Regel ein längerer Prozess von mehreren Gesprächen nötig sein.

1. Grundlagen klären

Dieser erste Fragenkomplex dient dazu, die Ausgangserwartungen zu klären und eine tragfähige Basis für das weitere gemeinsame Vorgehen zu finden, bevor die eigentliche Beratung beginnt.

Fragen an den Ratsuchenden:
Worum geht es?
Weshalb kommen Sie damit zu mir?
Was erwarten bzw. wünschen Sie von mir?

Fragen an mich selbst:
Will und kann ich an diesem Thema mit dieser Person arbeiten?
Wann? Wie lange? Zu welchen Bedingungen?
Stimme ich zu im Blick auf meine Kompetenz, mein Wertesystem und bestehende Gesetze?

2. Das Problem beschreiben lassen

Der Klärung des tatsächlichen Problems sollten Sie Zeit und Aufmerksamkeit widmen. Eine genaue Definition des Problems stellt vielfach schon die Lösung dar, beispielsweise wenn es gelingt, eine anfängliche Konfusion zu beseitigen.

Fragen an den Ratsuchenden:
Was ist konkret und spezifisch das Problem?
Wann tritt es auf? Mit wem? Wie lange schon?
Inwiefern ist es Ihr Problem? Wie leiden Sie darunter?
(An dieser Stelle kann es angebracht sein, die Existenz und Bedeutung des Problems einfühlsam anzuerkennen.)
Wie tragen Sie zur Entstehung des Problems bei?
Was hatten Sie bisher davon? (Es war vermutlich einmal nützlich für Sie.)
Weshalb möchten Sie das Problem lösen?

Fragen an mich selbst:
Hätte auch ein achtjähriges Kind das Problem verstehen können?
Spüre ich bei meinem Gegenüber Energie, etwas zu verändern?
Spüre ich eine Einladung zu einem heimlichen Vertrag?

3. Bisherige Lösungsversuche abklären

Diese Phase ist besonders wichtig, um Informationen darüber zu bekommen, ob ein Ratsuchender bereits aktiv an einer Lösung seines Problems gearbeitet hat oder ob er in Passivität verharrt und darauf wartet, dass andere das Problem für ihn lösen. Darüber hinaus wird an dieser Stelle oft deutlich, ob die eingeschlagenen Lösungswege unbewusst so angelegt sind, dass ein Scheitern wahrscheinlich, wenn nicht gar unvermeidlich ist. So dienen die folgenden Fragen dazu, dass der Ratsuchende sein Vorgehen eigenständig analysiert.

Fragen an den Ratsuchenden:
Was haben Sie bereits zur Lösung des Problems unternommen?
Mit welchem Ergebnis?
Welche Schlussfolgerungen ziehen Sie daraus?
Wie haben Sie sich bisher an der Lösung des Problems gehindert?
Welche Aspekte müsste eine gute Lösung berücksichtigen?

4. Lösungen entwickeln

In dieser Phase geht es darum, dass der Ratsuchende ein inneres Bild für eine mögliche Lösung entwickelt und nach Wegen für eine Realisierung sucht. Zunächst sollte der Ratsuchende mit Kreativität und unzensiert verschiedene Lösungswege entwerfen, unabhängig davon, ob sie realisierbar sind. Auf diese Weise werden eingefahrene Denk- und Verhaltensmuster erweitert und die produktiven Ichzustände aktiviert. Dabei wird mitunter deutlich, dass das alte Verhalten durchaus auch Vorteile hatte, wie beispielsweise Zuwendung, Kontrolle oder Begründung für eigene Passivität. Anschließend werden die Lösungsideen auf ihre Realisierbarkeit hin untersucht und in konkretes Handeln übersetzt. Dabei ist darauf zu achten, dass diese Vorhaben

- konkret, sicher, legal und überprüfbar sind,
- positiv und in der eigenen Macht stehend formuliert werden,
- in kleinen Schritten und überschaubarer Zeit umgesetzt werden können.

Wenn ein Partner dem anderen verspricht: „Ab morgen nörgele ich nicht mehr", so ist dieser Vorsatz weder besonders konkret noch realistisch begrenzt und vor allem nicht positiv formuliert. Wenn ich mir vornehme, mit etwas Negativem aus der Vergangenheit aufzuhören, so ist noch lange nicht klar, was ich in der Zukunft statt dessen positiv tun werde. In diesem Fall könnte eine sinnvolle Frage lauten: „Und wie willst du die Zeit konstruktiv füllen, die du bisher mit Nörgeln verbracht hast?" Die Realisierung des Wunsches: „Ich möchte, dass die Anderen mich akzeptieren" wird daran scheitern, dass seine Erfüllung nicht in der Macht der betreffenden Person liegt. Der Vorsatz schonungsloser Offenheit („Ab morgen sage ich allen Menschen, was ich von ihnen wirklich denke!") ist weder klein noch sehr konkret und auf keinen Fall besonders sicher. Die Größe des Vorhabens birgt bereits den Kern des Scheiterns in sich, möglicherweise um hinterher sagen zu können: „Ich habe wirklich versucht, ehrlich zu sein, aber die Menschen wollen eben angelogen werden!"

Fragen an den Ratsuchenden:
Was wünschen Sie sich statt dessen?
Welche verschiedenen Lösungen gibt es?
Welchen Weg wählen Sie aus?
Beschreiben Sie ihn positiv, konkret, in Ihrer Macht stehend und sicher.
Was müssten Sie dafür aufgeben?
Womit werden Sie den entstehenden Freiraum füllen? (Der „Sinn" des Problems muss in der Lösung berücksichtigt werden.)
Wie wird sich das neue Verhalten für Sie lohnen?

5. Strategien zur Umsetzung planen:

Je konkreter und überprüfbarer neues Verhalten geplant wird, desto größer ist die Wahrscheinlichkeit des Erfolges. Die entscheidenden Kriterien haben wir bereits oben beschrieben.

Fragen an den Ratsuchenden:
Welchen kleinen konkreten Schritt werden Sie tun?
In welchen Situationen werden Sie das neue Verhalten umsetzen?
Wie werden Sie sich dabei konkret verhalten?
Woran werden Sie / werden die Anderen den Erfolg bemerken?
Welche Unterstützung benötigen Sie und von wem?
Wie werden Sie sich für den Erfolg belohnen?
Möchten Sie Ihre neuen Erfahrungen mit jemandem bilanzieren? Mit wem? Wann?

Zusammenfassung: Das Beratungsgespräch

1. **Die Grundlagen klären**
   Worum geht es?
   Was erwarten bzw. wünschen Sie von mir?

2. **Das Problem beschreiben lassen**
   Was ist konkret und spezifisch das Problem?
   Wann tritt es auf? Mit wem? Wie lange schon?
   Was erhoffen Sie sich von der Lösung des Problems?
   Wie tragen Sie zur Entstehung des Problems bei?

3. **Bisherige Lösungsversuche abklären**
   Was haben Sie bereits zur Lösung unternommen?
   Mit welchem Ergebnis?
   Welche Schlussfolgerungen ziehen Sie daraus?
   Was müsste bei einer Lösung beachtet werden?

4. **Lösungen entwickeln**
   Was wünschen Sie sich statt dessen?
   Welche Lösungsmöglichkeiten fallen Ihnen ein?
   Welchen Weg wählen Sie aus?
   Was würden Sie dadurch gewinnen?
   Worauf müssten Sie verzichten?

5. **Strategien zur Umsetzung planen:**
   In welchen Situationen werden Sie das neue Verhalten umsetzen?
   Wie werden Sie sich dabei konkret verhalten?
   Woran werden Sie / werden die Anderen den Erfolg bemerken?
   Welche Unterstützung benötigen Sie und von wem?
   Wie werden Sie sich selbst für den Erfolg belohnen?
   Mit wem und wann möchten Sie Ihre Erfahrungen bilanzieren?
   Wie könnten Sie sich daran hindern, Erfolg zu haben?

Konfrontation

Unter Konfrontation verstehen wir: eine Person auf eine eingeschränkte Sichtweise bzw. ein problematisches Verhalten aufmerksam zu machen. Konfrontation in diesem Sinne hat das Ziel, Energie für eine Überprüfung und Veränderung problematischen Verhaltens freizusetzen. Eine gelungene Konfrontation regt zur Erweiterung des Bezugsrahmens an und weckt das Interesse an Verhaltensalternativen. Konfrontation ist in diesem Sinne auch ein wesentlicher Bestandteil von Beratungsgesprächen, doch gewinnt das Konfrontieren seine zentrale Bedeutung in Konfliktgesprächen.

> Das Paraphrasieren befriedigt das existenzielle Grundbedürfnis nach Akzeptanz.

Wenn wir andere Menschen mit unangemessenem Verhalten konfrontieren, so stoßen wir selten auf besondere Begeisterung. Vielmehr müssen wir zunächst eher mit Ablehnung oder bisweilen Aggression rechnen. Wer das nicht oder nur schlecht ertragen kann, sollte Konfrontationen erst einmal sparsam einsetzen.

Konfrontation sollte, wenn irgend möglich, stets auf der Basis eines wohlwollenden Interesses an der anderen Person und eines klaren Vertrages geschehen. Auf kaum etwas reagieren wir so empfindlich, wie auf ungebetene Kritik. Andererseits bringt uns kaum etwas persönlich so weiter, wie Feedback zu unseren neuralgischen Punkten. Wir werden am ehesten bereit sein zuzuhören, wenn wir dieses Feedback auf eine gute Weise mitgeteilt bekommen.

Wir skizzieren im folgenden Anlässe und Bedingungen für Konfrontation. Dabei gehen wir davon aus, dass ein Gesprächskontrakt besteht, der die Offenheit für Konfrontation einschließt, wie zum Beispiel in Beratungssituationen, Dienstverhältnissen und nahen Beziehungen.

Anlässe für Konfrontation:

- Redefinitionen,

- manipulative Spiele,

- passives Verhalten,

- Abwertung von sich selbst und anderen,

- (selbst-)destruktives Verhalten,

- unangemessene Übertreibungen,

- starke Diskrepanzen in der Kommunikation, z.B. zwischen verbalen und nonverbalen Signalen,

- Bruch von Absprachen und Verträgen.

Voraussetzungen für eine gute Wirkung der Konfrontation:

- ein bestehender Vertrag, der evtl. noch einmal benannt wird;

- eine Situation, in der der Andere aufnahmebereit ist;

- eine grundlegende Akzeptierung der anderen Person, die sich darin ausdrückt, dass ich auch positive Zuwendung gebe;

- die Annahme, dass die andere Person mich akzeptiert und für kompetent hält;

- eine Trennung von Person und Verhalten („Du bist okay, auch wenn ich dein aktuelles Verhalten kritisiere");

- kein Verfolger-Spiel zu beginnen oder Rabattmarken einzulösen;

- die Konfrontation nicht zu benutzen, um zu zeigen, was ich alles sehe und wie klug ich bin.

Beispiele für Konfrontationen:

- Auf von mir beobachtetes Verhalten aufmerksam machen.

  „Mir ist aufgefallen ...“
  „Möchten Sie noch einmal hören/sehen, wie Sie ...?“
  „Vergegenwärtigen Sie sich noch einmal, wie Sie ...“

- Bei ausweichendem Verhalten auf der eigenen Frage bzw. dem eigenen Thema beharren.
  „Meine Frage war ...“
  „Ich möchte gerne bei diesem Thema bleiben!“

- Meine eigene Reaktion, vor allem mein Gefühl mitteilen.

- Unangemessenes Verhalten (Passivität, Jammern, Übertreibungen etc.) zurückweisen oder humorvoll spiegeln bzw. übertreiben - aber Achtung: Das funktioniert aber nur, wenn sich die betreffende Person grundsätzlich akzeptiert weiß.

Grundsätzlich gilt, dass ein Zuviel an Konfrontation kontraproduktiv wirkt. Besser ist es, den entscheidenden Punkt zur richtigen Zeit zu konfrontieren. Das heißt: Redefinitionen, Vertragsbrüche und destruktives Verhalten sofort, Abwertungen möglichst frühzeitig, Spiele, sobald sie offensichtlich werden, also in der Regel, wenn ich mindestens drei Belege dafür habe. Wichtig ist es, zu beobachten, ob mein Gegenüber die Konfrontation annimmt. Ist eine gewisse Betroffenheit spürbar, ein Moment des Innehaltens und Nachdenkens? Fängt die Person etwas mit meinen Hinweisen an? Wenn ich merke, dass die Konfrontation folgenlos bleibt, ist es besser, dieses zum Thema zu machen, als immer neue Konfrontationen nachzulegen: „Ich merke, wie Sie über meine Bemerkung hinweggegangen sind, als hätte ich nichts gesagt. Wie kommt das?“ Oder: „So habe ich keine Lust, mich mit Ihnen zu unterhalten.“ Nicht zuletzt ist es bei aller Klarheit anzustreben, auch mit Witz und Humor zu konfrontieren.

> Sprechen Sie es lieber an, wenn eine Konfrontation missachtet wird, als immer neue Konfrontationen nachzulegen.

Wie sag' ich's ... ?
Das Ansprechen von Problemen

„Dem müsste eigentlich endlich mal jemand sagen, dass ..." Dieser Satz, der aus zahlreichen beruflichen und privaten Zusammenhängen sehr vertraut ist, wird wesentlich häufiger geäußert als befolgt. Problematische Verhaltensweisen bei anderen Menschen anzusprechen erweist sich als ein äußerst schwieriges und konfliktträchtiges Feld menschlicher Kommunikation.

Wenn jemand von sich aus mit mir Kontakt aufnimmt und mich um Rat fragt, besteht eine grundsätzliche Vereinbarung darüber, dass er ein Gespräch mit mir führen möchte. Wenn ich jedoch eine andere Person auf ein schwieriges persönliches Thema hin anspreche, kann ich davon keineswegs als selbstverständlich ausgehen. So wird es zunächst nötig sein, durch eine vorläufige Vereinbarung eine gewisse Gesprächsgrundlage herzustellen.

Nützlich ist es abzuklären, welche Motive mich dazu bewegen, eine andere Person auf ein Problem anzusprechen. Im Prinzip gibt es dafür nur drei gute Gründe:

1. Ich fühle mich emotional betroffen.

2. Es ist mein Job (z.B. als Vorgesetzte).

3. Ich trage mit der Person eine gemeinsame Verantwortung.

Alles andere führt mit einiger Sicherheit ins Dramadreieck, und es besteht die Gefahr, dass ich ein eigenes ungelöstes Problem auf eine andere Person abwälze.

Wenn ich mich aufgrund dieser Selbstprüfung für ein Ansprechen des Problems entschieden habe, so muss ich mir als nächstes darüber klar werden,

*   ob es mir lediglich darum geht, Dampf abzulassen,

*   ob ich mich abzugrenzen will,

*   ob ich eine klare Anordnung weitergeben will,

*   ob ich ein Problemlösungsgespräch führen möchte.

Strebe ich ein problemlösendes Gespräch an, so kann die folgende Strategie meinen Weg durch dieses schwierige Gelände erleichtern.

1. Den Vertrag klären

Zunächst muss ich festzustellen, ob mein Gegenüber überhaupt bereit ist, mir hier und jetzt zuzuhören. Ist dies nicht der Fall, so gilt es, eine Terminabsprache zu treffen. Dabei ist es wichtig, dass die andere Person mitbestimmen kann, wann sie bereit ist, sich mit einem unangenehmen Thema auseinanderzusetzen.

In aller Regel wird mich mein Gegenüber fragen, worum es geht. Geben Sie eine Kurzinformation, aber vermeiden Sie es, in die Auseinandersetzung zu gehen, so lange die Terminabsprache noch ungeklärt und Ihnen die gegebenen Rahmenbedingungen ungeeignet erscheinen.

Machen Sie sich vor Beginn des Gesprächs klar, was Sie konkret erreichen wollen (vgl. den Abschnitt „Mich auf das Gespräch vorbereiten"). Schreiben Sie sich Ihr Ziel auf.

Äußern Sie vor Beginn des eigentlichen Problemlösungsgesprächs Ihr persönliches und sachliches Interesse. Verweisen Sie - wo dies möglich ist - auf menschlich und/oder fachlich positive Vorerfahrungen mit der betreffenden Person.

2. Die 3-Schritte-Strategie, um Probleme anzusprechen

Die Art und Weise, wie Sie ein schwieriges Thema ansprechen, stellt wichtige Weichen für den weiteren Verlauf eines Konfliktgesprächs. Um das Verhalten zu konfrontieren, das Sie als störend oder problematisch betrachten, empfehlen wir nach den folgenden drei Grundschritten vorzugehen.

1. Schritt:
Benennen Sie das problematische Verhalten, indem Sie Ihre Wahrnehmungen mitteilen.

Beschreiben Sie das beobachtete Verhalten Ihres Gegenüber mit Daten, Fakten und Informationen so konkret wie möglich:

Ich nehme wahr, ...
Mir ist aufgefallen, ...
Ich habe festgestellt, dass ...

2. Schritt:
Machen Sie deutlich, welche Bedeutung das für Sie hat.

Benennen sie dabei - je nach Situation - die menschlichen, fachlichen oder organisatorischen Folgen:

Ich sehe die Gefahr, ...
Unsere (Arbeits-)Beziehung wird dadurch ...
Das hat zur Folge, dass ...

oder ihre persönliche emotionale Reaktion:

Ich fühle mich dabei ...
Das löst bei mir aus ...
Mir geht es damit ...

3. Schritt:
Formulieren Sie Ihr Anliegen.
Machen Sie konkret und spezifisch deutlich, was Sie zur Lösung des Problems von der anderen Person erwarten - als Bitte, Wunsch, Erwartung, Forderung oder Anweisung:

Ich bitte Sie daher ...
Ich erwarte von Ihnen, dass Sie ...
Meine Forderung an Sie ist ...

oder in Form einer Frage, die Sie beantwortet haben möchten:

Meine Frage ist, ...
Ich möchte gerne von Ihnen erfahren, ...
Ich stelle mir deshalb die Frage, ...

oder auch als bereits getroffene Entscheidung:

Deshalb habe ich beschlossen ...
Aus diesem Grund werde ich ...

Dieser Einstieg in ein Konfliktgespräch sollte nicht länger als 2 Minuten dauern. Einerseits sollten Sie die Geduld Ihres Gegenüber nicht über Gebühr strapazieren. Andererseits würden Sie durch langes Reden die Kraft Ihrer Argumentation verwässern und dem Anderen viele Möglichkeiten geben, einzuhaken und Nebenwege zu beschreiten: „Aber in diesem einen Fall stimmt es nicht, was Sie sagen!" Oder: „Bei Ihrem ersten Beispiel war das aber ganz anders!" Besonders hier gilt die alte Regel: Weniger ist mehr.

3. Wichtige Regeln zur Herstellung von Gesprächsbereitschaft

Bei diesen drei Schritten ist es wichtig, sich an bestimmte Grundregeln achtungsvoller Kommunikation zu halten. Um mit dem eigenen Anliegen durchzudringen und die andere Person dafür zu gewinnen, dass sie zuhört und sich einlässt auf das, was Sie sagen, ist es wichtig,

- die produktiven Ichzustände einzusetzen, wobei auch der Ärger des freien Kindes zu seinem Recht kommen darf;

- Ich-Botschaften zu benutzen, also die eigenen Wahrnehmungen und Reaktionen zu benennen statt das Verhalten der anderen Person zu deuten und zu werten;

- unkonkrete Aussagen und Verallgemeinerungen zu meiden („es", „das", „immer", „nie" etc.), da sie vernebeln oder übertreiben und dadurch eine Quelle für Missverständnisse darstellen;

- sich zu begrenzen auf das, was für die betreffende Person in dieser Situation verkraftbar und bearbeitbar ist.

4. Die Stellungnahme Ihres Gegenüber einholen

Jetzt ist es wichtig, dass Sie Ihrem Gegenüber die Möglichkeit geben, sich zu äußern. Bitten Sie - aber nicht aus dem kritischen Eltern-Ich - um eine Stellungnahme oder Einschätzung.
Der Reaktion können Sie entnehmen, wie weit die betreffende Person bereit ist, Ihrer Sicht der Wirklichkeit zu folgen: Teilt sie Ihre Wahrnehmung, anerkennt sie die Bedeutung des Problems und ist sie bereit, Ihrer Erwartung nach einer Verhaltensänderung zu entsprechen? In manchen bilderbuchartig verlaufenden Konfliktgesprächen bekommen Sie für alle drei Aspekte Zustimmung, so dass Sie mit Ihrem Gegenüber eine Vereinbarung darüber schließen können, wie er sich künftig verhalten wird. Leider ist dies im ersten Anlauf nur selten der Fall.

Wenn Sie keine Zustimmung erhalten, können Sie an der Reaktion der anderen Person erkennen, auf welcher Stufe des Problembewusstseins sie sich in Bezug auf das von Ihnen vorgetragene Problem befindet. Hier ist es sehr hilfreich, das Abwertungskonzept, das wir im Kapitel über Passivität vorgestellt haben, als diagnostisches Instrument zu verwenden. Wir rufen die wichtigsten Aspekte in Erinnerung.

Wenn Menschen sich in Bezug auf eine Aufgabe oder ein Problem in irgendeiner Weise realitätsunangemessen bzw. passiv verhalten, sind vier Stufen des Problembewusstseins erkennbar. Auf jeder Stufe liegt eine Leugnung bzw. Abwertung von bestimmten Aspekten der Realität vor:

A **Die Person bestreitet die Existenz eines Problems.**
   Die typische Äußerung auf dieser Stufe: „Ich weiß gar nicht, was du hast. Was ist denn überhaupt los?"

B **Die Person spielt die Bedeutung des Problems herunter.**
   „Das macht doch nichts, das sollte man nicht überbewerten!"

C **Die Person bestreitet die Lösbarkeit.**
   Sie behauptet, „es" sei nicht vermeidbar bzw. nicht zu schaffen. „Da kann man nichts (anderes) machen!"

D **Die Person wertet ihre persönliche Fähigkeit ab.**
   Sie sieht keine Möglichkeit, persönlich das Problem zu lösen bzw. zu vermeiden. „Ich kann (das) einfach nicht (anders)."

5. Unterschiedliche Wahrnehmungen klären

Wenn Ihre Gesprächspartnerin bereits Ihre Wahrnehmung der Situation bestreitet, sollten Sie zunächst nach Möglichkeiten der gemeinsamen Überprüfung suchen. Gut ist es, wenn Sie dafür genaue Belege angeben können. Wo die Gefahr einer kontroversen Rekonstruktion der Vergangenheit geht, sollten Sie das gemeinsame Augenmerk auf die Zukunft richten. Sie können vereinbaren, dass Sie künftig zeitnah auf das störende Verhalten aufmerksam machen oder dass Sie gemeinsam auf den konfliktträchtigen Punkt achten. Häufig führt dies bei der anderen Person bereits zu einer positiven Verhaltensänderung, und sei es nur, um Ihnen zu beweisen, dass Sie Unrecht haben.

Teilt Ihr Gegenüber zwar Ihre Wahrnehmung, zeigt aber bezüglich der Bedeutung kein oder kein angemessenes Problembewusstsein, dann wird es im weiteren Verlauf zunächst darum gehen, dieses gezielt zu fördern.

6. Problembewusstsein fördern

Wir sind davon überzeugt, dass Menschen ihr Verhalten nur ändern, wenn sie in einem für sie relevanten Bereich eine positive Veränderung erwarten oder eine Beeinträchtigung befürchten. Diese Bereiche können sein: ethische Gründe, soziale Kontakte, Anerkennung, finanzielle Situation, Gesundheit, persönliche Freiräume.

Da die meisten Menschen bemüht sind, Leiden zu verringern, bleibt ihnen neben einer aktiven Veränderung ihres Verhaltens auch die Verdrängung in Form verschiedener Stufen der Leugnung. Um jemanden zu einer realistischen Sicht des Problems zu veranlassen, gibt es verschiedene Möglichkeiten, von denen Sie situationsangemessen Gebrauch machen können.

6.1. Beschreiben Sie das Problem ein weiteres Mal.

Das Leugnen einer Schwierigkeit oder eines Fehlers kann auf einen momentanen Widerstand zurück zu führen sein, der aus der Beziehungsdynamik oder der Art Ihrer Einlassung resultiert. Hier ist es sinnvoll, zunächst das eigene Verhalten zu überprüfen (vgl. dazu das Kapitel Widerstand). Möglicherweise haben Sie selbst offen oder verdeckt ins Dramadreieck eingeladen. Benennen Sie in diesem Fall noch einmal ruhig und klar mit ihrem Erwachsenen-Ich, worum es Ihnen geht.

6.2. Bieten Sie eine Identifikation an.

„An Ihrer Stelle würde es mir ... gehen"; „Als ihr Mitarbeiter/Schüler würde ich mich ... fühlen". Sie können jemandem auf diesem Wege gewissermaßen ein Gefühl „leihen" bzw. spiegeln, mit dem Ziel, dass es sich die betreffende Person gestattet, dieses Gefühl bei sich selbst wahrzunehmen und auszudrücken.

6.3. Fordern Sie zum Perspektivenwechsel auf.

Häufig führt ein Perspektivenwechsel zu einer Erweiterung der subjektiv begrenzten Sichtweise und damit zu einem angemesseneren Problembewusstsein: „Was würden Sie in Ihrem Fall an meiner Stelle machen?"; „Versetzen Sie sich doch einmal in die Lage von ...". Wichtig ist dabei, dies nicht nur als rhetorische Floskel zu benutzen, um dann selbst mit eigenen Argumenten fortzufahren. Geben Sie der anderen Person Zeit, sich in die Situation hineinzuversetzen und die Sache aus einer neuen Sicht zu sehen und zu beschreiben.

6.4. Bieten Sie eine Interpretationen für das Verhalten an.

„Ich vermute, der Grund für ihr Verhalten ist ...“; „Vielleicht wollen Sie erreichen, dass ...“; „Ich könnte verstehen, wenn ...“. Damit bieten Sie Ihrem Gegenüber aus dem Erwachsenen-Ich eine Erklärung für sein Verhalten an und signalisieren zugleich aus dem nährenden Eltern-Ich Verständnis. Denken Sie dabei auch an die Grundregel über Interpretationen.

6.5. Legen Sie die unausgesprochene Aussage offen.

Hinter langen Rechtfertigungen, Ja-aber-Spielen und Redefinitionen verbirgt sich häufig die verdeckte Botschaft: „Alle anderen sind schuld oder täuschen sich!“ Sie offen zu legen, kann helfen, Ihrem Gegenüber mögliche grandiose Vorstellungen zu spiegeln: „Möchten Sie mir damit sagen, dass Sie keinen Anteil an diesem Problem haben?“ Oder: „Heißt das, dass alle anderen sich irren und nur Sie die Dinge richtig sehen?“

6.6. Zeigen Sie mögliche Konsequenzen auf.

Machen Sie ihrem Gegenüber klar, welche Konsequenzen das unangemessenen Verhalten für ihn haben wird, wenn es bestehen bleibt. Lassen Sie die Konsequenzen im Falle einer negativen Reaktion unbedingt eintreten. Jeder Mensch hat das Recht, die Folgen des eigenen Verhaltens selbst herauszufinden und zu erleben, was das für ihn bedeutet. Manchmal ist das auch bei erwachsenen Personen ein unausweichlicher Schritt. Jegliche Inkonsequenz ermöglicht es dem Gegenüber, seine Leugnung des Problems aufrecht zu erhalten. Sie verstärkt die Passivität und führt damit aller Erfahrung nach zu einer Verfestigung des problematischen Verhaltens. Inkonsequenz verhindert Entwicklung! Maßnahmen anzudrohen, deren Einhaltung ich nicht gewährleisten kann oder will, ist deshalb kontraproduktiv. Konsequenzen aufzuzeigen ist besonders dort angebracht, wo mein Gegenüber Wahrnehmung und Bedeutung teilt, sich aber der Verhaltensänderung verweigert.

7. Ein festgefahrenes Gespräch abbrechen

Wenn Sie den Eindruck haben, dass ihre Gesprächspartnerin die Leugnung des Problems bzw. seiner Bedeutung aufrechterhält oder sich im rebellischen Kind festfährt, sollten Sie das Gespräch vorläufig beenden, ohne den Gesprächskontakt jedoch endgültig abreißen zu lassen. Begründen Sie den Abbruch des Gesprächs an dieser Stelle, ohne ihn zu diskutieren. Benennen Sie einen Zeitpunkt und/oder Bedingungen für eine Fortsetzung des Gesprächs. Dies bietet ihrer Gesprächspartnerin die Möglichkeit, in der Zwischenzeit ihr Erwachsenen-Ich und ihr fürsorgliches Eltern-Ich zu befragen.

Für den Fall, dass Ihr Gegenüber auf eine dieser Interventionen positiv anspricht und sich an einer Problemlösung beteiligt, sollten Sie folgendes berücksichtigen: In Konfliktgesprächen, die auf eine Veränderung des Verhaltens zielen, erreicht man häufig zunächst das angepasste Kindheits-Ich. Achten Sie also im weiteren Verlauf des Gesprächs darauf, dass auch die produktiven Ichzustände Ihres Gesprächspartners an der Veränderung beteiligt sind.

Wenn Menschen ihr vertrautes System verlassen, benötigen sie Schutz und die Gewissheit, dass es sich wirklich lohnt, das alte Verhalten aufzugeben. Die Risikobereitschaft kann dabei recht unterschiedlich sein. Versäumen Sie es daher auf keinen Fall, auch kleine positive Verhaltensänderungen wahrzunehmen und der betreffenden Person rückzumelden.

8. Erwartungen äußern bzw. Anweisungen geben

Führen die genannten Wege nicht zum gewünschten Problembewusstsein, ist es sinnvoll, nochmals klar und deutlich die eigenen Vorstellungen zum Ausdruck zu bringen: „Wie auch immer - ich erwarte von Ihnen, dass Sie ...!" Achten Sie dabei auf Eindeutigkeit, indem Sie Sätze vermeiden wie: „Könnten Sie vielleicht ..." - „Vielleicht sollten Sie einmal versuchen ..." - „Es wäre nett, wenn sie ... „

Verhalten Sie sich auch nonverbal kongruent, indem Sie Ihre Erwartung mit klarer Stimme, Mimik und Gestik ausdrücken und nicht mit einer um Verständnis heischenden Geste oder einem um Entschuldigung bittenden Blick Ihre verbale Botschaft unterminieren. Ihr Gegenüber darf keinesfalls mit dem Gefühl aus dem Gespräch gehen, dass sein ausweichendes oder stures Verhalten letztlich erfolgreich gewesen ist.

9. Bilanz ziehen

Gerade, wenn es in einem Gespräch um unterschiedliche Sichtweisen, kontroverse Interessenlagen oder getrübte Wahrnehmungen ging, ist es wichtig, die wesentlichen Gesprächsergebnisse gemeinsam zusammenzufassen. Dies betrifft sowohl die erzielten Übereinkünfte als auch die vorerst nicht überbrückbaren Gegensätze sowie weiter führende Verabredungen.

Diese Gesprächsphase ist häufig anfällig für unterschiedliche Interpretationen, die zu neuen Verdrehungen und Irritationen führen können („So habe ich Sie damals aber nicht verstanden ...!"). Schätzen Sie diese Gefahr als besonders hoch ein, so raten wir Ihnen - insbesondere in dienstlichen Zusammenhängen - zu einer schriftlichen Fixierung der Gesprächsergebnisse.

Zusammenfassung: Probleme ansprechen

1. **Vereinbarung treffen**
   - über Thema, Ort und Zeit

2. **Die 3-Schritte-Strategie anwenden**
   - die eigene Wahrnehmung mitteilen;
   - die persönliche Reaktion und erkennbare Folgen benennen;
   - das eigene Anliegen zum Ausdruck bringen.

3. **Gesprächsbereitschaft fördern**
   - produktive Ichzustände verwenden;
   - Ich-Botschaften äußern;
   - konkrete und spezifische Aussagen statt Deutungen,
     Wertungen oder Metaphern,
   - Begrenzung auf das Bearbeitbare.

4. **Stellungnahme einholen**
   - auf Leugnung und Abwertung achten.

5. **Unterschiedliche Wahrnehmungen überprüfen**

6. **Problembewusstsein fördern**
   - das Problem erneut beschreiben,
   - eine Identifikation anbieten,
   - zum Perspektivenwechsel auffordern,
   - eine Interpretation anbieten,
   - unausgesprochene Aussagen offen legen bzw. spiegeln,
   - mögliche Konsequenzen aufzeigen und umsetzen.

7. **Ein festgefahrenes Gespräch abbrechen**
   - begründen und Bedingungen für die Fortsetzung benennen.

8. **Erwartungen bzw. Anweisungen äußern**
   - eindeutig und kongruent.

9. **Bilanz ziehen**
   - Worin stimmen wir überein?
   - Was ist nach wie vor kontrovers?

Zum Umgang mit Kritik

Kritisiert zu werden gehört zu den unangenehmen Seiten in der Beziehung zu anderen, haben wir doch oft erlebt, dass die Kritisierenden eigene Frustrationen abfackeln oder heimliche Machtspiele betreiben. Diese und andere Erfahrungen führen dazu, dass sich viele Menschen bei jeglicher Kritik schnell als ganze Person abgewertet und in Frage gestellt fühlen. In der Absicht, sich davor zu schützen, benutzen die „Angegriffenen" - neben anderen Formen des Widerstands - besonders häufig zwei gleichermaßen unproduktive Reaktionsweisen: Entweder sie nehmen, um weiteren „Angriffen" zuvorzukommen, bereitwillig alle Schuld auf sich, oder sie handeln nach der Devise „Angriff ist die beste Verteidigung". In beiden Fällen verschließen sich die Betroffenen gegen nützliche Hinweise und Beziehungsangebote, die in der Kritik enthalten sein können.

Es kommt also darauf an, die konstruktiven Anteile einer Kritik wahrzunehmen und andere Personen nicht durch das eigene Verhalten davon abzuschrecken, auch künftig kritische Rückmeldungen zu geben. Denn die Abschirmung gegen Kritik führt zu einer wachsenden Diskrepanz zwischen Selbst- und Fremdbild mit all ihren Folgen für das soziale Miteinander.

Wie ein produktiver Umgang mit Kritik aussehen könnte, beschreiben wir in der folgenden Strategie.

> Es kommt darauf an, die konstruktiven Anteile einer Kritik wahrzunehmen.

1. Vereinbarung treffen

Niemand ist gezwungen, sich jede Art von Kritik von jeder Person an jedem Ort und zu jeder Zeit anzuhören. Wenn mir eine Kritik angetragen wird, gilt es im Vorfeld zu klären,

- worum es geht,
- ob ich überhaupt die richtige Adresse für die Kritik bin,
- ob ich hier und jetzt darüber sprechen will und
- welchen Zeitpunkt und welche Bedingungen ich geeignet finde.

Wichtig ist es, Kritik zu stoppen, wenn sie eine deutliche Einladung ins Dramadreieck bzw. eine massive Abwertung meiner Person enthält oder wenn sie - bevorzugt vor einem interessierten Publikum - darauf angelegt ist, dass jemand Rabattmarken gegen mich einlösen oder meine Position in einer Gruppe unterminieren will. In diesem Fall ist es wichtig, zwar die grundsätzliche Offenheit für Kritik zu signalisieren, aber andere Rahmenbedingungen dafür vorzuschlagen: „Ich bin an Ihrer Kritik interessiert, möchte dafür aber einen anderen Rahmen haben."

2. Kritik anhören

Dieser Teil erfordert Geduld, denn ich muss mir die Kritik zunächst einmal anhören, ohne mein Gegenüber zu unterbrechen und sogleich Stellung zu beziehen. Es kann sein, dass die kritischen Äußerungen von starken Emotionen begleitet sind. Das gehört - je nach Temperament - durchaus dazu, und man sollte es nach Möglichkeit auch akzeptieren. Da Ärger häufig das Gehirn „verklebt", kann das „Dampf ablassen" eine anschließende Konfliktlösung durchaus erleichtern.
Bisweilen kommt es vor, dass mein Gegenüber in der Flut seiner Kritik Wahrnehmungen, Unterstellungen, Gefühle und eigene Anteile miteinander vermischt. Um für mich und den anderen Übersicht zu schaffen, kann es hilfreich sein, zur Strukturierung der Kritik mit Hilfe der bereits vorgestellten 3-Schritte-Strategie einzuladen:

- *Was konkret stört Sie?*
- *Wie sind Sie davon emotional oder in Ihrer Tätigkeit betroffen?*
- *Was ist Ihr Anliegen bzw. Veränderungswunsch?*

3. Den Inhalt der Kritik paraphrasieren

Diese Phase ist besonders wichtig, aber auch besonders schwierig. Es gilt, trotz eigener Betroffenheit sein Gegenüber zunächst richtig zu verstehen. Wenn ich zuhöre und die an mir geäußerte Kritik zu verstehen versuche, vermittle ich dem Anderen das Gefühl, ihn mit seinem Anliegen ernst zu nehmen. Ich erfülle damit ein menschliches Grundbedürfnis, das in aller Regel deeskalierend wirkt. Dabei sollte es sich allerdings weniger um eine bloße Gesprächstechnik, als vielmehr um eine wirkliche innere Haltung handeln, die sich meinem Gegenüber mitteilt (vgl. den Abschnitt über Paraphrasieren). Den Inhalt einer Kritik wiederzugeben, bedeutet jedoch nicht, dem anderen in der Sache Recht zu geben.
Wird die Kritik nicht paraphrasiert, sondern - ohne deren Inhalt überhaupt richtig verstanden zu haben - sogleich zurückgewiesen, geht es nach kurzer Zeit nicht mehr um die Sache. Es beginnt vielmehr ein

Kampf, in dem es darum geht, von dem Anderen als Person wahrgenommen zu werden. Der Konflikt eskaliert, weil er sich - meist unbemerkt von den Beteiligten - auf die Beziehungsebene verlagert und damit eine existenzielle Dimension bekommt. Es kommt also darauf an,
abwertende oder kommentierende Redefinitionen zu vermeiden
(„Ausgerechnet Sie meinen also, dass ich völlig unfähig bin!") und statt
dessen den Inhalt der Kritik zu wiederholen, um zu überprüfen, ob ich
den anderen richtig verstanden habe: „Wenn ich Sie richtig verstanden
habe, dann stört Sie ..."

4. Anerkennenswerte Aspekte benennen

Nachdem ich die Kritik angehört und verstanden habe, gilt es, konstruktiv darauf zu reagieren. Hilfreich ist dabei die „Körbchenmeta-
pher". Dazu stellt man sich ein fiktives Körbchen zwischen sich und
den anderen Personen vor. Diese werfen in das Körbchen die unterschiedlichen Aspekte ihrer Kritik hinein. Darunter befinden sich vielleicht kleine und große Geschenke, von denen einige lediglich unan-
sehnlich verpackt sind, die aber beim „Auswickeln" wertvolle Hinweise für mich enthüllen. Daneben ist einiges dabei, was nichts mit mir zu
tun hat, sondern auf falschen Informationen, Vorurteilen oder Projektionen beruht. Möglicherweise sind auch einige giftige Kröten dabei,
die mich verletzen sollen, und vielleicht ist es insgesamt zu viel.
In dem „Körbchen" befinden sich also viele Angebote, von denen ich
Gebrauch machen kann. Es ist meine Entscheidung, welche Aspekte
ich mir aus dem Körbchen nehmen will. Ich kann mich begierig auf
jede Kröte stürzen und wortreich begründen, weshalb sie nicht hinein-
gehört und wie schlimm ich sie finde, und schließlich noch hässlichere
Kröten zurückwerfen. Oder ich kann mich empören über problematische Verpackungen, um mich nicht mit dem unbequemen,
aber vielleicht nützlichen Inhalt auseinandersetzen zu
müssen.

Eine weitaus konstruktivere Möglichkeit besteht
darin, zu überlegen, was zutrifft, und diejenigen
Aspekte aufzugreifen, mit denen ich hier und jetzt
etwas anfangen kann. Vielleicht gibt es einen Ge-
fühlsaspekt, den ich anerkennen kann („Ich kann
verstehen, dass Sie unsere neue Arbeitsverteilung verärgert, und ich halte sie im Interesse aller dennoch für
notwendig!"). Vielleicht ist etwas dabei, was mir zu schaffen macht,
was mich aber auch zur Weiterentwicklung anregt. Vielleicht ist eine

> Am nutzlichsten ist es, die Aspekte einer Kritik aufzugrei-
fen, mit denen ich hier und jetzt etwas anfangen kann.

Kritik dabei, die gewaltig aufgebläht ist, weil jemand eigene Anteile hineingemischt hat, aber es ist ein Punkt darunter, der mich etwas angeht und mir nützen kann.

Das, was mich nichts angeht, da es auf Projektionen beruht, übertrieben oder mit Aggressivität vorgetragen ist, kann ich getrost im „Körbchen" lassen. Ich brauche es mir nicht zu eigen zu machen. Ich brauche es aber auch nicht den anderen erbost ins Gesicht zu schleudern. Auf diese Weise gebe ich zugleich ein Modell für andere, wie man mit Kritik umgehen kann. Wenn ich selbst andere Personen kritisiere, kann ich sie dazu auffordern, in gleicher Weise zu verfahren und ihr Augenmerk zunächst auf diejenigen Aspekte zu richten, die sie anerkennen können und an denen etwas für sie Lohnendes dran ist.

Vermeiden Sie es unbedingt, anderen ihre Gefühle auszureden nach dem Motto: „Nun regen Sie sich mal nicht so auf, Sie haben doch gar keinen Grund dazu!" Dies führt meist zu einer Eskalation. Es kann allerdings angebracht sein, bei starker Erregtheit zunächst beruhigend - nicht beschwichtigend! - auf die betreffende Person einzuwirken.

5. Eigenes Verhalten transparent machen

Falls es sachlich angebracht ist, sollten Sie das eigene Verhalten mit dem Erwachsenen-Ich und dem fürsorglichen Eltern-Ich erläutern, aber sich nicht mit dem angepassten Kind rechtfertigen. Wichtig ist, dass Ihr Gegenüber auch wirklich offen und bereit ist, Ihnen zuzuhören. Sie können zum Beispiel die Frage stellen: „Möchten Sie die Gründe für mein Verhalten / meine Entscheidung erfahren?" Achten Sie darauf, dass die Antwort vom Erwachsenen-Ich getragen ist. Ein „Gut, meinetwegen, wenn Sie durchaus wollen!" ist nicht nur eine Redefinition Ihrer Frage, sondern vor allem eine Antwort aus dem rebellischen Kind, die wenig Offenheit verheißt.

6. Unzutreffendes zurückweisen

Falls wirklich erforderlich, können Sie bestimmte Äußerungen in Form und Inhalt zurückweisen. Dabei ist es besser, zuerst die berechtigten Aspekte anzuerkennen. Danach können Sie das zurückzuweisen, was Sie unangemessen finden, statt sich gleich zu Beginn mit Empörung und Gegenaggression auf die Ihrer Meinung nach unangemessenen Aspekte zu

Die für eine Lösung wichtigen Energien dürfen nicht in der Rekonstruktion vergangener Ereignisse gebunden bleiben.

stürzen. Achten Sie unbedingt darauf, dass die zu einer Lösung erforderlichen Energien nicht in der unproduktiven Rekonstruktion vergangener Ereignisse gebunden bleiben.

Wichtig ist die Korrektur unberechtigter oder unangemessener Kritik insbesondere dann, wenn sie vor einer Gruppe geäußert wurde und die Gefahr besteht, dass Vereinbarungen über den Umgang mit Konflikten missachtet werden oder wenn ich befürchten muss, dass ein ungünstiges Modell für den Umgang mit Kritik etabliert wird.

7. Absprachen treffen

Die zutreffenden Kritikpunkte können an dieser Stelle durch Vereinbarungen aufgenommen werden, das kritisierte Verhalten künftig zu vermeiden. In diesem Zusammenhang ist zu klären, ob ich das, was mein Gegenüber von mir erwartet, auch selbst will, welche Spielräume mir tatsächlich zur Verfügung stehen und was ich konkret tun werde.

8. Bilanz ziehen

Gerade nach durchgestandenen Konfliktsituationen ist es wichtig, sich gegenseitig Rückmeldung über das Gespräch zu geben. So kann ich meinem Gegenüber für seine Kritik danken, ihm deutlich machen, was seine Kritik bei mir ausgelöst hat, und ihn nach seinem eigenen Eindruck fragen. Bei einem weniger versöhnlichen Schluss ist es wichtig zusammenzufassen, welche Punkte geklärt sind und über welche (noch) kein Einvernehmen hergestellt werden konnte.

Zusammenfassung: Umgang mit Kritik

1. **Vereinbarung über Thema, Ort und Zeit**

2. **Die Kritik genau anhören und evtl. mit der 3-Schritte-Strategie strukturieren lassen:**
   - Was konkret stört Sie?
   - Inwiefern macht Ihnen das zu schaffen?
   - Was ist Ihr Wunsch an mich?

3. **Den Inhalt der Kritik paraphrasieren**
   - Die Kritik bzw. das Anliegen wirklich zu verstehen suchen
   - Abwertungen und Redefinitionen vermeiden

4. **Anerkennenswerte Aspekte benennen**

5. **Eigenes Verhalten transparent machen**

6. **Unzutreffendes zurückweisen**

7. **Absprachen treffen**
   - Will ich mich ändern?
   - Was steht in meiner Macht zu verändern?
   - Was werde ich konkret tun?

8. **Bilanz ziehen**

Wenn zwei sich streiten ...
Die Moderation von Konfliktgesprächen

Eine besonders heikle Situation für die Gesprächsführung ist es, wenn zwei oder mehr miteinander im Konflikt liegende Personen mich als Dritten hinzuziehen wollen oder wenn es aufgrund meiner Rolle (als Gruppenleiter, Lehrerin, Vorgesetzter, Elternteil etc.) meine Aufgabe ist einzugreifen. Sei es, dass ich als Gruppenleiter mit einem offenen Konflikt mehrerer Gruppenmitglieder konfrontiert bin, dass ich als Lehrerin mit zwei streitenden Schülern zu tun habe oder dass ich als Vorgesetzter zwei Mitarbeiter zu beraten habe - stets lauert die Gefahr, dass ich mich in das Spiel „Gerichtssaal" hineinziehen lasse.

In fast allen Konflikten ist die Ausgangslage zunächst die, dass beide Seiten von ihrem jeweiligen Bezugsrahmen aus überzeugt sind, Recht zu haben - wehe also, ich nehme die angebotene Rolle als Richter an. Ich werde es dann zumindest mit demjenigen Beteiligten zu tun bekommen, der nicht „Recht" bekommt.

Ziel einer Moderation ist es, dass die Konfliktpartner konstruktiv miteinander reden.

Das Ziel einer Konfliktmoderation besteht darin, den Konfliktpartnern zu ermöglichen, konstruktiv und klärend miteinander zu reden, so dass sie selbst eine Lösung finden. Dazu empfehlen wir Ihnen, nach den folgenden Schritten vorzugehen.

1. Klärung der eigenen Rolle

Es ist besonders wichtig, zu Beginn eines Konfliktgesprächs den Vertrag mit den Beteiligten deutlich und einvernehmlich abzusprechen. Als erstes - und zwar vor jedem inhaltlichen Einstieg - ist es notwendig, die eigene Rolle zu definieren und mit den Erwartungen der Konfliktparteien abzugleichen. Ziel ist es, dass meine Rolle und Funktion von allen Beteiligten übereinstimmend verstanden und akzeptiert wird. Dies gilt ganz besonders dann, wenn die Betreffenden mich sonst in unterschiedlichen Rollen erleben.

Die Rolle des Moderators muss von allen Beteiligten übereinstimmend definiert werden.

Ein Beispiel dafür ist folgende Situation: Ein Paar hat einen Konflikt und überlegt, mit einer dritten Person darüber zu sprechen. Sie schlägt dazu eine Person ihres Vertrauens vor, die - wie sie aus gutem Grund meint - besonders geeignet ist, ein Konfliktgespräch beratend zu begleiten. Selbst wenn ihr Partner einwilligt, liegt es doch nahe, dass die Alltagssituation in dieses Gespräch hinein wirkt. Es besteht die Gefahr, dass sie eine heimliche Bündniserwartung an die Person ihres Vertrauens hegt und er dieser Person mit latentem Misstrauen begegnet.

Sie können auch von sich aus eine Rollendefinition vorgeben, indem Sie es zum Beispiel als Ihre Aufgabe beschreiben,

- den Gesprächsverlauf zu strukturieren,
- auf die Einhaltung der Gesprächsregeln zu achten und
- persönliche Verletzungen zu konfrontieren.

Die Moderatorenfunktion besteht vor allem darin, durch Regeln und Interventionen dafür zu sorgen, dass die Konfliktpartner auf konstruktive Weise miteinander kommunizieren können. Je mehr es gelingt, ihr Potenzial dafür zu wecken, desto besser sind die Aussichten, dass sie auch nach dem Gespräch miteinander klar kommen werden.

2. Zielformulierung

In der Anfangsphase ist es wichtig, dass die beteiligten Parteien ihre Ziele formulieren. Sie sollten benennen,

- um welches Thema es geht,
- ob sie bereit sind, miteinander darüber zu reden,
- was ihr Ziel ist bzw. was sie nicht wollen,
- was sie sich von einem Erfolg des Gesprächs versprechen.

Die Beantwortung dieser Fragen gibt Auskunft darüber, ob die Ziele realistisch und mit meiner Rolle und meinen Möglichkeiten als Moderator zu vereinbaren sind. Sind die geäußerten Ziele nicht kompatibel, beispielsweise wenn A eine enge Zusammenarbeit anstrebt, B sich dagegen eine möglichst große Distanz wünscht, dann ist dieser Konflikt so nicht moderierbar. In diesem Fall muss neu verhandelt und ein gemeinsames Ziel formuliert werden. Dies könnte lauten: „Wir wollen herausfinden, ob und unter welchen Bedingungen eine Zusammenarbeit noch möglich ist." Oder: „Wie können wir eine friedliche und für beide Seiten annehmbare Trennung unserer Arbeitsbereiche erreichen?" Ein Ziel könnte auch sein, sich als ersten Schritt unter Moderation die gegensätzlichen Standpunkte mitzuteilen.

Die Moderation unvereinbarer Ziele gehört zu den häufigsten Fehlern.

Die Zielklärung ist somit der erste Einigungsschritt zwischen den Konfliktparteien. Neben einer unzureichenden Rollenklärung gehört die Moderation unvereinbarer Ziele zu den häufigsten Fehlern in der Anfangsphase einer Konfliktmoderation.

Das einvernehmliche Ziel sollte für alle sichtbar aufgeschrieben werden. Es dient Ihnen als Moderatorin als Interventionsbasis, falls die Konfliktparteien unproduktiv abzudriften drohen.

Falls Ärger, Trauer oder Enttäuschungen aus der Vergangenheit den Blick für die Gegenwart und Zukunft versperren, kann keine Energie frei werden für eine wirksame Veränderung. Vielleicht sollten die Beteiligten erst einmal „Dampf ablassen", ohne sich jedoch gegenseitig herabzusetzen oder in einen rechthaberischen Disput über die Vergangenheit zu geraten. Nur wenn sie willens und in der Lage sind, den Blick nach vorn, auf eine positive Konfliktbewältigung hin zu öffnen, hat das Gespräch eine wirkliche Chance. Bei emotional belasteten Konflikten ist zudem darauf zu achten, dass sich die Konfliktparteien nicht unmittelbar gegenüber sitzen, sondern zur Moderatorin sprechen.

Achten Sie als Moderatorin darauf, nicht mit einer eigenen Vorstellung über den Ausgang in das Gespräch zu gehen, sondern wach und offen zu sein für das, was die Beteiligten belastet und was diese wollen. Sollten Sie zum Beispiel als Leiterin eines Teams eine bestimmte Lösung eines Konflikts favorisieren (und verständlicherweise auch anstreben), so sind Sie keine Moderatorin mehr, sondern selbst Partei. Machen Sie ihre Vorstellungen den Konfliktparteien gegenüber transparent und definieren Sie ggf. den Spielraum für mögliche Lösungen. Zeigen Sie auch die Konsequenzen für den Fall eines unbefriedigenden Ergebnisses auf.

> Als Moderatorin sollten Sie nicht mit einer eigenen Vorstellung über den Ausgang in das Gespräch gehen.

3. Das Konfliktgespräch

Für die Strukturierung eines Konfliktgesprächs ist wiederum die oben vorgestellte 3-Schritte-Strategie sehr geeignet. So sollten die Konfliktparteien wechselseitig

1. ihre eigenen konkreten Wahrnehmungen mitteilen,
2. ihre Reaktionen sowie die erkennbaren Folgen verdeutlichen,
3. ihr jeweiliges Anliegen zum Ausdruck bringen.

Achten Sie als Moderatorin darauf, dass die Gesprächspartner

- Ich-Botschaften benutzen,
- Deutungen und Wertungen vermeiden,
- konkret und spezifisch miteinander reden,
- den Blick auf die Zukunft richten, statt rechthaberisch zu rekonstruieren, was damals war und wer „Schuld" hat.

Damit ein echtes Gespräch zustande kommt, ist es wichtig, dass die Beteiligten einander wirklich zuhören und nicht nur auf eine Pause warten, um sogleich die eigene Version dagegen zu setzen. Wenn die Gesprächspartner dazu tendieren, empfehlen wir einen kontrollierten Dialog, d.h. alle Äußerungen von A zu den Schritten 1 bis 3 werden von B paraphrasiert. Erst wenn A die Paraphrase bestätigt, darf B die eigene Sichtweise schildern, die dann von A paraphrasiert wird und so fort.

Nachdem Vergangenes benannt und die damit verbundene Betroffenheit ausgedrückt wurde, sollten Sie darauf achten, dass dieser Teil tatsächlich abgeschlossen ist. Wenn die Wunden aus der Vergangenheit nicht geheilt oder wenigstens klar benannt sind, besteht die Gefahr, dass sie bei nächster Gelegenheit wieder aufbrechen.

Bei einem fortbestehenden Dissens über die Vergangenheit kann es sinnvoll sein, den unterschiedlichen Bezugsrahmen zu verdeutlichen, der zu diesem Dissens geführt hat. Möglicherweise ergibt sich daraus eine Brücke zum Hier und Heute.

4. Anerkennenswerte Aspekte benennen lassen

Das Gespräch sollte so weit wie möglich den Themen gewidmet werden, die alle Beteiligten im Hier und Jetzt oder durch künftige Absprachen überprüfen können. Dazu gehört vor allem, dass die Beteiligten sich dazu äußern, welche Wünsche und Erwartungen der anderen Seite sie anerkennen und in Zukunft erfüllen wollen und welche nicht. Diese Phase ist insbesondere dafür wichtig herauszufinden, ob die Kontrahenten überhaupt bereit sind, im Sinne des vereinbarten Ziels aufeinander zuzugehen oder nicht.

5. Auswertung und Bilanz

Zunächst sollten die Beteiligten das Ergebnis aus ihrer Sicht zusammenfassen und dabei besonders hervorheben, in welchen Bereichen ein Fortschritt erreicht worden ist und worin noch ein Dissens besteht. Richten Sie den Fokus zunächst auf die Konsensaspekte und lassen Sie die Beteiligten klare Absprachen und Vereinbarungen treffen. In diesem Zusammenhang ist es wichtig, sich noch einmal die Grundsätze im Umgang mit Verträgen zu vergegenwärtigen. Es kann sein, dass symbiotische Muster in der Beziehung deutlich werden, was nicht in jedem Fall problematisch ist. Wichtig ist nur zu sehen, ob eine bewusste Entscheidung getroffen wird und ob es für die Beteiligten so in Ordnung ist.

Vielleicht macht der Konflikt aber auch deutlich, dass keine nahe Beziehung möglich oder erwünscht ist. In diesem Fall ist es wichtig, dass die Konfliktparteien zu ihren Distanzwünschen stehen, dass sie lernen, den Dissens auszuhalten, und Umgangsformen finden, damit zu leben. Teammitglieder zum Beispiel müssen nicht Freunde werden, um gut zusammenarbeiten zu können. Helfen Sie dabei, den für eine möglichst reibungsarme Zusammenarbeit erforderlichen Abstand herauszufinden und herzustellen. Dazu kann es sinnvoll sein, die Aufgabenbereiche stärker voneinander zu trennen. Eine angemessene Distanz kann hilfreich sein, wieder ein Gefühl für Gemeinsamkeiten entdecken und entwickeln zu können.

Ein Festhalten an unvereinbaren Gegensätzen wirft jedoch die Frage auf, ob und wie viel Interesse an einer Fortsetzung und Weiterentwicklung der Beziehung überhaupt noch besteht. Wenn die Konfliktparteien bis zum Schluss nicht willens oder in der Lage sind, ein positives und realistisches Bild von ihrer künftigen Beziehung zu entwerfen, lautet das Thema Trennung. Grundsätzlich gilt: Wofür immer die Konfliktparteien sich entscheiden, es ist wichtig, dass sie die Verantwortung für die Folgen übernehmen.

Wofür immer die Konfliktparteien sich entscheiden, sie müssen die Verantwortung für die Folgen übernehmen.

Zur guten Abrundung einer Konfliktmoderation gehört in jedem Fall, dass sich die Konfliktparteien gegenseitig und auch dem Moderator Rückmeldung für das Gespräch geben. Dies ist auch die Gelegenheit für eine abschließende Bilanz des Gesprächs und ggf. für die Vereinbarung eines weiteren Treffens.

Zusammenfassung:
Die Moderation von Konfliktgesprächen

1. **Das Anliegen klären,**
   ohne bereits ins Thema einzusteigen.

2. **Den Auftrag und die eigene Rolle klären:**
   Vertrag mit mir als Moderator.

3. **Die Beteiligten ihre Ziele formulieren lassen:**
   Vertrag der Konfliktparteien untereinander.

4. **Die 3-Schritte-Strategie anwenden:**
   - die eigene Wahrnehmung mitteilen lassen,
   - die persönliche Reaktion und die Folgen benennen lassen,
   - das eigene Anliegen zum Ausdruck bringen lassen.

5. **Gegenseitig die Aussagen paraphrasieren lassen.**

6. **Anerkennenswerte Aspekte benennen lassen.**

7. **In der Moderation achten auf**
   - Ich-Botschaften,
   - konkrete Aussagen statt Deutungen und Metaphern;
   - lösungsorientiertes Verhalten statt Rechthaberei und Schuldsuche.

8. **Vereinbarungen treffen:**
   Welche Vereinbarungen sind möglich bzw. erforderlich?
   Wann sollen die Vereinbarungen bilanziert werden?
   Worin besteht nach wie vor Dissens?
   Wie soll damit umgegangen werden?

9. **Bilanz ziehen und Feedback geben.**

Das Zielvereinbarungsgespräch (ZVG)

Das „Führen mit Zielen" durch regelmäßig durchgeführte Zielvereinbarungsgespräche gilt als eines der wirksamsten Steuerungsinstru-
mente im modernen Management. Eine Zielvereinbarung ist zu sehen
als einvernehmliche und verbindliche Absprache zwischen Mitarbeiter
und Führungskraft über ein vom Mitarbeiter zu erreichendes Ziel sowie die dafür erforderliche Unterstützung durch die Führungskraft.
Zielvereinbarungsgespräche sind ein wirkungsvolles Instrument der
Personalentwicklung. Sie tragen dazu bei, das Potenzial der Mitarbei-
ter/innen zu entfalten und ihre Qualifikation zu erhöhen. Sie dienen
zur

- Reflexion der eigenen beruflichen Erfahrungen,

- Festlegung von individuellen Arbeitszielen

- Abstimmung mit den Zielen der Organisation bzw. des Unternehmens,

- Stärkung eigenverantwortlichen Handelns,

- Förderung der persönlichen und beruflichen Entwicklung,

- innerbetrieblichen Evaluation und Qualitätssicherung,

- Konfliktprävention.

Ein Zielvereinbarungsgespräch wird nicht durch ein aktuelles Problem
veranlasst. Es geht auch nicht darum, eine Stellenbeschreibung zu erarbeiten. Diese ist vielmehr Voraussetzung für ein Zielvereinbarungsgespräch.

Wenn wir ein Ziel formulieren, benennen wir ein Re-
sultat, das wir erreichen wollen. Ein Ziel ist eine beschreibbare Veränderung der beobachtbaren Realität. Ein gutes Ziel motiviert dazu, über die Aus-
richtung des eigenen Handelns nachzudenken,
Lösungen und Wege zu finden und Energien dafür
einzusetzen. Es beflügelt durch die Möglichkeit selbst
gesteuerten Handelns und persönlicher Erfolge.

Ein
Ziel ist eine
beschreibbare
Veränderung der
beobachtbaren
Realität.

Das Zielvereinbarungsgespräch verknüpft unterschiedliche Konzepte professioneller Gesprächsführung mit zentralen Aufgaben von Leitung. Wie die folgende Abbildung verdeutlicht, verfügen die einzelnen Elemente über Schnittstellen zum Zielvereinbarungsgespräch, ohne jedoch identisch mit ihm zu sein.

Die Modelle und Gesprächsregeln der Transaktionsanalyse sind in besonderer Weise geeignet, Zielvereinbarungsgespräche zu gestalten. Sie dienen deshalb in vielen Organisationen bei der Einführung des Zielvereinbarungsinstruments als Grundlage zur Gesprächsführung.

Arten von Zielen

Die Orientierung an Zielen ist eine der Grundvoraussetzungen für eine wirkungsvolle Selbststeuerung von MitarbeiterInnen in schlanken Organisationen. Ziele festzulegen ist immer dort angebracht, wo ein angestrebtes „Soll" und das tatsächliche „Ist" noch nicht übereinstimmen und wo der Weg zum erwünschten Sollzustand nicht von vornherein klar auf der Hand liegt. Wo die Wege klar sind, müssen nicht mehr Ziele formuliert, sondern Maßnahmen geplant und umgesetzt werden.

Mit Zielen sind nicht gemeint: Innere Einstellungen und Werte, Stellen- und Funktionsbeschreibungen sowie dienstliche Aufträge und Anweisungen.

Folgende Zielarten können Gegenstand von Zielvereinbarungen sein:

Leistungsziele
benennen die angestrebten Resultate. Dabei geht es im Wesentlichen um Effizienzaspekte wie

- geringere Kosten,
- bessere Qualität,
- höherer Output.

Verhaltensziele
beschreiben die Qualität eines angestrebten Verhaltens. Sie betreffen insbesondere

- angemessene Führungsstile,
- stärkere Serviceorientierung,
- verbessertes Kommunikations- und Konfliktverhalten.

Entwicklungsziele
betreffen angestrebte Kompetenzen im Blick auf die weiteren beruflichen Perspektiven. Dabei geht es vor allem um

- Aus- und Weiterbildung,
- Job-Enrichment oder Job-Rotation,
- Karriereplanung.

Zielformulierung

Eine Schwierigkeit liegt häufig in der präzisen Formulierung von Zielen. Einige Aspekte dazu haben wir bereits in dem Kapitel über Verträge dargelegt. Bei einer stimmigen Zielformulierung kann die Eselsbrücke „smart" helfen. Smarte Ziele sind:

S	**sichtbar, spezifisch:**	Was sind die ersten Schritte? Welches Ergebnis, welcher Zustand wird angestrebt?
M	**messbar:**	Mit welche Kriterien ist zu messen, ob und wie weit das Ziel erreicht wurde?
A	**akzeptiert, anspruchsvoll:**	Stimmt das Ziel mit den Unternehmenszielen überein? Wird es von beiden Seiten akzeptiert? Stellt es eine Herausforderung für den Mitarbeiter dar? Worin besteht die Attraktivität des Ziels für den Mitarbeiter?
R	**realistisch:**	Steht es in der Macht des Mitarbeiters, das Ziel zu erreichen? Verfügt er über die erforderlichen Fähigkeiten und Mittel? Ist die nötige Unterstützung durch die Führungskraft und die KollegInnen gesichert?
T	**terminiert:**	Bis wann soll das Ziel erreicht sein? Was genau soll erreicht werden? Wann soll eine Zwischenbilanz erfolgen?

Die sprachliche Formulierung von Zielen sollte
• positiv,
• in Ich-Form
• und in der Gegenwartsform
erfolgen, d.h. wie ein bereits eingetretenes Ereignis.

Gesprächsführung, Leitungsaufgaben und Zielvereinbarungsgespräche

Im Folgenden möchten wir die Schnittstellen, die in der Abbildung dargestellt sind, genauer beschreiben. Dabei geht es uns nicht nur um die Übereinstimmungen, sondern auch um Abgrenzungen, Missverständnisse und verbreitete Fehler im Umgang mit Zielvereinbarungen.

ZVG und Beratungsgespräche

Das ZVG erfordert eine beraterische Grundhaltung seitens der Führungskraft, insbesondere was Akzeptanz (Ich + / Du +) und Partnerschaftlichkeit betrifft. Auch im Ablauf ähnelt das ZVG über weite Strecken einem Beratungsgespräch. An die Problemanalyse schließt sich die Planung von Veränderungsschritten an.
Der Beratungscharakter zeigt sich auch darin, dass ein Veränderungsschritt, ein Ziel sich an den individuellen Möglichkeiten des Mitarbeiters ausrichtet. Dazu gehört eine realistische Selbsteinschätzung seitens des Mitarbeiters ebenso wie eine fürsorglich-fordernde Haltung des Vorgesetzten.
In drei Punkten unterscheidet sich ein ZVG allerdings von einem „echten" Beratungsgespräch:

• Das ZVG beruht nicht auf Freiwilligkeit, da es in der Regel Bestandteil einer betrieblichen Vereinbarung ist.

• Es besteht ein deutliches Hierarchiegefälle.

• Die Problemanalyse wird aus der Sicht beider Seiten vorgenommen. Die Führungskraft ist nicht, wie der Berater, lediglich Zeuge eines Vertrages des Klienten mit sich selbst, sondern Vertragspartner.

ZVG und Vertragsarbeit

Eine gute Zielvereinbarung ähnelt weitgehend einer Vertragsarbeit nach Prinzipien der TA, vor allem was Entscheidungsorientierung, Spielfreiheit und die Einbeziehung der produktiven Ichzustände betrifft. Die wesentliche Vorteile von ZVG sind deshalb auch weitgehend identisch mit dem Nutzen der Vertragsarbeit. Es geht um Stärkung der Selbstverantwortung, fairen Interessenausgleich, gegenseitiges Einverständnis und hohe Verbindlichkeit.
In einem ZVG gibt es neben der eigentlichen Zielvereinbarung noch weitere Vertragsbereiche: die Vorgabe des Dienstvertrages, dass ein

ZVG stattzufinden hat, sowie eine Absprache über die Themenbereiche zu Beginn des ZVG. Im Rahmen eines ZVG geht auch die
Führungskraft Verpflichtungen ein. Sie stellt Ressourcen bereit, gewährt Planungssicherheit und gibt individuelle Unterstützung.

Nach unserer Erfahrung ist es nicht unbedingt erforderlich, dass jedes
ZVG mit einer Zielvereinbarung abschließt. Ein wesentlicher Zweck
von ZVG besteht darin, den Austausch von Mitarbeiterin und
Führungskraft ohne aktuellen Anlass zu initiieren. Beide Seiten haben
dadurch Gelegenheit, gemeinsam ihre jeweiligen Aufgaben und Ar-
beitsweisen zu reflektieren, ihre gegenseitigen Erwartungen zu klären
und ihre künftige Zusammenarbeit so gut wie möglich aufeinander ab-
zustimmen.

ZVG und Zielvorgabe

Eine Zielvereinbarung zwischen Führungskraft und Mitarbeiter findet
nicht im luftleeren Raum statt. Sie muss sich orientieren an den Inter-
essen und Vorgaben der jeweiligen Organisation, den Erfordernissen
des Bereichs sowie den bereits bestehenden Zielvereinbarungen der
Führungskraft. Im günstigsten Fall entsteht eine vertikal abgeglichene
Zielhierarchie. Trotz all dieser Vorgaben und Rahmenbedingungen
benötigt eine Zielvereinbarung einen relevanten Spielraum für echte
Vereinbarungen.
Zielvorgaben ohne Spielräume gab es schon immer. Sie gehören in den
Bereich direktiver Führung und erfüllen dort durchaus ihren Zweck.
Zielvereinbarungen sind im Gegensatz dazu Ausdruck eines integrati-
ven, delegationsorientierten Führungsstils. Beides gleich zu setzen
wäre daher ein Etikettenschwindel. Leider ist es häufig zu beobachten,
dass Zielvorgaben pseudo-konsensual als Vereinbarung verbrämt
wurden.
Die Einführung von ZVG bedeutet daher für viele Organisationen
einen Kulturwechsel in der Mitarbeiterführung. Wo dies
nicht gelingt, werden Zielvorgabe und Zielvereinbarung häufig synonym gebraucht. Das eigentliche Ziel
und die größte Chance, nämlich die Stärkung der Eigenverantwortung und Verbindlichkeit auf beiden
Seiten, wird dadurch unterlaufen.

ZVG
einzuführen
bedeutet für viele
Organisationen
einen Kulturwechsel
in der Mitarbeiter-
führung.

ZVG und Beurteilung

Eine Beurteilung bewertet eine bestimmte Leistung anhand vergleichbarer Standards. Bei einer Zielvereinbarung liegt der Fokus dagegen auf dem Grad der Zielerreichung, gemessen an vereinbarten Kriterien. Oder anders gesagt: Eine Beurteilung bewertet den Unterschied in der Leistung von Mitarbeitern untereinander, eine Zielvereinbarung bewertet dagegen den Entwicklungsschritt ein- und desselben Mitarbeiters innerhalb eines bestimmten Zeitraumes.

So bringt ein großer Leistungsschritt eines schwachen Mitarbeiters für ein Team mehr, als die geringe Leistungssteigerung eines sehr guten Mitarbeiters, Letzterer wird in einer vergleichenden Beurteilung dennoch besser bewertet. Dagegen erfährt der erste Mitarbeiter im Rahmen seines ZVG eine höhere Anerkennung. Fazit: beide Instrumente haben ihren Stellenwert und entfalten besonders in Kombination ihre produktive Wirkung.

Aus diesem Grund erscheint es uns nicht zweckmäßig, beides in ein- und demselben Gespräch abzuhandeln, womöglich noch in Verbindung mit Gehaltsverhandlungen.

Gleichwohl hängen Beurteilung und ZVG miteinander zusammen. Ein Mitarbeiter, der wiederholt vereinbarte Ziele verfehlt, wird dies schließlich auch in seiner Beurteilung zurück gemeldet bekommen. Die Zielerreichung ist somit eines von mehreren Kriterien in der Mitarbeiterbeurteilung.

ZVG und Feedback

Ein ZVG ist keine Einbahnstraße. Es dient Mitarbeitern und Führungskräften zu gegenseitigem Feedback über die Zusammenarbeit, worin mitunter die größte Herausforderung für Führungskräfte im Umgang mit diesem Instrument liegt.

Ein konstruktives Feedback ist die Voraussetzung für die Entwicklung eines stimmigen Selbst- und Fremdbildes und damit für tragfähige Vereinbarungen zwischen beiden Seiten.

Eine gute Feedbackkultur zu entwickeln ist unabdingbar für effektive Zielvereinbarungsgespräche. Sie verringert die Gefahr enttäuschter Erwartungen, destruktiver Spiele und eskalierender Konflikte.

Bisweilen werden im Rahmen des Feedback auch wichtige Konfliktthemen angesprochen. Für den gere-

Eine gute Feedbackkultur ist unabdingbar für effektive Zielvereinbarungsgespräche.

gelten Gang eines ZVG ist es jedoch erforderlich, deutliche Kontroversen nicht abschließend lösen zu wollen. Vielmehr sollte in diesen Fällen vereinbart werden, wann und in welchem Rahmen eine Klärung herbei geführt werden soll.

Über die Art und Weise, wie Konflikte konstruktiv angesprochen werden können und wie man sinnvoll auf Kritik reagiert, haben wir Sie in den vorangehenden Kapiteln informiert.

Rahmenbedingungen und Prinzipien von ZVG

Rhythmus

Zielvereinbarungsgespräche werden üblicher Weise halbjährlich bis jährlich durchgeführt. Bei Neueinstellungen sollte nach der Einarbeitung ein erstes ZVG erfolgen. Darüber hinaus kann eine Zwischenbilanz oder frühzeitige Korrektur der Ziele erforderlich sein.

Terminierung und Dauer

Für die Verabredung von Zielvereinbarungsgesprächen ist die Führungskraft verantwortlich. Die Vereinbarung eines Termins sollte mindestens zwei Wochen vor dem Gespräch stattfinden. Die Besprechung selbst sollte maximal 1,5 Stunden dauern.

Ergebnissicherung und Vertraulichkeit

Die Zielvereinbarungen werden in einem Ergebnisprotokoll festgehalten, das von den Beteiligten gemeinsam erstellt und unterschrieben wird. Es dient als Gesprächsgrundlage für das nächste ZVG sowie für Maßnahmen im Rahmen der Personalentwicklung.

Außer den konkreten Zielvereinbarungen unterliegen weitere Gesprächsinhalte der Vertraulichkeit.

Themenbereiche für ZVG

Rückblick
- In wie weit sind die angestrebten Ziele erreicht worden?
- In welchen Bereichen war die Arbeit besonders erfolgreich? Wodurch?
- Welche Ziele sind nicht erreicht worden? Was waren die Gründe?

Kollegiale Zusammenarbeit:
- Wie gut ist die Zusammenarbeit mit den KollegInnen?
- Welche Schwierigkeiten gibt es? Worin könnten die Ursachen liegen?
- Wie könnte eine Klärung erreicht werden?
- Wie steht es um Konflikt- und Konsensfähigkeit?

Fachliche Qualifikation:
- In wie weit entspricht die fachliche Qualifikation den gestellten Anforderungen?
- Wie strukturiert und angemessen sind Planung und (Selbst-) Organisation der Arbeit?
- Wie zufriedenstellend ist die Qualität der Arbeit?
- Welcher Qualifizierungs- und Fortbildungsbedarf besteht?

Zusammenarbeit mit der zuständigen Führungskraft:
- Wie gut ist die Zusammenarbeit?
- Was wird als förderlich, was als nicht förderlich betrachtet?
- Wie steht es um die gegenseitige Anerkennung und Wertschätzung?
- Welche Form der Unterstützung wäre notwendig?

Ziele der Abteilung / des Bereichs:
- Wie konsequent werden die übergeordneten Abteilungsziele verfolgt?
- Wie passen die aktuellen individuellen Arbeitsschwerpunkte und Prioritäten dazu?
- Sind Vorbehalte und Widerstände zu erwarten? Welche? Von wem?
- Welche Maßnahmen sind deshalb erforderlich?

Berufliche Weiterentwicklung:
- Was sind die Vorstellungen über die weiteren beruflichen Perspektiven?
- Ist eine Aufgabenveränderung sinnvoll und möglich?
- Welche anderen Perspektiven innerhalb des Unternehmens sind denkbar?
- Welche Unterstützung kann die Führungskraft hierzu leisten?

Phasen eines Zielvereinbarungsgesprächs

Vorbereitung
Die Führungskraft informiert über die Absicht, ein ZVG durchzuführen, und erläutert Sinn und Zweck dieses Gesprächs. Die Initiative dazu kann auch von der Mitarbeiterin ausgehen. Die Beteiligten vereinbaren ca. 14 Tage im Voraus einen Termin, um sich rechtzeitig auf das Gespräch vorbereiten zu können.
Für die Qualität des Gesprächs ist es entscheidend, dass sich beide Gesprächspartner auf alle Aspekte des Gesprächs vorbereiten. Dazu ist es sinnvoll, zwei bis drei Themenbereiche auszuwählen, die eingehender besprochen werden sollen. Darüber hinaus ist es wichtig, eine innere Bereitschaft mitzubringen, sich im Dialog offen und kritisch über die beiderseitige Zusammenarbeit auszutauschen.
Die Führungskraft sollte Vorkehrungen für einen angenehmen Gesprächsrahmen treffen. Das bedeutet:

* **ausreichend ungestörte Zeit einzuplanen:**
  keine dringenden Termine im Anschluss;

* **geeignete Rahmenbedingungen zu organisieren:**
  die Sitzordnung überlegen, das Telefon umstellen,
  ggf. für Getränke sorgen.

Gesprächseröffnung und Kontrakt
Die Gesprächseröffnung sollte dazu genutzt werden, ein offenes, entspanntes Klima zu schaffen. Danach teilen sich die Gesprächspartner mit, welche Themen in diesem Gespräch im Mittelpunkt stehen sollen, und legen die Reihenfolge der Themen sowie den Zeitrahmen fest. Anschließend sollten vorherige Zielvereinbarungen bilanziert werden. Erreichtes wird anerkannt, nicht Erreichtes wird hinsichtlich der Ursachen reflektiert und ggf. neu definiert.
Die Ziele, die vereinbart werden, sind langfristig nur dann zu erreichen, wenn es gelingt, innerhalb dieses Gespräches einen offenen und fairen Dialog zu führen. Ob das Gespräch erfolgreich verläuft, hängt in hohem Maße von der Fähigkeit der Führungskraft ab, das Gespräch zu leiten. Natürlich tragen beide Gesprächspartner die Verantwortung für einen partnerschaftlichen und konstruktiven Gesprächsverlauf.

Analyse der Stärken und Schwächen
Zu jedem Themenbereich, der besprochen wird, wird eine Analyse der Stärken und Schwächen durchgeführt. Dazu werden Beobachtungen

und Einschätzungen ausgetauscht. Es ist wichtig, dass unterschiedliche Beurteilungen, beispielsweise beim Dialog über persönliche Stärken, Schwächen und Verbesserungsmöglichkeiten, offen angesprochen werden. Treten zu bestimmten Punkten kontroverse Sichtweisen auf, so wird dies im Protokollbogen festgehalten und das weitere Vorgehen zur Bearbeitung des strittigen Themas vereinbart.

Zielfindung
Nicht jedes Themenfeld muss mit einer Zielvereinbarung enden. Aus Gründen der Übersichtlichkeit und Transparenz sollten nicht mehr als drei Ziele vereinbart werden (z.B. je ein Leistungs-, Verhaltens- und Entwicklungsziel).
Im Laufe der Zeit können sich Ziele ändern. Andere Ziele stellen sich neu oder fallen weg. Der jeweiligen Situation entsprechend müssen dann die Ziele innerhalb des vereinbarten Zeitraums neu definiert oder verändert werden. Wie die Beteiligten die Änderungen festhalten, legen sie selbst eigenverantwortlich fest. In der Regel wird dafür eine Aktennotiz angefertigt.

Maßnahmenplanung
Begleitende Maßnahmen werden in der Regel im Anschluss an die eigentliche Zielvereinbarung besprochen. Unterstützende und fördernde Maßnahmen beziehen sich auf die Aufgaben- und Zielerreichung und die Verringerung von Defiziten im Arbeitsverhalten. Gemeinsam wird der Unterstützungsbedarf aufgrund der neuen Planung und der festgestellten Stärken und Verbesserungsmöglichkeiten festgelegt.

Abschluss und Bilanz
Die wesentlichen Ergebnisse des Gesprächs werden protokolliert und nach Abschluss des Gesprächs von beiden Gesprächsteilnehmern unterzeichnet. Für die sorgfältige und vertrauliche Aufbewahrung der Dokumente sind die Gesprächspartner in Eigenregie verantwortlich. Die Unterschriften unter dem Protokoll signalisieren, dass das Gespräch geführt wurde (Zeichnungspflicht).
Zum Schluss sollten sich die Gesprächspartner Rückmeldung über Verlauf und Atmosphäre des Gesprächs geben.

Vorbereitungsbogen
für ein Zielvereinbarungsgespräch

„Sehr geehrte/r Frau/Herr ...

dieser Bogen soll Sie bei Ihrer Vorbereitung auf das vereinbarte Zielvereinbarungsgespräch unterstützen. Er benennt die wesentlichen Punkte zum Inhalt und Ablauf eines Zielvereinbarungsgesprächs.

Für ein erfolgreiches Zielvereinbarungsgespräch sind folgende Punkte wichtig:

1. Sie bilanzieren Ihre bisherige Tätigkeit.
2. Sie reflektieren Ihre Stärken und Schwächen.
3. Sie bekommen dazu ein konstruktives Feedback.
4. Sie erarbeiten und vereinbaren weiterführende, realistische Ziele.
5. Sie benennen die Rahmenbedingungen und die erforderliche Unterstützung.

Es ist sinnvoll, Themen für das Zielvereinbarungsgespräch auszuwählen, bei denen Ihr persönlicher Anteil an den Erfolgen oder Schwierigkeiten deutlich wird. Denn genau dort liegen Ihre Möglichkeiten zur Weiterentwicklung.

Bitte kreuzen Sie an, welche Themen Sie im nächsten Zielvereinbarungsgespräch vordringlich besprechen wollen.

☐   Planung und Organisation der eigenen Arbeit

☐   Zusammenarbeit mit KollegInnen

☐   Zusammenarbeit mit der/dem Vorgesetzten

☐   Schwerpunkte und Prioritäten der Arbeit

☐   Eigener Qualifizierungs- und Fortbildungsbedarf

☐   Planung der eigenen beruflichen Entwicklung

Informieren Sie mich bitte rechtzeitig vor dem Termin über die von Ihnen gewählten Themenfelder.

Gesprächsführung in Gruppen

Gruppen sind äußerst vielschichtige Gebilde und daher Gegenstand zahlreicher Untersuchungen. Wir beabsichtigen nicht, den vielen Theorien über Gruppen eine weitere hinzuzufügen oder in Kurzform eine gültige Zusammenfassung aller wichtigen gruppendynamischen Aspekte zu liefern. Sollten Sie an einer tiefer gehenden Beschäftigung mit diesem Thema interessiert sein, so empfehlen wir Ihnen das Buch von M. Gellert und C. Nowak: Teamarbeit, Teamentwicklung, Teamberatung (2002).

Die Arbeit mit Gruppen ist eine anspruchsvolle Aufgabe und erfordert eine eigene Qualifikation. Da gleichwohl sehr viel Problemlösungsbedarf in Gruppen entsteht und Menschen aus den verschiedensten Professionen wohl oder übel damit befasst sind, nennen wir einige Aspekte, die unserer Erfahrung nach unter TA-Gesichtspunkten für die Gesprächsführung in Gruppen von Bedeutung sind.

In den bisherigen Kapiteln ist deutlich geworden, dass unserer Vorstellung von einer guten Gesprächsführung ein bestimmtes Menschenbild und ein Wertesystem für das Zusammenleben von Menschen zugrunde liegt. Es wird glaubhaft vor allem von den BeraterInnen selbst durch ihr eigenes Modell vertreten sowie durch entsprechende Vorgaben und Interventionen unterstützt.

Wenn Sie Gesprächsführung in Gruppen gestalten, ist es Ihre Aufgabe, mit strukturellen und inhaltlichen Vorgaben eine diesem Menschenbild entsprechende Gruppenkultur zu etablieren. Die TA-Konzepte eigenen sich dafür wegen ihrer Anschaulichkeit und Plausibilität hervorragend. Außerdem ist ein hohes Maß an Wahrnehmungsfähigkeit, Präsenz und Klarheit seitens der Gesprächsleitung wichtig. Zu Beginn eines Gruppenprozesses sind relativ häufig rasche und präzise Interventionen erforderlich. Daraus resultiert - zumindest in der Anfangsphase - eine im Vergleich zu anderen gruppenpädagogischen Verfahren, wie etwa der Themenzentrierten Interaktion (TZI), verhältnismäßig starke Leiterzentriertheit in TA-orientierten Gruppen.

Für eine produktive Gesprächsführung in Gruppen ist eine tragfähige Gruppenkultur wichtig.

Pat Crossman (1966) benennt im Blick auf die Haltung von TherapeutInnen drei zentrale Forderungen, die auch für die Rolle von GruppenleiterInnen übernommen werden können. Sie spricht von den sogenannten „drei P's": Permission, Protection und Potency, was man am besten übersetzen kann mit Erlaubnis (Ermutigung), Schutz und Überzeugungskraft. Die LeiterInnen sorgen dafür, dass eine Atmosphäre von Orientierung, Sicherheit und Experimentierbereitschaft entsteht. Sie gewährleisten in jeder Phase den nötigen Schutz für das einzelne Gruppenmitglied. Und Sie fördern mit ihrer Kompetenz - und zunehmend auch mit Hilfe der Gruppe - die Entfaltung der Fähigkeiten jedes Einzelnen.

Ein Beispiel:
In vielen Gruppen besteht die Tendenz, Probleme einzelner Gruppenmitglieder aus der Gruppe herauszunehmen und in Einzelgesprächen zu bearbeiten. Das macht Sinn, wenn der Schutz der betreffenden Person dies gebietet. Wann immer es möglich ist, sollte jedoch eine modellhafte Auseinandersetzung mit dem anstehenden Problem in der Gruppe stattfinden. Voraussetzung dafür ist eine tragfähige Gruppenkultur, verbunden mit der Erlaubnis, über Konflikte, Probleme und gegebenenfalls auch Fehler öffentlich reden zu dürfen und dies als positive Lernmöglichkeit zu begreifen.

Vorteile der Gesprächsführung in Gruppen

Im Folgenden werden wir einige der wesentlichen Vorteile und Schwierigkeiten der Gesprächsführung in Gruppen erläutern. Dabei haben wir keineswegs nur selbsterfahrungsbezogen arbeitende Gruppen im Blick, in denen es natürlich leichter ist, eine dichte Gruppenatmosphäre herzustellen. Vielmehr gehen wir von der Erfahrung aus, dass es möglich und bei Erfolg außerordentlich nützlich ist, zentrale Elemente einer guten Gruppenkultur auch in vielen „Alltagsgruppen" zu etablieren, wie zum Beispiel in schulischen Gruppen, in Konferenzen, in betrieblichen Teams usw.

Gruppen bieten auf längere Sicht eine größere Vielfalt und Lebendigkeit in der Kommunikation. Angesichts der in einer Gruppe versammelten Kompetenz eröffnen sich damit erweiterte Möglichkeiten für Problemlösungen.

In unklaren Gruppensituationen kann die Gruppe einbezogen werden, um zusätzliche Aspekte zu sammeln und eine Gewichtung von Entscheidungsalternativen herzustellen. Beispielsweise kann mit der Methode des „Blitzlichts" die momentane Gruppensituation ausgeleuchtet und anschließend in Kleingruppen das Ergebnis eingeschätzt und nach Lösungen gesucht werden. Dies gilt insbesondere bei konfliktträchtigen oder unübersichtlichen Gesprächsverläufen.

> In unklaren Situationen kann die Gruppe helfen, zusätzliche Aspekte zu sammeln und Entscheidungen abzuwägen.

Ein Beispiel:
In einer Schulklasse ist etwas beschädigt worden. Keiner will es gewesen sein. In einer solchen Situation agieren LehrerInnen häufig aus dem kritischen Eltern-Ich. Die Folge ist, dass die SchülerInnen die verschiedenen Positionen des Kindheits-Ichs einnehmen. Wie Sie bereits wissen, ist das keine günstige Voraussetzung für eine Problemlösung.

Eine Alternative bestünde darin, den Raum mit folgender Äußerung zu verlassen: „Ich erwarte, dass ihr dieses Problem löst. Sagt mir Bescheid, wenn ihr zu einem Ergebnis gekommen seid. Wenn nicht, wird der entstandene Schaden auf alle umgelegt." Dabei kann es auch in Ordnung sein, wenn sich die Klasse für den letzten Weg entscheidet.

Bei Schwierigkeiten mit einzelnen Gruppenmitgliedern neigen leider viele LeiterInnen dazu, sich festzufahren. Sie vergeuden einen erheblichen Teil ihrer Energie in einem letztlich unproduktiven Machtkampf und verlieren dabei den Überblick über die Gesamtgruppe. Bei einem bedeutsamen Konflikt, der nicht im direkten Gespräch zu lösen ist, können Sie ein Klärungsgespräch vereinbaren oder aber die Gruppe zur Stellungnahme auffordern, womit Sie den Konflikt auf eine breitere Ebene stellen: „Sie haben die Kritik gehört, die Herr A. geäußert hat; ich möchte dazu gerne auch die Meinung der anderen Gruppenmitglieder hören." oder: „Frau B. hat den Wunsch, diesen Teilaspekt inhaltlich zu vertiefen. Wie denken die Anderen darüber?" Auf diese Weise gewinnen Sie Zeit und Distanz und Sie verschaffen sich die Möglichkeit, neue Gesichtspunkte zu erfahren, die zu einer Klärung der Situation beitragen könnten.

Zugleich unterbinden Sie damit ein weit verbreitetes gruppendynamisches Phänomen, das darin besteht, Konflikte, die zwischen Gruppenmitgliedern auszutragen sind, an die Leitung zu delegieren. Häufig übernimmt nach einer entsprechenden Intervention die Gruppe Verantwortung und beginnt ihren Konflikt auszutragen, den Sie als LeiterIn dann vielleicht nur noch zu moderieren brauchen.

Es kann aber auch dabei herauskommen, dass tatsächlich ein schwelender Konflikt zwischen Ihnen als LeiterIn und der Gruppe besteht. In diesem Fall haben Sie die Chance, die Vertragsgrundlage zu überprüfen oder Positionen zu klären, bevor sich der Konflikt unterschwellig ausbreitet und damit die weitere Zusammenarbeit gefährdet.

Eine Gruppe ermöglicht den Einzelnen vielfältige Lernmöglichkeiten durch Beiträge anderer Gruppenmitglieder. Wenn jemand seine eigenen Probleme beschreibt oder von persönlichen Erfahrungen berichtet, bietet das viele nützliche Denkanstöße auch für die nicht unmittelbar Beteiligten, die dann sozusagen „schwarz" mitarbeiten können. Für manche Gruppenmitglieder wirkt bereits die Erfahrung entlastend, dass sie mit ihren Problemen und Fragen nicht allein auf der Welt sind. Gruppen bieten darüber hinaus erweiterte Feedbackmöglichkeiten. Eine Gruppe nimmt mehr wahr als einzelne Personen. Für die Gruppenmitglieder ergibt sich daraus ein differenzierteres Fremdbild. Das ist besonders dann günstig, wenn es um die Überprüfung von getrübter Wahrnehmung und einschränkenden Grundüberzeugungen geht („Hier sind alle gegen mich!"; „Was ich zu sagen habe, interessiert sowieso niemanden!").

Einer der größten Vorteile von Gruppen besteht in der Möglichkeit zum Probehandeln. Dabei können neue Verhaltensweisen sofort ausprobiert werden.

Beispiele:
Ein Mitarbeiter möchte üben, direkt und klar Kritik zu äußern, wenn er meint, berechtigte Einwände zu haben.
Eine Schülerin entscheidet sich, ihr Licht künftig nicht mehr unter den Scheffel zu stellen.
Die Leiterin einer Institution möchte es nicht mehr allen recht machen, sondern verstärkt eigene Bedürfnisse formulieren.

> Eine Gruppe bietet reichhaltige Möglichkeiten zum Probehandeln.

Gruppenmitglieder, die sich persönliche Verhaltensziele setzen, können das neue Verhalten durch Probehandeln in der Gruppe einüben und durch erste konkrete Erfahrungen überprüfen und festigen. Der Mitarbeiter kann einem Gruppenmitglied direktes Feedback geben, die Schülerin kann offen ihre Stärken benennen, und die Leiterin kann üben, Grenzen zu setzen und „nein" zu sagen.

Während in Einzelgesprächen bisweilen die Gefahr besteht, dass das Wertesystem der BeraterInnen ungeprüft übernommen wird, begünstigen Gruppen eine gewisse Relativierung der Bedeutung von LeiterInnen. Das Risiko angepasster Reaktionen ist geringer, und die einzelnen Gruppenmitglieder können sich ggf. besser gegen Widersprüchlichkeiten und unangemessene Forderungen abgrenzen. Darüber hinaus stehen sich die Gruppenmitglieder gegenseitig als GesprächspartnerInnen zur Verfügung. Manche Menschen äußern sich gegenüber einem Gruppenmitglied eher und offener als gegenüber einer - vermeintlichen - Leiterautorität.

Schwierigkeiten bei der Gesprächsführung in Gruppen

Die Gegenwart vieler verschiedener Personen bietet allerdings auch mehr Raum für das Anzetteln von Dramadreiecks-Situationen. Die meisten Menschen erleben in der Anfangsphase einer Gruppe eine nicht unerhebliche soziale Angst. Sie geraten, oft ohne dessen gewahr zu werden, in Stress. In Stresssituationen greifen wir bekanntermaßen intuitiv auf alte, vertraute Strategien zurück. Wir tendieren dazu, unsere alten Beziehungsmuster wieder herzustellen und verstärkt mit Übertragungen und Projektionen zu arbeiten. Das ist ein idealer Nährboden für Rackets und psychologische Spiele, die - wenn nicht gezielt interveniert wird - gehäuft inszeniert werden. In unerfahrenen Gruppen werden starke Gefühlsäußerungen einzelner Mitglieder gerne aufgegriffen und verstärkt, auch - und manchmal gerade - wenn es sich um Rackets handelt.

> Eine Gruppe ist ein idealer Nährboden für Dramadreiecks-Situationen, Rackets und Spiele.

Ein Beispiel:

Eine Teilnehmerin fühlt sich von einer anderen Person, vielleicht auch vom Leiter, ungerecht behandelt, zu scharf konfrontiert o.ä. und bricht in unangemessener Weise in Tränen aus. Mit ziemlicher Sicherheit werden ihr andere Gruppenmitglieder beispringen, Trost spenden und beginnen, den vermeintlich „Schuldigen" zu verfolgen. Möglicherweise splittet sich die Gruppe in zwei Hälften auf, die pro und contra Partei ergreifen. Eine klare Analyse der Situation und der unbewussten Anteile, die darin wirksam sind, ist kaum mehr möglich, da viele weitere Gruppenmitglieder ihrerseits mit den eigenen Rackets in das Spiel eingegriffen haben.

Die undifferenziert angewendete und damit missverstandene Regel, dass „Störungen Vorrang haben", wirkt bei Rackets höchst kontraproduktiv und kann dazu führen, dass Tor und Tür für das Ausleben von Rackets geöffnet sind. Gerade bei Auseinandersetzungen und Konflikten, die in der Anfangsphase jeder Gruppe anstehen, kommt es somit leicht zu Verwirrung und Eskalation, wodurch eine produktive Aktivität möglicherweise für längere Zeit verhindert wird.

Dies kann andererseits auch als Chance genutzt werden, da psychologische Spiele auf diesem Wege rascher offensichtlich und bearbeitbar werden. Ziel muss es dabei sein, die ersten deutlichen Anzeichen für Spielverhalten in einer akzeptierenden Haltung zu konfrontieren und ggf. anschließend gemeinsam mit der Gruppe die Vorgänge auf der psychologischen Ebene zu analysieren. Je früher und klarer psychologische Spiele gestoppt und aufgearbeitet werden, desto besser sind die Chancen, dass sehr bald auch in der Gruppe die Sensibilität dafür wächst und mehr und mehr produktives Feedback aus der Gruppe die Leiterzentriertheit abbauen hilft. Derart frühzeitige und klare Interventionen setzen allerdings ein hohes Maß an Bewusstheit und Kompetenz seitens der Leiterin voraus.

Je früher psychologische Spiele gestoppt werden, desto eher wächst in der Gruppe die Sensibilität dafür.

Gruppen bieten den Einzelnen mehr Möglichkeiten für Widerstand. So haben Gruppenmitglieder die Chance, unauffällig wegzutauchen. Ein positiver Aspekt ist darin zu sehen, dass dem Einzelnen ein höheres Maß an Selbststeuerung möglich ist und er sich somit besser vor zu viel Nähe und Dichte schützen und den Zeitpunkt für eigene Aktivität selbst bestimmen kann. Das wird um so früher geschehen, je besser es gelingt, ein akzeptierendes und vertrauensvolles Gruppenklima herzustellen, beispielsweise indem man die Kommunikation mit den produktiven Ichzuständen fördert und vor allem selbst praktiziert.

Verträge sind wichtig

Besonders wichtig in der Arbeit mit Gruppen ist eine klare Vertrags-grundlage. Das gilt auch und gerade dann, wenn durch die institutio-nellen Rahmenbedingungen bereits ein Vertrag besteht, der in die ak-tuelle Situation hineinwirkt.
Ein Beispiel:
In einem Seminar sitzen TeilnehmerInnen, weil sie von ihrer Unterneh-mensleitung geschickt wurden. Es besteht somit ein Dreiecksvertrag, der möglicherweise sogar mit heimlichen Anteilen durchsetzt ist, weil die Vorgesetzten vom Seminarleiter unausgesprochen erwarten, dass die MitarbeiterInnen anschließend leichter zu führen sind. Gerade sol-che Situationen sind höchst anfällig für Reaktionen aus dem angepas-sten oder rebellischen Kind, für Passivität und für Spiele.
Sowohl mit schon bestehenden wie mit neu zusammengesetzten Grup-pen sollten Sie sich deshalb zu Beginn der gemeinsamen Arbeit Zeit nehmen für eine Klärung der beider-seitigen Ziele und Erwartungen. Dadurch können die TeilnehmerInnen im Hier und Jetzt aktiv und selbstverantwortlich in den Gruppenprozess mit einbezogen, unreali-stische Erwartungen aufgedeckt und möglichen Enttäuschungen vor-gebeugt werden. Selbst bei kurzen Gruppensitzungen sollten Sie als LeiterIn zumindest einen Minivertrag aushandeln, indem Sie

- knapp den Rahmen und das Thema definieren,
- die eigene Arbeitsweise und das Ziel benennen,
- sich dazu Rückmeldung von den TeilnehmerInnen einholen und
- diese veranlassen, eigene Zielvorstellungen zu benennen.

Rückmeldung zu bekommen heißt in diesem Zusammenhang, eine deutliche Aussage von allen TeilnehmerInnen zu erhalten - mit Worten, Handzeichen oder deutlichem Kopfnicken bzw. -schütteln. Kaum et-was ist zu Beginn einer Gruppensitzung so demotivierend wie eine Pseudovereinbarung nach dem Muster: „Ich dachte, wir könnten heu-te mal ... machen. Ich hoffe, dass Sie einverstanden sind." Ein flüchti-ger, ungerichtet durch den Raum schweifender Blick - dann, nach zwei Sekunden: „Okay, dann können wir ja beginnen."
Zudem kann es sehr hilfreich sein, zu Beginn einer Veranstaltung die Gruppensituation zu thematisieren, indem Sie bestimmte Aspekte, die Widerstand auslösen könnten, kurz aufnehmen, und gegebenenfalls anerkennen. Dies ist besonders bei formellen Veranstaltungen mit größeren Gruppen angebracht, die keine explizite Vertragsklärung er-lauben.

Möglichkeiten dazu sind:

- **Stimmungen und potentielle Vorbehalte anzuerkennen:**
  „Ich vermute/weiß, dass einige von Ihnen nicht freiwillig hier sind
  ..., durch einen langen Arbeitstag ermüdet sind ..., aufgeregt sind ..."

- **Ansprüche zu relativieren:**
  „Es ist bereits viel erreicht, wenn Sie Ihre Wahrnehmung am Ende
  dieser Veranstaltung für bestimmte Situationen geschärft haben.
  Bitte verlangen Sie nicht von sich, alles sofort umsetzen zu können."

- **Übertriebene Erwartungen abzuschwächen:**
  „Auch ich bin nicht im Besitz von Patentrezepten für jede Situation, sondern - wie Sie vermutlich auch - immer wieder auf der Suche nach brauchbaren Lösungen."

- **Erlaubnis zur Selbststeuerung zu geben:**
  „Betrachten Sie meine Ausführungen als Angebot, aus dem Sie
  sich das auswählen können, was Sie für Ihre Arbeit gebrauchen
  können und was Ihnen gemäß ist."
  „Entscheiden Sie bitte selbst, was und wie viel Sie sagen möchten."

Es erscheint zwar auf den ersten Blick ungewöhnlich, jede Gruppensituation mit einem Vertrag zu eröffnen. Wir können Ihnen aber aus eigener Erfahrung sagen, dass es sich sehr lohnt, nicht zuletzt auch zu
Ihrem Selbstschutz. Die meisten unserer eigenen „Bauchlandungen" in
Gruppen sind auf unklare Verträge zurückzuführen.
Auch im Verlauf des weiteren Prozesses ist es von zentraler Bedeutung, den Vertrag im Auge zu behalten und ihn, wenn nötig, in Erinnerung zu rufen. Wir verweisen in diesem Zusammenhang auf das Kapitel über Verträge.

Die Entwicklungsphasen von Gruppen - Anmerkungen zur Teamentwicklung

Eine Arbeitsgruppe bzw. ein Team - gleich welcher Art - durchläuft verschiedene typische Entwicklungsphasen. Wir geben Ihnen hier einige Hinweise, wie sie die Kommunikationskultur einer Gruppe bzw. eines Teams so gestalten können, dass sich die Arbeitsfähigkeit günstig entwickelt bzw. im Krisenfall wiederhergestellt werden kann.

Verfolgen wir dazu einmal den Prozess einer Arbeitsgruppe von ihrem ersten Zusammentreffen bis zur Erreichung der Arbeitsfähigkeit. Wir beziehen uns dabei auf die klassischen Gruppenphasen, wie sie in der älteren gruppendynamischen Literatur (z.B. Antons, 1992) dargestellt sind.

1. Anfangs- bzw. Orientierungsphase

In einer neu zusammenkommenden Gruppe herrscht zunächst eine mehr oder weniger starke Unsicherheit bei allen Beteiligten vor, die mit Mutmaßungen und Erwartungen gefüllt wird: Wie wird es werden? Wer und wie sind die Anderen? Welches werden mein Platz und meine Rolle in dieser Gruppe sein?

Die Gruppenmitglieder sind zunächst auf Sicherung aus. Sie präsentieren als Ichzustände vorwiegend das vorsichtige angepasste Kind, das distanzierte kritische Eltern-Ich oder das wachsame rebellische Kind. Manche besetzen das rationalisierende, sachlich nachfragende Erwachsenen-Ich mit Energie.

In dieser ersten Phase besteht ein ausgeprägtes Bedürfnis nach Struktur. Die Gruppenmitglieder benötigen Orientierung und Sicherheit als Voraussetzung für eine Entwicklung in Richtung auf gegenseitiges Vertrauen. Dies ist der Zeitpunkt, wo ein erster, vorläufiger Vertrag hergestellt werden sollte. Für Sie als LeiterIn kommt es darauf an, bereits in dieser Phase möglichst alle produktiven Ichzustände zu benutzen.

> In der Anfangsphase benötigt die Gruppe vor allem Orientierung, Struktur und Sicherheit.

Aus dem Erwachsenen-Ich können Sie notwendige Sachinformationen geben, an etwaige Vorverträge erinnern und die Rahmenbedingungen als Basis für einen klaren Arbeitsvertrag erläutern.

Mit dem nährenden Eltern-Ich signalisieren Sie Schutz und respektieren anfänglichen Widerstand. Sie geben Raum für Distanzwünsche und äußern Zuversicht in die Kompetenz der Gruppe angesichts der zu bewältigenden Aufgaben.

Ihr freies Kindheits-Ich bringt Leichtigkeit und Humor in die Vorstellungsrunde, initiiert eine erste spielerische Annäherung an das Thema und signalisiert: „Hier darf man auch Spaß haben!"
Am Anfang wie am Ende der Orientierungsphase stehen in der Regel kurze Vertragsklärungen.

2. Phase der Positionsfindung

Während die Anfangsphase vorwiegend durch Kennenlernen, Klärung der inhaltlichen Ziele und eine erste Kontaktaufnahme mit der anstehenden Aufgabe bestimmt ist, geht es in der nachfolgenden Phase um eine Verteilung bestimmter Aufgabenbereiche an Teammitglieder.
Diese Phase ist aber vor allem dadurch gekennzeichnet, dass sich die Gruppe auf der informellen Ebene eine innere Struktur gibt. Dazu gehören

- Auseinandersetzung und Beziehungsklärung,
- die Bestätigung oder Überprüfung des eigenen Bezugsrahmens,
- die Definition der fachlichen und sozialen Rangordnungskriterien,
- das Austesten der Leitung in Bezug auf Durchsetzungsvermögen und Sachkompetenz sowie
- die Etablierung von Spielregeln im sozialen Umgang.

In alle diese Prozesse sind Sie als LeiterIn mit einbezogen. Diese Phase der Gruppenentwicklung ist von gespannter Erwartung und Hoffnung auf gute Zusammenarbeit geprägt, zugleich aber sehr anfällig für das Einströmen destruktiver Einstellungen und Haltungen. Da die Regeln und die Machtverteilung noch unklar sind, ist mit bestimmten Phänomenen von Kampf und Abwehr zu rechnen:

- **Einzelne Gruppenmitglieder treten in Konkurrenz zur Leitung.**
  Etwa wenn ein neues Konzept und bestimmte Vorgaben dazu vorstellt werden, reagieren einzelne Gruppenmitglieder mit scheinbar sachlichen Anfragen, hinter denen verdeckte Kritik steht: „Könnte man das nicht auch so und so sehen?" oder „Was ist nun eigentlich das Neue daran?" oder „Ist das nicht ziemlich ... (einseitig, unrealistisch, gefährlich etc.)?"

- **Andere präsentieren sich in den Dramadreieck-Rollen**, die ihnen vertraut sind: „Mir geht das hier alles(!) viel zu schnell - ich komme da gar nicht mit!" oder „ Ich finde es nicht gut, wie Herr X. hier ... (bedrängt, überfahren, übersehen etc.) wird!"

- **Manche Teilnehmer zeigen Vermeidung und Abwehr**, sich auf das Thema oder die Aufgabe einzulassen: „Wir müssen erst noch mal ... (klären, diskutieren, nachfragen etc.)" oder „Ich habe mal gehört, dass ... sollten wir nicht auch ..."

Es ist auch die Phase, in der sich heimliche Regeln zu entwickeln beginnen, wenn der offene Vertrag nicht klar und konsequent etabliert wird oder, gemessen an den inhaltlichen Zielen, nicht stimmig ist. Da in dieser Phase vieles verdeckt abläuft, besteht eine Ihrer Hauptaufgaben darin, Vorgänge, die das Zusammenleben in der Gruppe beeinträchtigen können, mit dem Erwachsenen-Ich deutlich anzusprechen und im Raum der Gruppe kommunizierbar zu machen.

In dieser Gruppenphase ist es sehr nützlich, einige Klärungsinstrumente - unter anderem aus der Transaktionsanalyse - einzuführen. Dazu gehören das Ichzustands-Modell, das Dramadreieck, das Passivitätskonzept sowie ausgewählte Strategien zur Konfliktlösung. Besonders günstig ist es, wenn Sie schwierige Gruppensituationen von den Gruppenmitgliedern mit Hilfe von TA-Konzepten auf der Meta-Ebene selbst analysieren und geeignete Lösungen finden lassen. Auf diese Weise wird in spannungsvollen Situationen, in denen eine verstärkte „Racket-Anfälligkeit" gegeben ist (Verwirrung, Ängstlichkeit, Ärger, Rückzug etc.) das Erwachsenen-Ich angesprochen und das Vertrauen in die Selbstkompetenz gestärkt.

In der Phase der Positionsfindung ist es sinnvoll, Klärungsinstrumente und Strategien zur Konfliktlösung einzuführen.

Von einer vertragslosen Diagnose und Konfrontation des Bezugsrahmens und der Antreiber einzelner Gruppenmitglieder oder einer Aufdeckung von Spielen sollten Sie dagegen absehen. Möglicherweise legen Sie damit unbewusste Beweggründe der Beteiligten offen, interpretieren ihr Verhalten und laufen dadurch Gefahr, sich in eine Rolle mit therapeutischer Tendenz zu manövrieren. Dadurch wird der Fokus zu stark in den Persönlichkeitsbereich verschoben, was in Arbeitsgruppen mit hoher Wahrscheinlichkeit Angst und Abwehr erzeugen wird.

Vielmehr sollten Sie als LeiterIn in dieser Phase

- über die Einhaltung der vorgegebenen Regeln wachen und sich auch selbst konsequent daran halten;

- Raum für gegenseitiges Feedback geben;

- ein gutes Modell für den Umgang mit Zuwendung und Kritik geben und damit für die Entwicklung einer konstruktiven Feedback-Kultur sorgen;

- keine Spielräume für Entscheidungen und die inhaltliche Ausgestaltung eröffnen, die Sie nicht auch tatsächlich gewährleisten können oder wollen;

- den Gruppenmitgliedern gestatten, eigene Wege und individuelle Herangehensweisen auszuprobieren, wenn sie mit den inhaltlichen Zielen in Einklang zu bringen sind;

- unproduktive Kommunikationsmuster wie Dramadreieck-Rollen und Racketverhalten behutsam konfrontieren und - wo erforderlich und gewünscht - Beziehungsklärung ermöglichen und Konflikte moderieren;

- eventuell eine Überprüfung der Entscheidung über eine weitere Teilnahme zulassen.

Daneben empfehlen wir Ihnen jedoch, möglichst früh mit dem konkreten Arbeitsauftrag zu beginnen und dabei den Prozess der Gruppenentwicklung im Auge zu behalten. Es besteht unserer Beobachtung nach häufig eine gewisse Neigung, die Beziehungsarbeit in den Vordergrund zu rücken und dabei die inhaltliche Ebene zu vernachlässigen, nach der Devise: „Wir müssen erst eine echte Gruppe werden, bevor wir mit der Arbeit beginnen können." Gruppen wachsen aber häufig besser an einer gemeinsamen Aufgabe. Im Arbeitsablauf auftretende Störungen können dann aktuell bearbeitet werden und - sofern es zur Thematik und Zielsetzung der Gruppe passt - als Gelegenheit zur Erprobung der gemeinsam verfügbaren Metamodelle genutzt werden. Beziehungsprobleme in Arbeitsgruppen sollten nicht um ihrer selbst willen, sondern stets mit Blick auf eine Wiederherstellung der Arbeitsfähigkeit geklärt werden.

> Beziehungsprobleme in Arbeitsgruppen sollten nur soweit bearbeitet werden, wie es zur Herstellung der Arbeitsfähigkeit nötig ist.

3. Phase der konstruktiven Zusammenarbeit

Wird diese diffizile Phase der Positionsfindung erfolgreich durchlaufen, so ist das Ergebnis in aller Regel eine Zunahme an Vertrautheit und Kooperationsfähigkeit. Dazu ist es, wie bereits erwähnt, keinesfalls erforderlich, dass die Gruppenmitglieder gute Freunde werden - ein leider immer noch weit verbreiteter unrealistischer Anspruch. Dies stellt eine unangemessene Überfrachtung von Arbeitsgruppen dar und führt häufig zu unnötigen Frustrationen.

Entscheidend ist die Arbeitsfähigkeit des Teams und die Überleitung in die Phase der konstruktiven Zusammenarbeit. Diese Phase ist bei günstigem Verlauf dadurch gekennzeichnet, dass

- sich die Energie der produktiven Ichzustände voll entfaltet,

- die Gruppenregeln und -normen kommunizierbar sind und von den Angehörigen des Teams selbst getragen werden,

- Einladungen ins Dramadreieck sowie Rackets und Spiele innerhalb der Gruppe konfrontiert werden,

- die Balance zwischen den Einzelbedürfnissen, den Gruppeninteressen und den sachlichen Erfordernissen stimmig ist,

- die wesentlichen Arbeitsabläufe zügig und effektiv, d.h. frei von Konkurrenzkämpfen und Koalitionsbildungen vonstatten gehen.

Sie können in dieser Phase zunehmend Verantwortung abgeben, indem Sie Aufgaben delegieren, Abläufe koordinieren und Kooperation moderieren. Dies fällt LeiterInnen immer dann schwer, wenn sie mit der Gruppe oder einzelnen Mitgliedern symbiotisch verstrickt sind.

> In dieser Phase sollten Sie Aufgaben delegieren, Abläufe koordinieren und die Kooperation moderieren.

Zu einer konstruktiven Zusammenarbeit gehört es allerdings auch, dass die Beteiligten Distanz herstellen dürfen und können, wo dies im Dienste eines reibungslosen Arbeitsablaufs sinnvoll erscheint. Merke: Nicht alle Konflikte müssen gelöst werden! Vielfach kann auch eine sinnvolle Trennung von Arbeitsbereichen zum erwünschten Ergebnis führen. Überall dort, wo Menschen zu eng zusammenarbeiten oder einem Gruppenzwang ausgesetzt sind, wird viel Energie in Abgrenzungsbestrebungen investiert und letztlich vergeudet. Wenn Distanz erlaubt ist, halten die Gruppenmitglieder eher nach sinnvollen Anlässen für Kooperation Ausschau - ein grundlegender Unterschied in der inneren Gestimmtheit!

4. Abschiedsphase

Erwähnen möchten wir noch die Phase, in der Trennung und Abschied angezeigt sind. Sie kündigt sich in der Regel dadurch an, dass Arbeitsaufträge erledigt, zeitliche Limitierungen erreicht oder Ausgangsverträge nicht mehr stimmig sind bzw. nicht mehr von allen Gruppenmitgliedern getragen werden. Letzteres erkennt man in informellen Gruppen zum Beispiel daran, dass es immer schwieriger wird, gemeinsame Treffen zu arrangieren, weil Aktivitäten und Bindungen aus dem Außenbereich wichtiger werden.

In dieser Phase ist es notwendig, den Gruppenvertrag zu überprüfen und möglicherweise neu zu formulieren oder aber einen guten Abschied zu gestalten. Dabei hat die Gruppenleiterin die Aufgabe, die Trennung zu erlauben und zur Orientierung nach außen zu ermutigen. Das Thema Abschied ist für sehr viele Menschen mit Erfahrungen von Verlassenwerden verknüpft und daher emotional hoch besetzt. Ein positives Modell für einen guten Abschied zu schaffen, kann einen gelungenen Gruppenprozess wirkungsvoll abrunden.

> In der Abschiedsphase ist es wichtig, den Gruppenvertrag zu überprüfen oder aber einen guten Abschied zu gestalten.

Zuwendungskultur

Von großer Bedeutung ist die Zuwendungskultur einer Gruppe. Ein reichhaltiger Austausch von Zuwendung begünstigt einen ehrlichen und angstfreien Meinungsaustausch und vermindert die Anfälligkeit für manipulative Spiele. Dabei geht es - vor allem in Arbeitsgruppen - um eine ausgewogene Mischung zwischen positiver und kritischer Rückmeldung.

Die meisten Menschen haben in den prägenden Lern- und Arbeitsgruppen einen deutlichen Vorrang kritischer, bedingt negativer Zuwendung erlebt. Eine realistisch begründete positive Zuwendung ist jedoch das wirksamste Mittel, um Selbstvertrauen und Offenheit gegenüber anderen herzustellen und zu stärken. Allerdings ist es wichtig, auf die Authentizität und Angemessenheit positiver Rückmeldung zu achten. Ein krampfhaft angepasstes Bemühen, unbedingt etwas Positives zu formulieren, wirkt kontraproduktiv, weil es die Glaubwürdigkeit in diesem sensiblen Bereich herabsetzt.

> Ein reicher Austausch von Zuwendung vermindert die Anfälligkeit für manipulative Spiele.

In vielen Institutionen ist es verbreitet, Zuwendung nur bei außergewöhnlichen Leistungen oder Fehlverhalten zu geben. Die vielen MitarbeiterInnen, die tagaus tagein ihre Arbeit gut und zuverlässig ausüben, ohne jedoch hervorstechende Leistungen zu bringen, kommen im Zuwendungsgeschehen kaum vor. Es ist daher ganz wichtig, auch diese Personengruppe im Blick zu haben und angemessen anzuerkennen.

Die Zuwendungskultur lässt sich beschreiben, indem man die „heimlichen Regeln" formuliert, die in einer Gruppe oder Institution gelten, wie beispielsweise

Hier darf niemand etwas gut finden oder Interesse zeigen.

Die Niederlage des anderen ist mein Sieg.

Wer gelobt wird, entwickelt sich nicht weiter.

Wir sind vor allem dazu da, auf Fehler aufmerksam zu machen.

Nur Schwächlinge brauchen Lob.

Bei uns zählt vor allem kritische Distanz.

Zu einer guten Zuwendungskultur können Sie als LeiterIn beitragen, indem Sie

- Positives erwähnen, auch wenn es nicht herausragend ist;
- Negatives stets auf die Sache oder konkretes Verhalten, nie aber auf die Person beziehen;
- Selbstabwertungen konfrontieren;
- Feedback-Strukturen fest in den Arbeitsablauf etablieren, und zwar nicht erst in Krisensituationen;
- die Selbstverantwortlichkeit im Geben und Annehmen von sowie im Bitten um Feedback fördern;
- selbst in den genannten Punkten ein gutes Modell bieten.

In Feedback-Runden haben wir häufig beobachtet, dass die erste Rückmeldung eine gewisse Signalwirkung auf die folgenden Äußerungen hat. Betont das erste Feedback vor allem die negativen Aspekte, so richten sich auch die anderen Gruppenmitglieder auf diesen Fokus aus - eine Gelegenheit, die sich vor allem „Makel"-Spieler nur selten entgehen lassen. Oft entspricht ein derartiges Feedback-Verhalten aber auch der vorherrschenden Gruppenkultur, wie wir sie des öfteren In Kollegien an Schulen beobachtet haben. In solchen Gruppen können Sie auf eine Veränderung des Zuwendungsklimas hinarbeiten, indem Sie das Feedback auf den positiven oder zumindest konstruktiven Bereich hinlenken. Dazu gibt es verschiedene Möglichkeiten.

Am einfachsten ist es, zuerst ein Gruppenmitglied zu Wort kommen zu lassen, das Ihrer Beobachtung nach vermutlich etwas Positives äußern wird. Oder Sie können in Ihrer Einleitung die Aufmerksamkeit und das Feedback durch vorgegebene Fragen in Richtung auf konstruktive Aspekte und Perspektiven lenken, zum Beispiel:

Welcher Aspekt hat Sie besonders interessiert?

Womit konnten Sie etwas anfangen?

Was ist Ihnen deutlich geworden, und welche Fragen haben Sie noch?

Was hat Ihnen hier gut gefallen?

An welchem Thema würden Sie gern weiterarbeiten?

Bei einem negativen Feedback können Sie den betreffenden Teilnehmer dazu aufzufordern, der kritischen Äußerung eine konstruktive Wendung zu geben oder einen positiven Aspekt hinzuzufügen:
Was wäre nötig, damit Ihnen die Arbeit ... (an diesem Thema, in dieser Abteilung etc.) wieder mehr Spaß macht?

Gibt es auch etwas, was Ihnen gefallen hat?

Oder Sie können nach Gegenmeinungen dazu fragen:

Haben Sie das alle so erlebt?

Sind Ihnen noch andere Aspekte aufgefallen?

Wichtig bei diesem Vorgehen ist es, die Personen mit eher skeptischer oder kritischer Grundhaltung nicht mattsetzen oder bloßstellen zu wollen. Wenn Sie ihnen Respekt für ihre aufmerksame Beobachtung des Geschehens zollen, können Sie sie oft dafür gewinnen, den intendierten Veränderungsprozess produktiv mitzugestalten.
Eine andere Möglichkeit ist es, der Gruppe Ihre Beobachtungen aus dem Erwachsenen-Ich mitzuteilen und damit einen Prozess in Gang zu setzen, der zu einer Überprüfung und Veränderung der Gruppenkultur führen kann. Der Vorteil an diesem Vorgehen wäre, dass die Gruppe, Abteilung oder Institution sich der bislang unbewusst herrschenden Regeln bewusst wird und in einem autonomen Prozess eine für ihre Situation und Aufgabenstellung passende Kultur entwickeln kann.

Zusammenfassung:
Die Gesprächsführung in Gruppen

Eine Gruppe

- bietet Vielfalt und Lebendigkeit in der Kommunikation,

- gibt viel Raum, um Dramadreiecks-Situationen anzuzetteln,

- bietet vielfältige Möglichkeiten für Rückzug und Widerstand,

- ist ein Nährboden für Rackets und psychologische Spiele,

- lässt Spiele rasch offensichtlich und bearbeitbar werden,

- ermöglicht den Einzelnen vielfältige Lernmöglichkeiten durch Beiträge anderer Gruppenmitglieder,

- bietet erweiterte Feedbackmöglichkeiten,

- bietet die Möglichkeit zum Probehandeln, um neue Verhaltensweisen sofort auszuprobieren,

- relativiert die Zentrierung auf LeiterInnen, da die Gruppe in Klärungsprozesse einbezogen werden kann.

Ein Vertrag mit einer Gruppe sollte

- potentielle Vorbehalte anerkennen,

- übertriebene Erwartungen und Ansprüche relativieren,

- Aspekte aufnehmen, die Widerstand auslösen könnten,

- die Erlaubnis zur Selbststeuerung geben.

Zur Zuwendungskultur in einer Gruppe

- Ein Gruppenklima mit viel positiver Zuwendung vermindert die Anfälligkeit für manipulative Spiele.

- Ein krampfhaft-angepasstes Bemühen, unbedingt etwas Positives zu formulieren, wirkt kontraproduktiv.

- Selbstabwertungen müssen konfrontiert werden.

- Das Feedback sollte auf konstruktive Aspekte und lohnende Entwicklungsmöglichkeiten gerichtet werden.

- Kritischen Äußerungen sollte immer auch eine konstruktive Wendung gegeben werden.

- Feedback-Strukturen sollten fest in den Arbeitsablauf etabliert werden, und zwar nicht erst in Krisensituationen.

Das konstruktive Selbstgespräch - der Dialog mit dem inneren Ratgeber

Den großen und kleinen Entscheidungen unseres Alltags geht in aller Regel ein innerer Dialog voraus. Wir erörtern in unserem Inneren das Für und Wider und fällen bei günstigem Verlauf eine tragfähige Entscheidung. So kommt es, dass der innere Dialog zu einem unserer ständigen Begleiter wird.

Bisweilen jedoch fahren wir uns fest in vermeintlich unauflösbaren Widersprüchen. Unsere inneren Stimmen fallen sich gegenseitig ins Wort, hindern uns an einer Selbstklärung und blockieren wirkungsvolles Handeln. An solchen Stellen wünschen wir uns gelegentlich Hilfen, wie sie ein guter Gesprächspartner bieten kann: Eine geordnete Konferenz unserer inneren Stimmen, eine Metakommunikation mit Hilfe unseres Erwachsenen-Ichs oder eine Konfrontation mit Aspekten von außerhalb unseres Bezugsrahmens.

Nun zeichnen sich Selbstgespräche bekanntlich dadurch aus, dass sie ohne ein äußeres Gegenüber geführt werden. Wir haben darüber nachgedacht, auf welche Weise wir die Funktion eines solchen Gegenüber selbst übernehmen könnten. Manche Menschen versuchen dieses Defizit auszugleichen, indem sie die gegensätzlichen Argumente laut aussprechen. Wir möchten Ihnen im Folgenden drei Möglichkeiten vorstellen, wie Sie mit sich auf eine gute und konstruktive Weise ins Gespräch kommen können.

Selbstsupervision mit der Tagebuch-Methode

Einen guten Ansatz für einen inneren Dialog bietet die uralte Tradition des Tagebuchschreibens. Was geschieht dabei? Wir sehen drei wichtige Aspekte:

- Erstens schreiben wir uns dabei Dinge von der Seele, die wir uns sonst kaum zu äußern erlauben würden.

- Zweitens bringen wir im Fortgang des Schreibens eine gewisse Ordnung in unsere Gedanken und - genauso wichtig - unsere Gefühle.

- Und drittens kommen wir, wenn wir uns wirklich einlassen, mehr und mehr mit dem inneren Ratgeber in Kontakt - mit dem Teil in uns, der es gut mit uns meint und erstaunlich viel Kreativität und Weisheit besitzt.

Am Ende können wir nicht selten die Feder mit neu gewonner Klarheit und vielleicht mit einer guten Entscheidung aus der Hand legen. Unsere Anregung an Sie ist, genau dasselbe zu tun, ergänzt durch ein paar zusätzliche Hinweise.

Suchen Sie sich einen ruhigen Platz und schildern Sie - auf Tonband oder indem Sie auf einen großen Bogen schreiben - das Problem, um das es Ihnen geht.

Erlauben Sie sich, alles ganz aus Ihrer Sicht zu schildern und ohne jeden Anspruch, schon bald eine Lösung zu finden. Sprechen oder schreiben Sie, solange die Worte fließen.

Hören oder lesen Sie dann Satz für Satz, als wenn Sie ein Ihnen selbst gewogener Berater wären.

Fragen zu den produktiven Ichzuständen

Gute BeraterInnen zeichnen sich dadurch aus, dass sie die produktiven Ichzustände im Auge behalten und dementsprechend ihre Fragen stellen. Einige davon haben wir als Anregung unten zusammengestellt. Nehmen Sie sich ein zweites Blatt Papier und notieren Sie sich ggf. Beobachtungen und Einfälle zu diesen Fragen.

Nährendes Eltern-Ich:

Wie fürsorglich gehst du mit dir selbst und anderen in diesem Fall um?

Was würde eine von dir geschätzte Person zu dem Problem sagen?

Welchen Rat würdest du dir geben?

Erwachsenen-Ich:

Was nimmst du wahr, wenn du deine Worte hörst bzw. liest?

Agierst du aus einer Position des Dramadreiecks heraus?

Inwieweit erkennst du bei dir Anteile von Passivität?

Was würde passieren, wenn das Problem bestehen bleibt?

Freies Kindheits-Ich:

Welche Gefühle werden deutlich?

Welcher Aspekt ist am stärksten mit positiven Gefühlen besetzt?

Was würdest du spontan am liebsten tun?

Abschluss mit dem Erwachsenen-Ich:

Welche Lösungsmöglichkeiten siehst du?

Wie schätzt du die Erfolgsaussichten zur Lösung ein?

Wieviel Energie willst du dafür investieren?

Wofür entscheidest du dich?

Sollten Sie an bestimmten Stellen allein nicht weiterkommen, dann suchen Sie sich eine vertraute Person, um mit ihr den Prozess zu ergänzen und abzuschließen.

Das innere Komitee

Wenn es um die Frage geht, wie ich mich in einer bestimmten Situation verhalten oder entscheiden soll, kann es hilfreich sein, die Argumente des Für und Wider den verschiedenen Ichzuständen zuzuordnen, um zu überprüfen, welche Rolle und Verteilung sie im inneren Dialog besitzen.

Schreiben Sie dazu alle Argumente, die ihnen durch den Kopf gehen, zunächst ungeordnet auf ein Blatt Papier. Wenn Ihnen keine weiteren Aspekte mehr einfallen, versuchen Sie die einzelnen Argumente den sechs Ichzuständen zuzuordnen.

Betrachten Sie sich nun das Ergebnis aus der Perspektive des Erwachsenen-Ichs unter folgenden Fragestellungen:

- Welche Ichzustände haben viel, welche weniger zu sagen?

- Bleiben einzelne Ichzustände ganz stumm?

- Wo befinden sich die überzeugendsten bzw. gefühlsstärksten Argumente?

- Welche Aspekte dürfen bei einer Entscheidung auf keinen Fall vernachlässigt werden?

- Wie stark sind die produktiven Ichzustände im inneren Dialog vertreten?

Gegebenenfalls sollten Sie nachträglich Ihnen wichtige Ichzustände noch einmal zu Worte kommen lassen oder aber die produktiven Ichzustände befragen:

Was ist gut für mich und in Ordnung gegenüber anderen? (nEL)

Was ist sinnvoll und machbar? (ER)

Habe ich Lust dazu oder verspreche ich mir etwas davon? (fK)

Dialog mit einem Symbol

Bisweilen sind wir selbst mit persönlichen Problemen konfrontiert, die unsere Kommunikation in privaten und beruflichen Zusammenhängen behindern. Solche Probleme führen manchmal ein Dasein in schwer zugänglicher innerer Abgeschiedenheit. Sie sind deswegen so schwer fassbar, weil wir sie sprachlich (noch) nicht auszudrücken vermögen. Häufig hilft es, wenn wir uns zunächst ein Bild davon zu machen versuchen. Der folgende Übungsvorschlag arbeitet mit einer bewährten Visualisierungstechnik und ermöglicht eine verbale Auseinandersetzung mit diesem schwer zugänglichen Aspekt meiner Persönlichkeit.

Setzen Sie sich dazu entspannt und mit geschlossenen Augen hin, und erinnern Sie sich an eine Situation, in der Sie diese Schwierigkeit zum letzten Mal bei sich beobachtet haben.

Stellen Sie sich dann ein Symbol vor, das Ihr Erleben in dieser Situation am treffendsten wiedergibt. Überlegen Sie nicht lange, sondern folgen Sie dabei möglichst Ihrer ersten spontanen Eingebung. Malen Sie das Symbol auf einen Bogen Papier.

Anschließend haben Sie die Möglichkeit, mit diesem Symbol einen Dialog zu führen. Wir empfehlen Ihnen, dies schriftlich zu tun. Sprechen dazu das symbolisierte Problem an, zum Beispiel indem Sie ihm mitteilen, wie es auf Sie wirkt oder wie es Sie behindert. Lassen Sie dann das Bild antworten. Nach anfänglicher Gewöhnung verläuft der Dialog in der Regel zunehmend flüssiger. Versuchen Sie schließlich, zu einem befriedigenden Ende zu kommen.

In den meisten Fällen führt das verbreitete Bedürfnis von Menschen nach Harmonie und Integration zu einem guten Kontakt mit dem inneren Ratgeber, dessen Rolle nicht selten sogar von dem Symbol übernommen wird. So wird häufig auch der ursprüngliche Nutzen des problematischen Verhaltens deutlich und damit die Versöhnung mit diesem Aspekt meiner Persönlichkeit ermöglicht.

Zur Haltung in der Gesprächsführung

Ethische Grundhaltung

Aus vielen alltäglichen Gesprächssituationen wissen wir, wie stark uns die Einstellung und innere Haltung unserer Gesprächspartner beeinflussen kann. In manchen Gesprächen haben wir das Gefühl, bejaht zu werden, Spielraum für die Entfaltung unseres Potentials zu haben und persönlich weiterzukommen. In anderen Situationen merken wir, wie es uns fröstelt, wir gehen intuitiv auf Distanz oder in eine Hab-Acht-Stellung und behalten am Ende einen schalen Nachgeschmack. Oft können wir nicht einmal konkret benennen, was im einzelnen dazu geführt hat, dass wir uns so fühlen.

Der Grund dafür liegt vermutlich in der inneren Haltung unseres Gesprächspartners uns gegenüber, in der „Ausstrahlung", die eine mindestens ebenso große Rolle spielt wie die ausgetauschten Gesprächsinhalte. Diese Tatsache ist um so bedeutsamer, wenn Menschen gelernt haben, die Kommunikation mit anderen bewusst zu gestalten und zu diesem Zweck gezielt bestimmte Methoden und Strategien einzusetzen. Methoden sind Machtmittel. Sie können wirkungsvoll eingesetzt werden - für gute wie für schlechte Zwecke. Sie sind aber nicht deswegen schlecht, weil sie missbraucht werden können. Ebenso wenig sind bestimmte Methoden automatisch gut. Entscheidend ist immer, mit welcher Einstellung und in welcher Absicht sie jemand einsetzt. Deshalb liegt es uns am Herzen, einige Hinweise zur ethischen Grundhaltung in der Gesprächsführung ans Ende dieses Leitfadens zu stellen.

> Methoden sind Machtmittel. Sie können für gute wie für schlechte Zwecke eingesetzt werden.

Eine gute Grundlage jeder Form von Gesprächsführung ist die Einstellung „Ich bin okay - du bist okay". Dies in der Gesprächsführung umzusetzen heißt, durch mein eigenes Modell und die Art, wie ich die Methoden anwende, die anderen Personen zur Nutzung ihres Potentials anzuregen. Methoden dürfen nicht zur Kontrolle anderer Menschen, zur Verschleierung eigener Interessen oder zur Kaschierung eigener Schwachpunkte eingesetzt werden. Das ist besonders wichtig in der Mitarbeiterführung und darüber hinaus in allen Beziehungen mit hierarchischen Abhängigkeitsstrukturen. Wir können uns davor schützen, indem wir Transparenz in der Wahl und Anwendung von Methoden herstellen und auf regelmäßige Beziehungsklärung durch gegenseitiges Feedback achten. Methoden können helfen, unnötige Reibungsverluste in der Kommunikation zu vermeiden, also menschliches Leiden zu reduzieren, und mehr Spielraum für lustvolle und effektive Kommunikation zu eröffnen. Wir halten die These für fragwürdig, wonach erst tiefes Leiden an den Umständen die Kraft freisetzt, Widersprüche zu thematisieren und Lösungen zu entwickeln.

Bestimmte Interventionen können sehr tiefgreifend wirken, etwa wenn ich eine Person mit ihren Gefühlen in Kontakt bringe („Ich habe den Eindruck, dass Sie sehr traurig sind.") oder Bezüge zur eigenen Lebensgeschichte herstelle („Kennen Sie ähnliche Erfahrungen auch aus anderen Situationen in Ihrem Leben?"). Ich kann auf diese Weise sehr wichtige und heilsame Prozesse für die Betreffenden einleiten, muss mir aber darüber im klaren sein, ob unser Gesprächsvertrag bzw. unsere Beziehung eine solche Dimension einschließt, ob die Situation und die Rahmenbedingungen dafür passen und ob ich die Bereitschaft und die Kompetenz besitze, aufzufangen, was ich auslöse.

Wir erinnern an dieser Stelle an das Prinzip der selektiven Authentizität. Besonders in Beratungsgesprächen oder in der Moderation von Konflikten sollte sich das Vorgehen danach richten, was für die Anderen an dieser Stelle nützlich und bearbeitbar ist. Die Lust, das eigene Können zu präsentieren und bewunderndes Feedback dafür zu bekommen, darf nicht den Blick dafür trüben.

Es ist uns wichtig, die Selbstverantwortlichkeit der Menschen, mit denen wir es zu tun haben, zu bejahen und zu fördern. Dieser Gedanke darf aber keinesfalls als Freibrief benutzt werden, um sich selbst in bestimmten Situationen aus der Verantwortung zu stehlen - etwa indem ich beim Auftauchen von unerwarteten Schwierigkeiten leichtfertig nach dem Motto verfahre: „Das ist jetzt dein Problem".

> Die Lust, das eigene Können zu zeigen, sollte sich danach richten, was für die anderen nützlich ist.

Da wir uns mit diesem Leitfaden auch an Menschen richten, die Beratung ohne eine professionelle Ausbildung praktizieren, wollen wir dazu ermutigen, ergänzend zu den Anregungen dieses Buches die Unterstützung und Begleitung erfahrener Berater und Trainerinnen in Anspruch zu nehmen. Aus eigener Erfahrung wissen wir, dass die Aneignung solcher Konzepte und Methoden im Rahmen langfristiger Trainingsgruppen besonders effektiv und für das eigene Leben bereichernd ist.

Da Sie selbst nach aufmerksamem Studium dieses Buches nicht davon ausgehen können, allein dadurch über die volle Kompetenz für die Arbeit mit den angebotenen Konzepten zu verfügen, wird eine interessante Phase des Ausprobierens und Übens auf Sie zukommen. Gerade dabei ist es hilfreich und notwendig, immer wieder Gelegenheiten zur Selbstüberprüfung nutzen zu können.

Wir empfehlen Ihnen wie überhaupt allen, die verantwortlichen Umgang mit anderen Menschen zur Aufgabe haben, sich Gelegenheiten für regelmäßige berufsbezogene Supervision zu suchen.

Wir selbst erleben, wie erleichternd und wachstumsfördernd Supervision ist. Es ist für uns ein unverzichtbarer Teil unserer ethischen Grundhaltung, uns immer wieder einmal liebevoll-kritisch über die eigene Schulter zu schauen in der Gewissheit, dass auch wir bisweilen eine getrübte Wahrnehmung besitzen und anfällig für manipulative Spiele sind.

> Als Beraterin sollten Sie sich Gelegenheiten zur Selbstüberprüfung suchen

Erlaubnis und Schutz als Voraussetzungen für persönliches Wachstum

Dieser Abschnitt richtet sich ganz besonders an LeserInnen, die mit Gruppen oder Einzelnen an persönlichen Problemen arbeiten bzw. in deren Arbeitszusammenhang tiefere Dimensionen der Persönlichkeit berührt werden (können).

Wie gesagt, gehen wir davon aus, dass alles Verhalten, so problematisch es heute sein mag, früher einmal Sinn für uns gehabt hat. Es aufzugeben mag aus heutiger Sicht naheliegend oder sogar verlockend erscheinen. Doch zugleich macht uns Veränderung oft Angst. Mit unseren vertrauten Mustern kennen wir uns aus. Sie gewähren uns zumindest Sicherheit, auch wenn es sich nicht wirklich komfortabel damit leben lässt. Sie zu verlassen und Neues auszuprobieren heißt, unsicheres Gelände zu betreten. Wenn wir unsere Grenzen überschreiten, machen uns oft innere Auseinandersetzungen zu schaffen. Vehement melden sich die Stimmen unseres strengen kritischen Eltern-Ichs. Wir machen uns selbst Vorwürfe und fühlen uns unter Umständen schlechter als zuvor. Letztlich geben wir das alte Verhalten nur auf, wenn wir die innere Erlaubnis haben und annehmen können, dass sich die Veränderung lohnt und dass das Neue besser funktioniert als das Alte.

Aus dieser Sicht menschlichen Verhaltens resultieren bestimmte Konsequenzen für die innere Haltung einer Person, die andere Menschen bei Fragen der persönlichen Entwicklung berät bzw. begleitet. Grundlage für eine wachstumsfördernde Gesprächsführung ist ein Klima der Erlaubnis sowie eine Haltung, die den nötigen Schutz gewährt. Erlaubnis öffnet häufig die Tür zu positiven Veränderungen. Sie kann wirksam werden durch das eigene modellhafte Verhalten oder durch ein entsprechendes Klima in der Gruppe, der Abteilung, des Kollegiums etc. Erlaubnisse wirken letztlich nur, wenn sie machtvoller sind als die eigenen inneren Vorbehalte und abwertenden Stimmen. Das weist auf die Grenzen in einigen Gesprächssituationen hin, von denen in den vorangegangenen Kapiteln die Rede war. Machtvolle innere Vorbehalte können in vielen Fällen nur in einer tragfähigen therapeutischen Situation entkräftet werden.

Wenn Menschen mit verdrängten oder tiefen Gefühlen in Kontakt kommen oder neue, für sie hilfreiche, aber bislang verbotene Verhaltensweisen ausprobieren, kommt der Schutzaspekt zum Tragen. Dazu gehört es vor allem,

> Erlaubnis öffnet häufig die Tür zu positiven Veränderungen.

- sich strikt an Verträge zu halten und nur an solchen Zielen zu arbeiten, die die andere Person selber erreichen will und bei denen sie zu begleiten ich die Kompetenz und die praktische Möglichkeit habe;

- die Anderen vor zu bereitwilliger Offenheit oder zu großen Veränderungsschritten zu schützen, die sie hinterher vielleicht bereuen könnten;

- keine Entscheidung zu unterstützen, mit denen sich die Betreffenden selbst schädigen oder in Gefahr bringen könnten;

- der betreffenden Person zu helfen, sich von mir und anderen nur so viel Rückmeldung zu holen, wie es für sie hilfreich und verarbeitbar ist; dies gilt für kritische Hinweise ebenso wie für positive Zuwendung;

- Widerstand zu achten sowie in Bezug auf Tempo und Inhalt die andere Person ihre eigenen Maßstäbe setzen zu lassen; manchmal sprudeln die Anderen (in einer Gruppe) und ich selbst vor Einfällen, die vielleicht auch gut sein mögen, hier und jetzt und für diesen Menschen aber nicht an der Reihe sind.

Manchmal kommt es vor, dass die andere Person eine Entscheidung trifft und für eine gute Lösung hält, die aus meiner Sicht eine Fortführung oder gar Verschärfung ihres unproduktiven Verhaltens darstellt. Schutz geben bedeutet in diesem Fall, meine Bedenken mitzuteilen und auf Alternativen hinzuweisen, die aus meiner Sicht für den Betreffenden sinnvoll und erreichbar sind.

Besondere Wachsamkeit ist nötig, wenn im Gespräch mit mehreren Beteiligten die Anderen aus dem Blickwinkel ihrer eigenen Antreiber und Rackets Feedback oder gar Ratschläge erteilen. Dabei ist es gut, daran zu erinnern, dass „Ratschläge (oft) auch Schläge" sind. Schutz geben bedeutet dann, Interpretationen und Projektionen zu stoppen und an die Absender zurückzugeben: „Welches ist dein Interesse an dem Problem? Was ist dein Anteil daran? Kennst du das als ein Problem von dir selbst?" etc.

Schutz ist auch und ganz besonders wichtig, wenn es darum geht, mögliche (Selbst-) Verletzungen zu verhindern. Bei Bewegungsspielen und Körperübungen, mit denen gesprächsorientierte Sequenzen aufgelockert und ergänzt werden sollen, ist es meine Aufgabe, Gefahrenquellen durch geeignete Rahmenbedingungen und klare Anweisungen auszuschließen.

Schutz und Fürsorge beinhalten auch, dass ich als Beraterin oder Gesprächsleiter weiterführende Hinweise geben kann, wenn jemand in mei-ner Obhut mit Themen und Problemen in Berührung kommt, die im gegebenen Rahmen nicht bearbeitbar sind. Ich benötige dann Kenntnisse über kompetente Personen und Einrichtungen, die ich weiterempfehlen kann.

Mut und Bescheidenheit

Zum Ausklang wollen wir nach aller Ermutigung in den vergangenen Kapiteln, die eigenen Beschränkungen zu überschreiten, neue Möglichkeiten zu entdecken und mit ihnen zu experimentieren, daran erinnern, dass wir alle, und auch Sie selbst, Grenzen haben. Jeder Anspruch, der dieses negiert, wäre ein Zeichen für grandioses Denken - kein gutes Modell für andere und eine Belastung für uns selbst.

Veränderung stößt auf Grenzen und benötigt Zeit. Mit der Vorstellung, an grundlegenden Punkten der menschlichen Persönlichkeit rasch und radikal etwas ändern zu wollen, leisten wir uns und anderen einen schlechten Dienst. Ein Gärtner wird, um schnelles Wachstum zu fördern, seine Pflanzen nicht recken und strecken und vielleicht sogar aus dem Boden reißen. Er wird sie vielmehr genau beobachten und nach seinen Möglichkeiten für optimale Wachstumsbedingungen sorgen.

Veränderung stößt auf Grenzen und benötigt Zeit.

Wir wissen, dass es auch im Bereich der Pädagogik und Psychologie neuere Methoden gibt, die eine wirksame Veränderung von heute auf morgen in Aussicht stellen. Wir kennen die Faszination solcher Konzepte, die wie Zaubermittel zu funktionieren scheinen. Zugleich raten wir, Versprechungen dieser Art mit Vorsicht zu genießen. Es besteht die Gefahr, dass sich die Wünsche nach rascher, radikaler und möglichst müheloser Änderung der Persönlichkeit stärker an den vermeintlichen gesellschaftlichen Erfordernissen nach einem reibungslosen Funktionieren orientieren als an den wirklichen Bedingungen menschlicher Entwicklung.

Gleichwohl hoffen wir, dass wir Ihnen einiges an Begeisterung über die Konzepte haben vermitteln können, mit denen wir arbeiten. Wir schätzen die Möglichkeiten, die wir für unsere Arbeit und unser Leben dadurch gewonnen haben. Zugleich ist uns mit fortschreitender praktischer Erfahrung immer deutlicher geworden, dass menschliche Kommunikation viel mehr, viel reichhaltiger und lebendiger ist, als irgendein Konzept es je widerspiegeln könnte.

Dieser Gedanke wird für uns sehr gut durch die Landkartenmetapher verdeutlicht. Danach sind alle Methoden mit Landkarten zu vergleichen, auf denen bestimmte Bereiche und Aspekte der Landschaft des menschlichen Lebens abgebildet sind. Wenn Sie einen guten Atlas durchblättern, so werden Sie feststellen, wie viele Möglichkeiten es gibt, ein und dieselbe Landschaft aus den unterschiedlichsten Blickwinkeln darzustellen. Sie alle haben ihren spezifischen Sinn und Wahrheitsgehalt, sind interessant und bei bestimmten Problemstellungen sehr nützlich. Aber sie sind - sogar alle zusammengenommen - immer noch weniger als die Landschaft selbst. So hilfreich und faszinierend also einzelne „psychologische Landkarten" sind - der Mensch ist mehr, reicher, vielfältiger.

Nun wäre es schade, wenn Sie künftig in der Gesprächsführung immerfort eine Landkarte vor Augen hätten. Am schönsten und letztlich auch am effektivsten ist es, den Menschen mit offenen Augen zu begegnen - mit einer guten „Landkarte" in der Tasche und den wichtigsten Aspekten davon im Kopf und im Herzen.

Glossar

Abwertung: Mangelnde Beachtung, Leugnung oder Umdeutung von Aspekten der äußeren oder inneren Realität; kann sich auf das Denken, Fühlen oder Verhalten von Personen, auf Themen oder Probleme wie auf Situationen beziehen; ist in vier Stufen erkennbar, die die Existenz, Bedeutung, Lösbarkeit oder persönliche Fähigkeit betreffen.

Agitation: Passives Verhalten, bei dem die Energie in letztlich ziellose Aktivitäten investiert wird, die nicht der Lösung des zugrunde liegenden Problems dienen.

Angepasstes Kind: Anteil des Kindheits-Ichzustandes, der sich geltenden Regeln und Vorschriften unreflektiert unterwirft.

Antreiber: Verhaltensmuster, mit denen wir versuchen, uns aus Nichtokay-Gefühlen zu retten (Beeil Dich! Streng Dich an! Sei perfekt! Sei stark! Mach's recht!).

Ausschluss: Ein Zustand, in dem jemand einen oder mehrere Ichzustände nicht mit Energie besetzt.

Bezugsrahmen: Setzt sich zusammen aus begrenzten Wahrnehmungs-, Gefühls- und Verhaltensmustern, die anhand entsprechender Grundüberzeugungen entwickelt und immer neu aktualisiert werden.

Blockierende Transaktion: Eine Transaktion, bei der die Absicht, ein Thema anzusprechen, dadurch verhindert wird, dass man der Definition des Themas nicht zustimmt.

Dramadreieck: Ein Diagramm, das unproduktive Kommunikation veranschaulicht, in der drei aufeinander bezogene Rollen (Opfer, Retter, Verfolger) mit eingeschränktem Denken, Fühlen und Verhalten eingenommen werden.

Drei-Ebenen-Modell: Ein Modell zur Gesprächsführung, das auf eine Integration von Denken, Fühlen und Verhalten hinwirkt.

Eltern-Ich: Gesamtheit von Verhalten, Denken und Fühlen, die vor allem mit Werten, Normen, Verboten und Erlaubnissen verbunden sind und zum Teil von den Eltern übernommen wurden.

Erlaubnis: Positive Grundbotschaft, die dem Kind oder später dem erwachsenen Menschen des Recht zuspricht, das eigene Potential zu entfalten; ist gerichtet gegen unangemessene innere Beschränkungen, aber ohne dass die Person sich selbst oder andere schädigt; ist nur wirksam, wenn die Erlaubnis gebende Person anerkannt wird als Autorität, der mehr Vertrauen geschenkt wird als den Personen, von denen destruktive Grundbotschaften übernommen wurden.

Ersatzgefühl: Ein Gefühl, das in der Kindheit nicht gefühlt werden durfte und mit einem anderen - erlaubten - Gefühl überlagert worden ist Es wird auch „Racketgefühl" genannt.

Erwachsenen-Ich: Gesamtheit von Verhalten, Denken und Fühlen, die eine realitätsgerechte Wahrnehmung und eine angemessene Reaktion auf das Hier und Jetzt ermöglicht.

Freies Kindheits-Ich: Anteil des Kindheits-Ichzustandes, aus dem heraus Gefühle und Bedürfnisse unmittelbar und ohne Rücksicht auf Normen oder soziale Anforderungen geäußert werden.

Funktionales Ichzustands-Modell: Ein Persönlichkeitsmodell, das die Ichzustände so beschreibt, wie wir sie in der Kommunikation mit anderen einsetzen.

Gewalt: Passives Verhalten, bei dem der Betreffende sich selbst oder andere unfähig macht, ein Problem zu lösen bzw. durch zerstörerische Energie seine Umgebung veranlasst, Verantwortung zu übernehmen.

Grandiosität: Positive oder negative Übertreibung eines Aspekts der Realität

Grundbotschaft: Positive (Erlaubnis) oder negative, einschränkende (Einschärfung) Botschaft der wichtigsten Bezugspersonen, die dem Kind eine Einschätzung über sein Wesen und seinen Wert vermittelt.

Grundüberzeugung: Die Einstellung, die jemand über sich selbst und seine Umgebung entwickelt und in der Kommunikation einsetzt, um früher getroffene Schlussfolgerungen und daraus resultierendes Verhalten zu rechtfertigen.

Ichzustand: Modellhafte Vorstellung eines im Denken, Fühlen und Verhalten kohärenten Persönlichkeitsanteils, der in der Kommunikation zum Ausdruck kommt.

Introjektion: Verhaltensmuster der Eltern, die für die eigenen gehalten werden.

Kindheits-Ichzustand: Gesamtheit von Denk-, Gefühls- und Verhaltensmustern aus der Kindheit.

Köder: Eine Transaktion, die auf der verdeckten, oft nonverbalen Ebene in ein psychologisches Spiel einlädt.

Komplementäre Transaktion: Eine Transaktion, bei der eine Person aus dem angesprochenen Ichzustand antwortet.

Konfrontation: Aufmerksam machen auf eine eingeschränkte Sichtweise oder ein problematisches Verhalten. Das Ziel besteht darin, Energie für Veränderungen freizusetzen.

Kreuzungstransaktion: Eine Transaktion, bei der eine Person nicht aus dem angesprochenen Ichzustand antwortet.

Kritisches Eltern-Ich: Ein Anteil des Eltern-Ichzustands, mit dem wir andere kritisieren, kontrollieren oder kommandieren.

Lebensposition: Eine grundlegende Einstellung über den Wert der eigenen Person und den anderer Menschen.

Lebensskript: Internalisierter Plan, der in der Kindheit unter elterlichem Einfluss gebildet wird und das Denken, Fühlen und Verhalten in den wichtigsten Aspekten des Lebens bestimmt.

Metakommunikation: Die Art und Weise der Kommunikation selbst wird zum Gesprächsthema.

Nährendes-Eltern-Ich: Der Anteil des Eltern-Ichzustands, mit dem wir für andere und uns selbst unterstützend und betreuend sorgen.

Neuentscheidung: Bewusste und emotional verankerte Entscheidung für eine neue Option im Denken, Fühlen oder Verhalten in Korrektur einer frühen Entscheidung, die aus einem begrenzten Bezugsrahmen heraus getroffen wurde.

Neurose: Eine umfassende, in der Regel mit Angst verbundene Funktionsstörung im Erlebnis- und Verhaltensbereich. Häufig begleitet von körperlichen Symptomen.

Nichtstun: Passives Verhalten, bei dem der Betreffende seine Energie darauf verwendet, sich von der Aktivität abzuhalten, statt das Problem zu lösen (z.B. „Aussitzen").

Nutzeffekt: Das Gefühl am Ende eines psychologischen Spiels, mit dem die alten Grundüberzeugungen wieder bestätigt werden.

Opferrolle: Position im Dramadreieck, in der man sich unterlegen und unzulänglich fühlt und überzeugt ist, ohne fremde Hilfe nicht zurechtzukommen.

Paraphrasieren: Wiederholung von Aussagen eines Gesprächspartners mit eigenen Worten.

Passives Verhalten: Vier Verhaltensweisen (Nichtstun, Überanpassung, Agitation, Gewalt), mit denen die Betreffenden andere dazu bringen wollen, ihre Probleme zu lösen.

Passivität: Die Art und Weise, wie Menschen ein anstehendes Problem nicht lösen.

Produktive Ichzustände: Diejenigen Ichzustände, die eine hilfreiche Problemlösung fördern: nährendes Eltern-Ich, Erwachsenen-Ich und freies Kindheits-Ich.

Projektion: Eigene, nicht akzeptierte Gefühle und Verhaltensweisen werden anderen Menschen unterstellt.

Psychologische Ebene: Auf ihr werden verdeckte, meist nonverbale Botschaften übermittelt.

Psychologisches Spiel: Ein Kommunikationsgeschehen, bei dem die Beteiligten etwas tun mit einem heimlichen Motiv, das dem Bewusstsein des ER nicht zugänglich ist, auf indirekte Weise den Austausch von Zuwendung ermöglicht und- dazu führt, dass sich alle Beteiligten verwirrt und missverstanden fühlen und den anderen die Schuld dafür geben.

Rabattmarke: Ein Racketgefühl, das jemand nicht im Hier und Jetzt äußert, sondern mit der Absicht ansammelt, später eine starke negative Äußerung zu rechtfertigen.

Racketgefühl: Ein vertrautes, in der Kindheit erlerntes Ersatzgefühl, das in Konfliktsituationen stereotyp erlebt wird und im Erwachsenenleben häufig unangemessen ist.

Racketverhalten: Ein vertrautes Verhaltensmuster aus der Kindheit, das in Konfliktsituationen unbewusst eingesetzt wird, um andere Menschen zu manipulieren.

Rebellisches Kindheits-Ich: Anteil des Kinheits-Ichzustandes, der sich geltenden Regeln unreflektiert widersetzt.

Redefinieren: Umdeutung der Wahrnehmung im Sinne der eigenen Grundüberzeugungen mit Hilfe von tangentialen und blockierenden Transaktionen.

Retterrolle: Position im Dramadreieck, in der man anderen ungefragt Hilfe anbietet, aus der Überzeugung heraus, dass diese sich nicht selbst helfen können.

Skriptbotschaften: Elterliche Botschaften, aufgrund derer das Kind Folgerungen über sich, die anderen Menschen und das Leben zieht.

Soziale Ebene: Auf ihr werden verbale Botschaften übermittelt.

Supervision: Praxisbegleitende Selbstüberprüfung durch eine außenstehende Person mit dem Ziel einer Verbesserung der eigenen professionellen Kompetenz.

Switch: Der Augenblick in einem psychologischen Spiel, in dem einer der Beteiligten den Ichzustand bzw. die Rolle im Dramadreieck wechselt, um seinen „Nutzeffekt" zu bekommen.

Symbiose: Eine Beziehung, die auf der Überzeugung basiert, ohne den anderen unvollständig zu sein.

Tangentiale Transaktion: Eine Transaktion, bei der Stimulus und Reaktion unterschiedliche Aspekte desselben Themas betreffen.

Transaktion: Kleinste Kommunikationseinheit, die sich aus Stimulus und Reaktion zusammensetzt.

Trübung: Zustand, in dem der Betreffende Anteile des Kindheits- oder Eltern-Ichzustands irrtümlich für einen Inhalt seines eigenen Erwachsenene-Ichzustands hält.

Überanpassung: Passives Verhalten, bei dem sich jemand an dem orientiert oder etwas übernimmt, was er für die Ansprüche und Erwartungen Dritter hält, ohne diese zu überprüfen und ohne Rücksicht auf eigene Bedürfnisse zu nehmen.

Überlebensschlussfolgerung: Schlussfolgerung, die ein Kind aufgrund der existenziellen Grundbotschaften und Zuwendungserfahrungen in der Familie zur Sicherung des Überlebens bzw. der notwendigen Zuwendung für sich zieht.

Übertragung: Verhaltensweisen der eigenen Eltern werden in andere Personen hineinphantasiert.

Verdeckte Transaktion: Eine Transaktion, bei der neben der offenen (verbalen) Botschaft eine verdeckte (nonverbale) übermittelt wird.

Verfestigung: Ein Zustand, bei dem jemand vorzugsweise einen Ichzustand besetzt.

Verfolgerrolle: Position im Dramadreieck, aus der heraus die Betreffenden andere kritisieren, abwerten oder bloßstellen.

Vertrag: Eine beiderseitige Vereinbarung über ein klar definiertes Vorhaben oder Vorgehen, die aus dem Erwachsenen-Ichzustand unter Berücksichtigung von Aspekten des nährenden Eltern-Ichs und des freien Kindheits-Ichs erfolgt.

Widerstand: Alle Verhaltensweisen, die verhindern sollen, dass verdrängte, aber dennoch erlebnis- und verhaltenswirksame Motive offengelegt und damit kommunizierbar gemacht werden.

Zuwendung: Sammelbegriff für körperliche oder symbolische Beachtung (mit Blicken, Gesten oder Worten) sowie die Anerkennung, die jemand von anderen Menschen erfährt.

Literatur

Adler, A.: *Praxis und Theorie der Individualpsychologie.* Fischer, Frankfurt 1974

Antons, K.: *Praxis der Gruppendynamik.* Göttingen 1992

Bach, G.R.; Goldberg, H.: *Keine Angst vor Aggressionen.* Fischer, Frankfurt 1981

Barnes, G. et al.: *Transaktionsanalyse seit Eric Berne.* Inst. f. Kommunikationstherapie, Berlin 1980

Berne, E.: *Spiele der Erwachsenen.* Rowohlt, Reinbek 1967

Berne, E.: *Was sagen Sie, nachdem Sie guten Tag gesagt haben?* Kindler, München 1975

Berne, E.: *Die Transaktionsanalyse in der Psychotherapie. Eine systematische Individual- und Sozialpsychiatrie.* Junfermann, Paderborn 2001

Crossman, P.: *Permisssion and Protection.* TAB 5, Seite 152 ff, 1966

Edwards, P. und S.: *Game Matrix.* PAA Publications, 1975

English, F.: *Transaktionanalyse: Gefühle und Ersatzgefühle in Beziehungen.* Isko-Press, Hamburg 1981

English, F.: *Es ging doch gut - was ging denn schief? Beziehungen in Partnerschaft, Familie und Beruf.* Kaiser, München 1982

Frankl, V.E.: *Das Leiden am sinnlosen Leben.* Herder, Freiburg 1985

Fromm, E.: *Anatomie der menschlichen Destruktivität.* Rowohlt, Reinbek 1977

Gellert, M.; Nowak, C.: *Teamarbeit, Teamentwicklung, Teamberatung. Ein Praxisbuch für die Arbeit in und mit Teams.* Limmer, Meezen, 2002.

Gührs, M.; Nowak, C.: *Trainingshandbuch zur konstruktiven Gesprächsführung.* Limmer, Meezen, 2003

Hennig, G.; Pelz, G.: *Transaktionsanalyse - Lehrbuch für Therapie und Beratung.* Herder, Freiburg 1997

Kälin, K.; Müri, P.: *Sich und andere führen. Psychologie für Führungskräfte, Mitarbeiterinnen und Mitarbeiter.* Ott-Verlag, Thun 1999

Levin, P.: *Cycles of power:* A guidebook for the seven stages of live. Trans Pubs, San Francisco 1980

Loriot: *Dramatische Werke.* Diogenes, Zürich 1983

Quitmann, H.: *Humanistische Psychologie.* Hogrefe, Göttingen 1991

Riemann, F.: *Grundformen der Angst*. Reinhardt, München 1985

Rogoll, R.: *Nimm dich, wie du bist*. Herder, Freiburg 1976

Schlegel, L.: *Die Transaktionale Analyse*. 4. Aufl. UTB, München 1995

Schlegel, L.: *Grundriss der Tiefenpsychologie Bd. 1, Neurose als Abwehr*. UTB, Tübingen 1985

Schlegel, L.: *Handwörterbuch der Transaktionsanalyse*. Herder, Freiburg 1993

Spitz, R.: *Die Entstehung der ersten Objektbeziehungen*. Klett, Stuttgart 1957

Steiner, C.: *Wie man Lebenspläne verändert. Die Arbeit mit Skripts in der Transaktionsanalyse*. Junfermann, Paderborn 1982

Stewart, I.; Joines, V.: *Die Transaktionsanalyse. Eine neue Einführung*. Herder, Freiburg 1990

Stewart, I.: *Transaktionsanalyse in der Beratung*. Junfermann, Paderborn 1991

Tannen, D.: *Du kannst mich einfach nicht verstehen. Warum Männer und Frauen aneinander vorbeireden*. Kabel, Hamburg 1991

Thomas, G.: *Fear, Anger, Sadness*. TA-Journal 13 Nr.1, 1983, Seite 20 ff

Völker, U. (Hrsg.): *Humanistische Psychologie*. Beltz, Weinheim 1980

Ware, P.: Anpassungen der Persönlichkeit. Zeitschr. f. TA, Heft 9,4 1992

Waiblinger, A.: *Neurosenlehre der Transaktionsanalyse*. Springer, Berlin 1989

Watzlawick, P.: Anleitung zum Unglücklichsein. Piper, München 1983

Watzlawick, P. et. al.: *Menschliche Kommunikation*. Huber, Stuttgart 1985

Weil, T.: *Vom Umgang mit dem Widerstand des Klienten in der Therapie*. Zeitschr. f. TA, Heft 1 1986, Seite 17 ff

Die Autoren

Manfred Gührs

Jahrgang 1944
Pädagoge und Theologe
Leiter des Osterberg-Instituts
der Karl Kübel Stiftung in
Niederkleveez/Holsteinische Schweiz
Ausbildung in Transaktionsanalyse und
Themenzentrierter Interaktion
Beratung, Training, Coaching

Kontaktadresse: guehrs@osterberginstitut.de

Prof. Dr. Claus Nowak

Jahrgang 1949
Biologe und Pädagoge
Trainer und Berater in freier Praxis
Honorarprofessor für
Human Resource Management
an der Universität Hamburg

Kontaktadresse: lino.meez@t-online.de

Trainingshandbuch zur konstruktiven Gesprächsführung

Übungen mit Anleitungen,
Handouts und Theorie-Inputs
von Manfred Gührs & Claus Nowak
2. überarbeitete Auflage,
272 Seiten, kartoniert,
Preis: 30,00 €, ISBN 3-928922-04-1

Eine professionell gestaltete Kommunikation in den Bereichen Führung, Beratung und Pädagogik ist für viele Unternehmen und Organisationen zu einem zentralen Erfolgsfaktor geworden. Mitarbeitergespräche führen, Teams leiten, Konflikte moderieren, Kunden kompetent beraten – das sind zentrale Schlagworte in jungen Unternehmen wie in etablierten Institutionen.

In vielen Feldern sehen sich die Mitarbeiterinnen mit der Erwartung konfrontiert, neben ihrem Fachwissen über eine professionelle Kompetenz für Gesprächsführung zu verfügen. Daraus resultiert ein enormer Trainingsbedarf.

Auf diesen Bedarf reagieren die Autoren mit diesem Trainingshandbuch. Es knüpft an das erfolgreiche Buch „Das konstruktive Gespräch" an und bietet mit 101 Übungen eine Fundgrube voller praxisbewährter Trainingsmaterialien und Theorieinputs.

CD-Rom zum Trainingshandbuch zur konstruktiven Gesprächsführung

Dazu ist auch eine CD-Rom erschienen mit 51 PDF-Dateien mit Arbeitsbögen, Tests und Theorie-Inputs wie z. B.:

• Aspekte zum Bezugsrahmen
• Rollendiagnose zum Dramadreieck
• Material zum Selbstcoaching
• Moderation von Konfliktgesprächen
• Drei Ebenen der Konfrontation

Mit Acrobat können Sie die Bögen auf DIN A4 beliebiger Anzahl ausdrucken. Mit der Vollversion von Acrobat können Sie die Texte selbst editieren. Das gibt Ihnen die Möglichkeit, die Vorlagen so zu gestalten, dass sie für Ihre speziellen Anforderungen ideal passen.

Die CD-ROM kostet 12,00 € zzgl. Versandkosten.
ISBN-Nr. 3-928922-18-01

Teamarbeit – Teamentwicklung – Teamberatung
Ein Praxisbuch für die Arbeit in und mit Teams
mit 80 Übungen, Checklisten und Selbstreflexionen

von
Manfred Gellert & Claus Nowak
2.Auflage

420 Seiten, kartoniert

Preis: 30 €

ISBN 3-928922-13-0

Bei den beiden Autoren handelt es sich um erfahrene Praktiker, die seit mehr als 20 Jahren in Teamentwicklungs- und Teamberatungsprozessen von Unternehmen und Organisationen als Trainer oder Berater tätig sind und die das Thema „Teamarbeit" in eigenen Seminaren und Veranstaltungen vermitteln.

Sie greifen die positiven und bisweilen auch frustrierenden Erfahrungen mit Teams praxisnah auf und bieten durch zahlreiche gut verständliche Modelle, Übungen und Checklisten konkrete Arbeitshilfen. Dabei wird Bewährtes mit neuen Verfahren sinnvoll verknüpft, um ein möglichst breites Spektrum an konkreten Zugangsmöglichkeiten und Arbeitsansätzen zu eröffnen. Zwei Fragen stehen dabei im Vordergrund:

- Was ist hilfreich um Teamprozesse zu verstehen?
- Was ist nützlich für die konkrete Arbeit in und mit Teams?

Die drei großen Abschnitte Teamarbeit, Teamentwicklung und Teamberatung werden in Bezug auf Anlässe, Beschreibungsmodelle, Konfliktgehalt und Interventionsstrategien voneinander abgegrenzt.

Das Praxisbuch wendet sich an interne wie externe Kolleginnen und Kollegen aus der Trainings- und Beratungsbranche, an Führungskräfte aller Ebenen sowie an alle, deren Arbeit darin besteht, Arbeits- und Projektgruppen zu leiten oder Zusammenarbeit zu moderieren.

Aus dem Inhalt:

- Kontrakt und Auftragsklärung
- Grundlagon der Kooperation
- Teamrollen und Teamzusammensetzung
- Entscheidung, Delegation und Kontrolle in Teamprozessen
- Phasen der Gruppenentwicklung
- Durchführung effektiver Teambesprechungen
- Diagnose der Teamsituation
- Konfliktmanagement in Teams
- Fallen in der Teamberatung
- Abbruch von Beratungsprozessen
- Sowie Exkurse zu Outdoor-Aktivitäten und zur Arbeit mit interkulturellen Teams

---

Erhältlich über:
Verlag Christa Limmer, Hörnweg 2, 24594 Meezen, Tel. & Fax 04877-1067
im Internet unter WWW.Limmer-Verlag.de
oder Ihre Buchhandlung.

VARIATIONEN DES PSYCHODRAMAS
Ein Praxishandbuch – nicht nur für Psychodramatiker

herausgegeben von
Rainer Bosselmann, Eva Lüffe-Leonard
und Manfred Gellert

3. überarbeitet Auflage
439 Seiten, 7 Abbildungen, kartoniert, 28,- €
ISBN 3-928922-01-7

Der hier vorliegende Sammelband dokumentiert sehr unterschiedliche Formen, Auffassungen und Anwendungsbereiche des Psychodramas. Die Autoren beschreiben auf anschauliche Weise, wie sie Moreno's „Botschaft" verstehen, variieren und in verantwortliches Handeln umsetzen. Gemeinsam und doch von unterschiedlichen Positionen ausgehend wurde hier ein Praxis-Handbuch zusammengestellt, das im Schwerpunkt **handlungsorientiert** ist, ohne den konzeptionellen und theoretischen Hintergrund zu vernachlässigen.

Jetzt, da szenische Arbeit und darstellende Mittel der Konkretisierung in viele Ansätze pädagogischer und therapeutischer Arbeit ihren Einzug gehalten haben, bieten in diesem Band über 20 erfahrene Praktiker der Lehre und Anwendung des Psychodramas eine anregende Bestandsaufnahme ihrer Arbeit an.

So zeigt sich, wie effizient und vielgestaltig das Psychodrama einen erheblichen Teil der klinischen und psychosozialen Methoden-Landschaft ausfüllt.

Aus dem Inhalt:
- *Beispiele der Psychodrama - Therapie*
- *Pädagogische Anwendungen*
- *Regie, Methode und Haltung des Psychodramatikers*
- *Familie und Entwicklungsstufen im psychodramatischen Ansatz*
- *Fortbildung, Supervision und Organisationsentwicklung*
- *Psychodrama zu speziellen Themen- und Zielsetzungen*

Das Buch wendet sich an

*Interessenten am Psychodrama, die grundlegende Informationen zur Methode und zu empirisch belegten Anwendungsweisen erhalten,

*Ausbildungskandidaten der verschiedenen Weiterbildungsinstitute und Anfänger in der Anwendung des Psychodramas, die viele nützliche Praxis- und Transferhilfen finden,

*Erfahrene Praktiker der Methode, die durch diese anregende Sammlung Handlungs- und Denkanstöße für ihre eigene Arbeit gewinnen sowie

*Vertreter anderer Fortbildungs-, Beratungs- und Behandlungsmethoden, die durch die dargestellten Beispiele konzeptionell angeregt und praktisch herausgefordert werden.

Erhältlich über:
Verlag Christa Limmer, Hörnweg 2, 24594 Meezen, Tel. & Fax 04877-1067
im Internet unter WWW.Limmer-Verlag.de
oder Ihre Buchhandlung.